2026

박문각 행정사

5년 최다

전체 ★ 수석 ★

합격자 배출

김재준
사무관리론

2차 | 기본서

박문각 행정사연구소 편_김재준

박문각

머리말

사무관리론이란?

행정사 국가자격시험 제2차 시험의 시험과목 중 하나인 사무관리론은 공무원의 실무에 관한 내용을 담고 있습니다. 공무원의 실무가 어떻게 이루어지는지 이해할 수 있어야 행정기관을 상대로 업무를 처리하는 행정사의 역할을 정확하게 수행할 수 있을 것입니다. 수험생 입장에서 공무원의 실무를 이해하지 못한 상태에서 단순히 암기로 접근하게 되면 공부에 부담이 클 수밖에 없는 과목이기도 합니다. 따라서 이해를 바탕으로 암기가 되어야 기억도 오래가고, 시험에 출제되었을 때도 논점 이탈 없이 정확하게 답안을 작성할 수 있습니다. 비유하자면 새로운 영어 단어의 어원, 뜻, 예시문 등의 배경지식 없이 알파벳 철자만 암기하는 것은 매우 어렵고 고통스러운 과정이 될 수밖에 없습니다. 사무관리론 기본서에는 저의 공직 경험을 바탕으로 다양한 사례를 포함하였으며, 공직 경험이 없는 수험생들이라도 쉽게 이해할 수 있도록 구성하였습니다.

행정실무로서 사무관리론

공문서의 작성 방법, 업무관리시스템 등 사무관리론의 내용은 공무원이 업무를 하면서 사용하는 일상적인 실무에 관한 내용입니다. 공무원들은 실제 공문을 작성하면서 준수사항을 확인하고, 업무관리시스템(온-나라 시스템)을 사용하면서 사용법을 익히게 됩니다. 하지만 수험생들은 수험서로만 학습하게 되므로 어려움이 있을 수밖에 없습니다. 비유하자면 스마트폰을 접해 보지 않은 사람들이 스마트폰의 실물 없이 사용 설명서만 보고 배운다면 어려움이 따를 수밖에 없을 것입니다. 교재에서는 저의 실무 경험과 현직 공무원 지인들의 의견도 반영하여 최대한 풀어서 설명하려고 노력했습니다.

사무관리론의 출제 범위

한국산업인력공단의 행정사 국가자격시험 시행계획을 살펴보면 사무관리론은「민원 처리에 관한 법률」,「행정업무의 운영 및 혁신에 관한 규정」포함으로만 정하고 있습니다.

1.「민원 처리에 관한 법률」(약칭:「민원처리법」)

「민원 처리에 관한 법률」은 민원 처리에 관한 기본적인 사항을 규정하여 민원의 공정하고 적법한 처리와 민원행정제도의 합리적 개선을 도모함으로써 국민의 권익을 보호하는 것을 목적으로 하는 법률입니다. 하지만 사무관리론의 출제 범위는 법률뿐만 아니라「민원 처리에 관한 법률 시행령」,「민원 처리에 관한 법률 시행규칙」등을 포괄하고 있습니다.

2. 「행정업무의 운영 및 혁신에 관한 규정」(약칭: 「행정업무규정」)

행정기관의 행정업무 운영에 관한 사항을 규정함으로써 행정업무의 간소화·표준화·과학화 및 정보화를 도모하고 행정업무 혁신을 통하여 행정의 효율을 높이는 것을 목적으로 하는 규정입니다. 사무관리론의 출제 범위는 규정뿐만 아니라 「행정업무의 운영 및 혁신에 관한 규정 시행규칙」, 행정업무운영 편람 등을 포괄하고 있습니다.

3. 불의타 문제

2024 사무관리론 시험에서는 처음으로 '사무개선'이라는 문제가 출제되었습니다. 사무개선이라는 개념은 법령이나 업무편람의 내용을 벗어나는 것으로, 국내 특정 대학 교재에만 소개되었던 내용이라 수험생들이 어려움을 겪었습니다. 다만 수험생 대부분이 제대로 작성하지 못했던 내용이라 실질적으로 상대평가인 시험에서 당락을 결정짓는 문제는 아니었습니다. 따라서 사무관리론 시험 준비에서도 기존의 법령과 업무편람 위주로 학습하시되 그 외의 주제는 학습할 여유가 되실 때 추가하시면 됩니다.

제2차 시험과목으로서 사무관리론

행정사 시험통계를 보면 제1차 시험의 합격률(40% 내외)은 높지만 제2차 시험의 합격률(10% 이내)은 매우 낮아지고 있습니다. 한국산업인력공단의 공고에 따르면 제2차 시험도 평균 60점 이상이면 합격할 수 있는데, 실제 합격선은 50점대에 불과합니다. 100점 만점을 기준으로 상위 10% 안에 드는 제2차 시험 합격선이 50점대가 나온다는 것은 그만큼 시험이 어렵다는 것입니다. 저 역시 행정고시(현재 5급 공개경쟁채용시험) 제2차 시험에 합격했을 때에도 제2차 시험의 답안지를 완벽하게 작성하는 수준에 이르지는 못했습니다. 행정고시 제2차 시험의 합격선 역시 50~60점밖에 되지 않습니다. 따라서 행정사 제2차 시험의 모든 문제를 완벽하게 작성해야 한다는 방향으로 준비하기보다는 '주요' 내용 위주로 반복 학습하고 답안작성을 연습하는 것이 시행착오를 줄일 수 있는 방법입니다. 제2차 시험은 공통으로 4문항(논술 1문제, 약술 3문제)이 출제되고, 주어진 시간은 2과목씩 묶어서 100분입니다. 따라서 사무관리론에 할애할 수 있는 시간은 50분 정도이므로 어느 정도 답안작성 준비가 되었다면 시간을 재면서 작성해 보는 연습을 반드시 해보셔야 합니다.

김재준 드림

행정사 2차 시험 정보

1. 시험 일정: 매년 1회 실시

원서 접수	시험 일정	합격자 발표
2026년 8월경	2026년 10월경	2026년 12월경

2. 시험 과목 및 시간

교시	입실	시험 시간	시험 과목	문항 수	시험 방법
1교시	09:00	09:30~11:10 (100분)	**[공통]** ① 민법(계약) ② 행정절차론(행정절차법 포함)	과목당 4문항 (논술 1, 약술 3) ※ 논술 40점, 약술 20점	논술형 및 약술형 혼합
2교시	11:30	• 일반/해사행정사 11:40~13:20 (100분) • 외국어번역행정사 11:40~12:30 (50분)	**[공통]** ③ 사무관리론 (민원 처리에 관한 법률, 행정업무의 운영 및 혁신에 관한 규정 포함) **[일반행정사]** ④ 행정사실무법(행정심판사례, 비송사건절차법) **[해사행정사]** ④ 해사실무법(선박안전법, 해운법, 해사안전기본법, 해사교통안전법, 해양사고의 조사 및 심판에 관한 법률) **[외국어번역행정사]** ④ 해당 외국어(외국어능력시험으로 대체하며 영어, 중국어, 일본어, 프랑스어, 독일어, 스페인어, 러시아어의 7개 언어에 한함)		

3. 외국어능력검정시험 성적표 제출

2차 시험의 원서접수 마감일부터 거꾸로 계산하여 5년이 되는 날이 속하는 해의 1월 1일 이후에 실시된 외국어능력검정시험에서 취득한 성적으로 대체하며, 기준 점수 이상이어야 한다.

◆ 영어

시험명	TOEIC	TEPS	TOEFL	G-TELP	FLEX	IELTS
기준 점수	쓰기시험 150점 이상	쓰기시험 71점 이상	쓰기시험 25점 이상	GWT 작문시험에서 3등급 이상(1, 2, 3등급)	쓰기시험 200점 이상	쓰기시험 6.5점 이상

◈ 일본어, 중국어, 스페인어, 프랑스어, 독일어, 러시아어

시험명	FLEX (공통)	신HSK (중국어)	DELE (스페인어)	DELF/DALF (프랑스어)	괴테어학 (독일어)	TORFL (러시아어)
기준 점수	쓰기시험 200점이상	6급 또는 5급 쓰기 60점 이상	C1 또는 B2 작문 15점 이상	C2 독해/작문 25점 이상 및 C1 또는 B2 작문 12.5점 이상	C2 또는 B2 쓰기 60점 이상 및 C1 쓰기 15점 이상	1~4단계 쓰기 66% 이상

4. 시험의 면제

(1) 면제 대상

공무원으로 재직한 사람과 외국어 번역 업무에 종사한 경력이 있는 사람 등은 행정사 자격시험의 전부 또는 일부가 면제된다(제2차 시험 일부 과목 면제).

(2) 2차 시험 면제 과목

일반/해사행정사	행정절차론, 사무관리론
외국어번역행정사	민법(계약), 해당 외국어

5. 합격자 결정 방법

(1) 합격기준

1차 시험 및 2차 시험 합격자는 과목당 100점을 만점으로 하여 모든 과목의 점수가 40점 이상이고, 전 과목의 평균 점수가 60점 이상인 사람으로 한다(단, 2차 시험에서 외국어시험을 외국어능력검정시험으로 대체하는 경우에는 해당 외국어시험은 제외).

(2) 최소합격인원

2차 시험 합격자가 최소선발인원보다 적은 경우에는 최소선발인원이 될 때까지 모든 과목의 점수가 40점 이상인 사람 중에서 전 과목 평균점수가 높은 순으로 합격자를 추가로 결정한다. 이 경우 동점자가 있어 최소선발인원을 초과하는 경우에는 그 동점자 모두를 합격자로 한다.

출제경향 분석

시험 난이도

2025년 제13회 행정사 시험 사무관리론은 모든 문제가 '민원 처리에 관한 법률'과 '행정업무의 운영 및 혁신에 관한 규정'을 명시하고 있어, 두 법령을 위주로 답안을 작성한 수험생은 고득점을 획득할 수 있을 것으로 보입니다. 특히, 업무편람과 관인은 과거에도 출제되었던 주제이고, 2024년 출제되었던 '사무개선' 등 불의타 문제는 출제되지 않았습니다. 따라서 기본에 충실한 수험생에게는 체감 난도가 높지 않았을 것으로 보입니다.

출제경향

2024년 출제되었던 '사무개선'이라는 주제는 대부분의 수험생이 답안을 작성하기 어려워 오히려 변별력이 떨어졌던 문제였습니다. 이에 대한 수험생들의 비판을 의식해서인지, 2025년 문제는 철저히 두 법령에서만 출제하였습니다.

출제문제 분석

1. 문제 1 중 물음 1은 민원인이 본인정보를 공동이용하여 민원의 처리를 요구할 수 있는 권리와 본인정보의 종류를 기술하는 문제입니다. 문제 1 중 물음 2는 민원취약계층의 범위와 제공할 수 있는 편의 및 수수료 감면에 대하여 기술하는 것입니다. 각각 20점씩 해당 규정을 작성해야 합니다.
2. 문제 2는 문서의 발신명의와 발신방법 등에 관한 20점 문제입니다. 행정기관의 장 등 다양한 발신명의와 문서발신의 일반사항과 특수사항에 대해서 작성해야 합니다.
3. 문제 3은 관인에 관한 20점 문제입니다. 관인의 종류는 과거에 출제되었던 부분이고, 특수관인은 새롭게 출제되었습니다.
4. 문제 4는 업무편람에 관한 20점 문제입니다. 업무편람은 과거에 출제되었지만, 이번 시험에서는 업무편람에 관한 일반적인 사항과 업무편람 중 직무편람에 대해서 세부적으로 기술하는 문제입니다. 답안작성 시간을 고려하여 업무편람 중 행정편람에 대한 내용은 생략하거나 간략하게 기술해야 합니다.

수험 전략

사무관리론은 학설·판례 등을 바탕으로 논리적으로 결론을 내리는 행정절차론 등의 과목과는 성격이 다릅니다. 행정기관의 업무처리에 관한 현행 법·제도를 있는 그대로 정확히 기술하는 과목이기 때문입니다. 관련 내용을 잘 작성하기 위해서는 우선 해당 법·제도와 관련된 실무적 차원의 이해가 필요한데, 이해가 되지 않은 내용은 암기하기도 어렵습니다. 또한 모든 문장을 정확히 암기하기 어렵기 때문에 핵심이 되는 키워드 위주로 암기해야 합니다.

구분	행정업무 관련 법령	민원처리 관련 법령
2025년 (제13회)	• 문서의 발신명의와 발신방법(20점) • 관인의 종류 및 비치, 특수관인(20점) • 업무편람의 작성·활용과 직무편람의 작성·관리(20점)	• 공동이용과 관련한 민원인의 권리 및 종류(20점) • 민원취약계층의 범위, 편의제공, 수수료 감면(20점)
2024년 (제12회)	• 문서작성과 문서처리의 원칙(20점) • 사무개선의 개념 및 집단아이디어 발상법(20점) • 업무관리시스템의 구축·운영 주체 및 기대효과(20점)	• 법정민원과 고충민원의 개념 등(20점) • 법정민원을 제외한 접수한 민원 중 민원 처리를 하지 않을 수 있는 사항(20점)
2023년 (제11회)	• 문서의 반송과 이송(20점) • 서식, 날짜 및 시·분의 표기 등(20점) • 문서의 종류, 문서처리의 원칙 등(20점)	• 민원인의 범위에서 제외되는 자(20점) • 민원인이 민원을 제기하는 행정기관의 종류(20점)
2022년 (제10회)	• 업무의 분장, 업무개선, 행정효율성진단(20점) • 공문서, 전자문자서명, 전자문서시스템, 정책실명제의 개념(20점)	• 민원 처리결과의 통지 및 통지방법 등(20점) • 무인민원발급창구를 이용한 민원문서의 발급(10점) • 전자증명서의 발급과 전자문서의 출력 사용 등(10점) • 다수인관련민원(20점)
2021년 (제9회)	• 관인 또는 서명의 표시 및 생략(20점) • 영상회의실을 설치·운영할 수 있는 회의 등(20점) • 행정업무 인계·인수의 절차 등(20점)	• 법정민원의 개념, 민원 1회방문 처리제 등(20점) • 민원심사관 및 민원실무심의회(20점)
2020년 (제8회)	• 문서의 효력발생 시기에 대한 입법주의(20점) • 문서의 효력발생 시기(20점) • 지식행정의 의의 및 추진배경, 온–나라 지식의 개념과 주요 기능(20점) • 업무편람의 개념, 종류, 작성 효과와 활용 효과(20점)	고충민원의 개념과 그 처리절차(20점)
2019년 (제7회)	• 전자이미지관인, 행정정보시스템, 문서과, 서명의 개념(20점) • 문서작성 시 용어 표기의 기준, 문서의 성립 및 효력발생 요건(20점) • 정책실명제의 개념 및 중점관리 대상사업 등(20점)	• 신청서 및 구비서류의 원칙, 불필요한 서류 요구 금지사항(20점) • 민원문서의 이송 절차 및 방법(20점)
2018년 (제6회)	• 결재받은 문서의 수정(20점) • 정책연구과제의 선정(20점) • 영상회의의 의의, 정부영상회의실에서 개최할 수 있는 회의 등(20점)	• 반복 및 중복 민원의 개념과 종결처리절차 등(30점) • 접수된 민원을 처리하지 아니할 수 있는 민원사항(10점)
2017년 (제5회)	• 협업책임관, 행정협업시스템 및 행정협업조직의 개념 등(20점) • 국민제안의 개념, 제출 및 접수 절차(20점) • 서식의 제정 방법과 서식 설계의 일반원칙(20점)	• 일반민원의 종류 및 처리기간(20점) • 민원 처리기간의 계산 및 연장(20점)
2016년 (제4회)	• 업무의 개념, 운영의 개념, 운영의 요소(20점) • 행정협업의 촉진과 행정협업과제의 등록(20점)	• 사전심사의 청구 등(20점) • 사전심사청구 민원 대상과 안내 및 처리기간(20점) • 민원 처리의 원칙과 정보 보호(20점)
2015년 (제3회)	• 기관 간 업무협조 등(20점) • 업무관리시스템의 구성 및 운영방식 등(20점) • 관인의 등록·재등록(20점)	민원의 신청과 접수(40점)
2014년 (제2회)	• 서식의 승인과 승인 신청(20점) • 문서의 성립요건과 성립시기 및 문서의 효력발생 시기(20점) • 정책의 실명관리 등(20점)	민원 거부처분에 대한 이의신청과 그 방법 및 처리절차 등(40점)
2013년 (제1회)	• 기안문의 검토와 결재(40점) • 관인의 종류와 폐기(20점) • 협업시스템과 민원24의 개념 등(20점)	다수 기관과 연관된 민원사무의 처리(20점)

구성 및 활용법

1

체계적인 교재 구성

출제 가능성이 높은 내용을 중심으로 자세하게 서술하였다. 자연스러운 흐름에 따라 목차를 체계적으로 구성하고 내용을 깔끔하게 배치하였으며, 표와 그림 등을 함께 실어 효과적인 학습이 가능하도록 하였다.

2

이해를 돕는 다양한 요소

독자들의 풍부한 이해를 돕기 위해 몇 가지 장치를 마련하였다. 이론과 관련하여 보충할 내용은 참고 로 정리하였으며, 다양한 예시와 그림을 함께 수록하여 이해하는 데 도움이 될 수 있도록 하였다. 또한 본문 내용과 연계하여 설명한 용어들은 *표시를 통해 내용 밑에 부가 설명을 달아두었고, 본문에서 법령이나 편람 등의 내용은 명조체로, 추가 설명은 고딕체로 표시하여 학습에 참고할 수 있도록 하였다.

3

이론과 관련된 조문 수록

본문 내용과 관련한 조문을 함께 수록함으로써 따로 찾아보는 시간을 줄여 효율적인 학습이 가능하도록 하였다. 이론과 관련 조문의 연계 학습을 통해 내용을 좀 더 깊이 있고 정확하게 파악할 수 있도록 하였다.

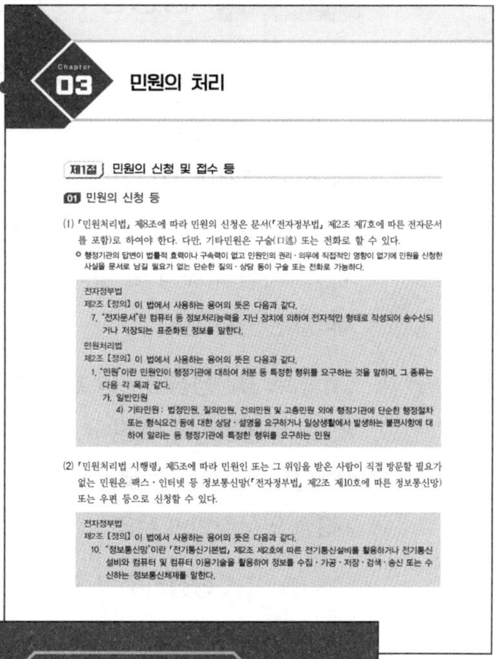

4

2013~2025년 기출문제 모범답안

행정사 2차 시험은 주관식 논술형으로 작성해야 하는 만큼, 보다 완벽한 시험 대비를 위하여 모든 기출문제 모범답안을 수록하였다. 실제 답안지 형식으로 모범답안을 제시하여, 실전처럼 답안을 작성해보면서 스스로 학습 정도를 확인하고 실력을 점검해 볼 수 있도록 하였다.

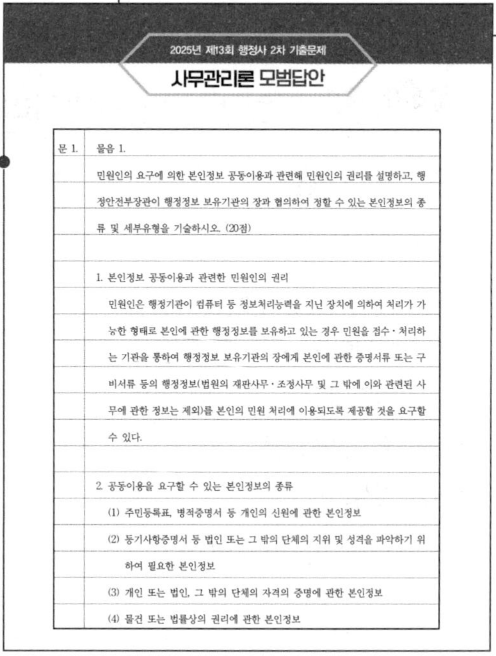

부록　기출문제 모범답안

행정사
김재준 사무관리론

01

행정업무의 운영

행정업무의 운영 개요

01 개요

1. 어떤 내용을 담고 있을까?

「행정업무의 운영 및 혁신에 관한 규정」(약칭 : 「행정업무규정」), 「행정업무의 운영 및 혁신에 관한 규정 시행규칙」(약칭 : 「행정업무규정 시행규칙」), 행정업무운영 편람 등에는 공무원이 일상적으로 처리하는 공문서의 작성 방법, 체계적인 업무를 관리하는 방안, 반복적인 업무에 사용되는 서식, 행정기관의 도장인 '관인'과 관련된 내용을 담고 있다. 또한 행정기관 간의 협업, 정책 결정과 집행에 활용하기 위한 정책연구의 관리, 영상회의 운영 등의 내용도 포함되어 있다. 이러한 내용들은 대부분의 공무원이 업무를 처리하면서 공통적으로 사용하는 실무적인 내용에 해당한다. 따라서 공무원의 실무에 대한 배경지식과 이해가 필요한 영역이다. 또한 2024년 제2차 시험에서는 「행정업무의 운영 및 혁신에 관한 규정」에 포함되지 않았던, "사무개선"이라는 문제가 출제되었다. 해당 문제는 대부분의 수험생이 대응하기 어려웠던 문제였기 때문에 수험생 간의 변별력이 발생하는 문제는 아니다.

2. 관련 규정

(1) 「행정업무의 운영 및 혁신에 관한 규정」(약칭 : 「행정업무규정」)

(2) 「행정업무의 운영 및 혁신에 관한 규정 시행규칙」(약칭 : 「행정업무규정 시행규칙」)

(3) 행정업무운영 편람

3. 주요 내용

(1) 공문서 관리 등 행정업무의 처리

① 공문서의 작성 및 처리

② 업무관리시스템의 구축·운영

③ 서식의 제정 및 활용

④ 관인의 관리

⑵ 행정업무의 효율적 수행

① 행정협업의 촉진
② 정책연구의 관리
③ 영상회의의 운영
④ 행정업무의 관리

4. 주요 내용별 세부 주제

▶ 행정업무의 운영 개요

1. '행정업무의 효율적 운영'의 의의	2. 행정업무운영 제도의 발전과정

▶ 공문서 관리 등 행정업무의 처리

공문서의 작성 및 처리

1. 문서의 개요	2. 문서의 성립과 효력발생
3. 문서작성의 일반원칙	4. 문서의 작성 기준
5. 문서의 구성 체계	6. 문서의 기안
7. 검토 및 협조	8. 결재
9. 문서의 등록	10. 문서의 시행
11. 문서의 접수 및 처리	

업무관리시스템의 구축 · 운영

1. 업무관리시스템의 의의	2. 업무관리시스템의 구축 · 운영
3. 업무관리시스템의 연계	4. 업무관리시스템 등의 표준관리
5. 업무관리시스템의 활용 및 보안	6. 정부전자문서유통지원센터

서식의 제정 및 활용

1. 서식의 의의	2. 서식의 설계
3. 서식의 승인 및 관리	

관인의 관리

1. 관인의 의의	2. 관인의 종류
3. 관인의 규격	4. 관인의 조각 및 사용
5. 관인의 등록 및 재등록	6. 관인의 폐기
7. 관인의 공고	

▶ 행정업무의 효율적 수행

행정협업의 촉진

1. 행정업무 혁신	2. 행정협업
3. 행정기관의 지식행정 활성화	4. 협행정업무 혁신의 추진

정책연구의 관리	
1. 정책연구의 개념	2. 정책연구심의위원회의 설치·운영
3. 정책연구과제의 선정	4. 연구자의 선정
5. 정책연구의 진행	6. 정책연구 결과의 평가 및 관리
7. 정책연구 결과의 활용	8. 정책연구의 공개
9. 정책연구 성과점검	10. 정책연구관리시스템(PRISM) 구축·운영

영상회의의 운영	
1. 영상회의 개요	2. 정부영상회의실 설치·운영
3. 영상회의시스템 구축 및 연계·운영	

▶ 행정업무의 관리	
1. 업무의 분장 및 인계·인수	2. 업무편람의 작성·활용
3. 정책의 실명 관리	4. 행정업무개선 및 행정효율성진단
5. 행정업무 운영 교육 및 감사	

02 행정업무의 효율적 운영

1. 업무와 운영의 개념

(1) 업무

행정운영업무편람에서는 업무를 사무를 포함한 모든 일이라고 하면서 다음과 같이 설명하고 있다.

> 종래에는 '업무'의 본질을 종이를 사용한 기록·활용 및 보존이라는 '사무'의 범위 내로 좁게 인식하였고, 이에 따라 '업무'의 개념도 사무실에서 이루어지는 서류의 생산·유통·보존 등 서류에 관한 작업(paper work, desk work)으로 한정하여 파악하였다. 현대에는 고도 정보화 사회가 되어 감에 따라 정보의 가치가 중요해지면서 '업무'의 개념에 행정목적을 달성하기 위한 정보의 수집·가공·저장·활용 등 일련의 정보처리 과정을 포함시켰다. 또한 행정업무의 국민에 대한 성과를 강조함에 따라 사무실에서 이루어지는 일뿐만 아니라 국민과의 접점에서 이루어지는 일련의 행정과정까지 포괄하는 것으로 업무의 개념이 확대되었다.

(2) 운영

행정운영업무편람에서는 운영을 정책의 품질관리 및 성과관리를 포함하는 총체적인 관리활동으로 설명하면서 다음과 같이 설명하고 있다.

> 고전적 의미의 운영은 인간, 기계, 설비, 자금 등을 잘 활용·조정하여 설정된 목표를 능률적으로 달성할 수 있도록 계획(plan)하고 실행(do)하고 통제(see)하는 관리를 말한다. 즉, 행정의 목적달성을 위한 하나의 수단이다. 현대적 의미의 운영은 조직의 자원을 활용하여 조직 내부의 생산목표(output)를 관리하는 고전적 개념에 더하여 국민의 만족도를 증가시키는 정책의 품질관리 및 성과관리를 포함하는 총체적인 관리활동을 의미한다.

예컨대 정부에서 취업 지원 프로그램에 100명이 수료하였고 그중에서 50명이 취업에 성공했으며, 취업 지원 프로그램에 참여했던 사람의 만족도가 과거에 비해서 올라갔다고 가정해 보자. 수료한 100명이 산출(output), 취업한 50명이 성과(outcome), 참여자의 만족도가 품질(quality)에 해당한다고 볼 수 있다. 또한 오석홍 교수의 행정학(2016)에 따르면 운영의 요소를 보다 구체적으로 다음과 같이 설명하고 있다.

① **다른 사람들을 통한 업무수행** : 운영은 임무성취를 위해 다른 사람 및 조직을 동원하고 이끌어간다. 즉 다른 사람들과 더불어 일하고 다른 사람들을 통해서 일한다.

② **조직목표의 설정과 성취** : 운영의 주된 임무는 조직목표를 설정하고 이를 성취하는 것이다. 운영은 현재의 목표성취뿐만 아니라 장래의 성취능력 확보에도 책임을 진다.

③ **대상영역 · 활동국면** : 운영의 대상영역은 조직 전반에 걸친다. 조직의 성립 · 생존 · 발전에 관련된 여러 국면들이 모두 운영의 대상이 된다. 이러한 운영의 활동과정은 목표설정과 계획 수립, 자원의 동원, 조직화, 집행, 환류, 통제 등으로 구분해 볼 수 있다. 이러한 활동국면들의 구성양태와 상호관계는 개별적인 상황과 운영모형에 따라 달라질 수 있다.

④ **복합적 과정** : 운영은 여러 가지 과정들을 내포하는 복합적인 과정이다. 이는 의사전달, 의사결정, 통제, 계획, 조정 등 다양한 과정들을 통해서 이루어진다.

⑤ **개방체제적 교호작용** : 운영은 조직 내외의 여러 관계와 역동적 교호작용을 한다. 즉 행정환경과 조직 내의 하위체제들이 엮어내는 상황에서 작동하는 과정이다. 정부조직은 국민들의 요구나 사회 · 경제적 외부환경과 영향을 주고받는다. 예컨대 저출산 · 고령화 사회로 진행되는 사회적 환경에 따라 정부의 출산장려정책이나 노인복지프로그램 강화 등으로 이어진다. 반대로 정부의 부동산 정책에 따라 부동산 시장에 영향을 주기도 한다.

2. 행정업무의 효율적 운영이란?

(1) 「행정업무의 운영 및 혁신에 관한 규정」의 목적

행정기관의 행정업무운영에 관한 사항을 규정함으로써 행정업무의 간소화 · 표준화 · 과학화 및 정보화를 도모하고 행정업무 혁신을 통하여 행정의 효율을 높이는 것을 목적으로 한다.

(2) 행정업무운영 편람의 설명

행정업무의 효율적 운영은 조직의 목적달성에 필요한 행정업무의 과정이 효율적으로 이루어질 수 있도록 행하는 제반 활동이라고 말할 수 있다. 이를 달리 표현하면, 조직의 최종 목적을 달성하기 위하여 업무 전반을 효율적으로 개선하고 비용을 최소화하기 위한 각종 관리활동이라 할 수 있다.

① **업무의 간소화**: 불필요한 업무를 없애고, 최소한의 노력으로 최대한의 업무성과를 낼 수 있도록 하며, 작업과정의 속도를 높일 수 있도록 보고·결재 단계의 축소, 전자결재의 활성화, 불필요한 보고서의 생산 지양 등을 추구한다. 이와 대조적으로 불필요하거나 문서 처리가 늘어나는 현상을 Red-Tape이라고 하는데, 17세기 영국 관청에서 규정집을 묶는 데 사용된 붉은색 끈에서 유래된 용어이다. 유사한 의미의 한자성어로 번문욕례(繁文縟禮)라는 용어도 있다.

② **업무의 표준화**: 업무 담당자가 바뀌어도 원활하게 업무를 처리하고, 일상 업무의 대응 속도를 높일 수 있게끔 업무의 인계·인수를 철저히 하며, 전자결재의 활성화, 업무의 자동화를 지향한다. 비유를 하자면, 동일한 프랜차이즈 식당마다 맛이 동일하다면 동일한 '표준 조리법'을 본사에서 배포하고 그에 따라 모든 식당이 조리를 하기 때문이다.

③ **업무의 과학화**: 정보통신기술의 발달에 발맞춰 행정업무를 보다 정확하고 빠르게 처리할 수 있도록 전자결재 시스템, 지식행정 시스템, 협업 시스템 등을 활용하여 행정지식을 공유하고 활용하여 정부 내 의사소통을 증진한다. 정보통신기술의 발달로 이미 수십 년 전부터 공공기관뿐만 아니라 대부분의 회사에서 정보통신기술을 활용하여 업무를 처리한다. 시민들은 공공기관에 직접 방문하기보다는 '정부24', '홈택스', '국민신문고' 등 온라인을 통해서 민원을 신청하는 것이 일반적이다. 공무원들도 온-나라 시스템 등을 통해서 업무를 처리하고 있다. 이를 통해 과거에 비해서 행정업무를 처리하는 시간과 비용이 많이 줄어들었다.

④ **업무의 정보화**: 전산화, 정보화를 통하여 행정업무의 처리방식을 혁신함으로써 행정기관 내부적으로 행정의 효율화, 간소화를 추진하면서 대외적으로는 고도화되는 국민의 행정 서비스 욕구를 충족시켜 줄 수 있는 첨단 정보통신기술의 도입·활용을 추구한다. 과거에는 수기나 타자기 등으로 작성한 종이문서를 캐비닛에 보관할 수밖에 없었다. 물론 현재에도 종이문서를 사용하지만 대부분의 자료가 PC 저장장치나 서버에 저장되어 과거보다 정보의 활용성이 높아졌다.

공문서 관리 등 행정업무의 처리

제1절 공문서의 작성 및 처리

01 문서의 개요

1. 공문서(Official Document)

> **❖ 실무적 의미에서 문서작성**
>
> 공무원이 하는 모든 일은 문서를 통해서 이루어진다고 해도 과언이 아니다. 민원인에게 발급하는 문서나 내부적인 의사결정 등은 모두 문서로 작성되고, 시민들이 행정기관에 민원을 제기하는 경우에도 일반적으로 신청서 작성 등 문서로 작성된다. 행정사의 업무 역시 「행정사법」에 따라 행정기관에 제출하는 서류의 작성, 권리·의무나 사실증명에 관한 서류의 작성 등 문서를 작성하는 것이다.
>
> PC가 보급되기 이전에는 공무원이 수기 또는 타자기로 문서를 작성하였다. PC가 본격적으로 보급되기 시작하면서 대부분의 문서는 아래 한글(HWP 파일 형태) 프로그램이나 *온-나라 시스템 등을 활용한 전자문서 형태로 작성되고 있다. 여기서 전자문서란 컴퓨터 등 정보처리능력을 가진 장치에 의하여 전자적인 형태로 작성되거나 송신·수신 또는 저장된 문서를 말한다.
>
> * 온-나라 시스템 : 중앙행정기관, 지방자치단체 등에서 사용하는 업무관리시스템으로, 공무원이 수행하는 문서의 기안·결재, 화상회의 등의 기능이 통합되어 있다. 비유를 하자면, 국내 포털사이트인 '네이버'도 검색 기능 외에 이메일, 결재, 카페 등의 기능이 통합되어 있다. 온-나라 시스템에 대한 자세한 설명은 Chapter 02의 제2절 업무관리시스템의 구축·운영에서 자세히 다루게 된다.

「행정업무규정」 제3조 제1호는 "공문서란 행정기관에서 공무상 작성하거나 시행하는 문서(도면·사진·디스크·테이프·필름·슬라이드·전자문서 등의 특수매체기록을 포함한다)와 행정기관이 접수한 모든 문서를 말한다."라고 규정하고 있다. 공문서는 행정상 공문서와 법률상 공문서로 나눌 수 있다.

(1) 행정상 공문서의 개념

문서는 일반적으로 사람의 의사나 사물의 형태·관계 등을 문자·기호·숫자 등을 활용하여 종이 등의 매체에 기록·표기한 것을 말하는데, 행정기관의 의사도 문서의 형태로 표시된다. 행정상 공문서라 함은 행정기관 또는 공무원이 직무상 작성하고 처리한 문서 및 행정기관이 접수한 문서를 말한다. 한편, 「민원 처리에 관한 법률 시행령」 제30조 제1항에서는 행정기관의 장이 ① 위·변조 방지조치, ② 출력한 문서의 진위확인조치 등을 취하여 민원인에게 통지한 전자문서를 민원인이 출력한 경우 이를 「행정업무의 운영 및 혁신에 관한 규정」 제3조 제1호에 따른 공문서로 인정하고 있다.

○ 출력한 민원문서를 공문서로 보는 경우: 토지(임야)대장 등본, 주민등록표등본(초본), 병적증명서, 출입국 사실증명, 국민기초생활수급자 증명서, 장애인증명서, 사법시험 합격증명(확인)서, 지방세세목별과세(납세)증명서 등

⑵ **법률상 공문서의 개념**

① **「형법」상의 공문서**: 「형법」에서 말하는 "공문서"라 함은 공무소 또는 공무원이 그 명의로써 권한 내에서 소정의 형식에 따라 작성한 문서를 말하며, 공문서 위조·변조, 허위공문서 등의 작성 및 행사 등 공문서에 관한 죄를 규정하여 공문서의 진정성(眞正性)을 보호하고 있는데, 일반적으로 공문서에 관한 죄는 사문서에 관한 죄보다 무겁게 처벌되고 있다.

② **「민사소송법」상의 공문서**: 「민사소송법」은 "문서의 작성방식과 취지에 의하여 공무원이 직무상 작성한 것으로 인정한 때에는 이를 진정한 공문서로 추정한다."라고 규정하여 증거능력을 부여하고 있다.

2. 문서의 필요성

공무원의 업무는 대부분 문서를 통해서 이루어지는데, 공문서가 필요한 경우는 다음과 같다.

⑴ 내용이 복잡하여 문서 없이는 업무처리가 곤란할 때

⑵ 업무처리에 대한 의사소통이 대화로는 불충분하여 문서가 필요한 때

⑶ 행정기관의 의사표시 내용을 증거로 남겨야 할 때

⑷ 업무처리의 형식상 또는 절차상 문서가 필요한 때

⑸ 업무처리결과를 보존할 필요가 있을 때

3. 문서의 기능

⑴ **의사의 기록 · 구체화**

문서는 사람의 의사를 구체적으로 표현하는 기능을 갖는다. 사람이 가지고 있는 주관적인 의사는 문자·숫자·기호 등을 활용하여 종이나 다른 매체에 표시하여 문서화함으로써 그 내용이 구체화된다. 이 기능은 *문서의 기안에서부터 결재까지 문서가 성립하는 과정에서 나타나는 것이다.

* 문서의 기안: 행정기관의 의사를 결정하기 위하여 문안을 작성하는 것으로, 세부 내용은 앞으로 다룰 예정이다.

⑵ **의사의 전달**

문서는 자기의 의사를 타인에게 전달하는 기능을 갖는다. 문서에 의한 의사전달은 전화나 구두로 전달하는 것보다 좀 더 정확하고 변함없는 내용을 전달할 수 있다. 이것은 의사를 공간적으로 확산하는 기능으로서 문서의 발송·도달 등 유통과정에서 나타난다. 예컨대 A 행정기관에서 B 식당에 대해 「식품위생법」 위반을 이유로 영업정지처분을 서면으로 통지한다면, A 행정기관의 영업정지처분이라는 의사가 문서를 통해 발송되어 B 식당에 도달하는 공간적 확산이 일어난다.

⑶ 의사의 보존

문서는 의사를 오랫동안 보존하는 기능을 한다. 문서로써 전달된 의사는 지속적으로 보존할 수 있고, 역사자료로서의 가치를 갖기도 한다. 이는 의사표시를 시간적으로 확산시키는 역할을 한다. 예컨대 법원의 판결은 판례라는 문서를 통해 보관되고 법률 전문가 등에 의해서 활용된다. 최근에는 대부분 전자문서 형태로 보관되지만, 오래전에 작성된 문서의 경우 종이문서 자체로 보관된다.

⑷ 자료 제공

보관·보존된 문서는 필요한 경우 언제든 참고자료 내지 증거자료로 제공되어 행정활동을 지원·촉진시킨다. 예컨대 정부에서 새로운 정책을 추진하기 위하여, 과거의 정책 성공이나 실패와 관련된 자료를 활용할 수 있다.

⑸ 업무의 연결·조정

문서의 기안·결재 및 협조 과정 등을 통해 조직 내외의 업무처리 및 정보 순환이 이루어져 업무의 연결·조정 기능을 수행하게 된다. 예컨대 하급자가 문서를 기안하여 관련 부서와 협의를 거쳐 상급자의 결재 과정을 거치게 된다. 이러한 과정을 통해 상·하급자 및 관련 부서가 상호 연결되고, 업무의 *조정 과정을 거치게 된다.

* 조정(Coordination) : 업무를 처리하는 과정에서 발생하는 이견이나 마찰 등을 제거하는 협력과 통합의 정도를 말한다. 예컨대 A 회사 소속의 예산을 관리하는 B 부서와 광고를 담당하는 C 부서 사이에 광고비 사용액을 두고 마찰이 발생했다고 가정해 보자. A 회사 사장이 B와 C 부서장과 함께 논의하여 두 부서 사이의 갈등을 해소하는 과정이 조정에 해당한다.

4. 문서의 종류

문서는 작성주체, 유통대상 여부, 문서의 성질에 따라 분류할 수 있다.

⑴ 작성주체에 의한 분류

① **공문서** : 행정기관에서 공무상 작성하거나 시행하는 문서(도면, 사진, 디스크, 테이프, 필름, 슬라이드, 전자문서 등 특수매체기록 포함)와 행정기관이 접수한 모든 문서를 말한다.
② **사문서** : 개인이 사적(私的)인 목적을 위하여 작성한 문서를 말한다. 그러나 사문서 중 각종 신청서·증명서·진정서 등과 같이 행정기관에 제출하여 접수가 된 것은 사문서가 아닌 공문서로 취급되며 그 문서를 제출한 사람도 접수된 문서를 임의로 회수할 수는 없다. 다음 예시와 같이 개인이 행정기관에 제출한 민원문서는 공문서로 취급된다.

◆ 〈예시〉 국민신문고를 통해 제출한 민원문서

민원종류	일반민원
제목	공무원 행정학 시험에서 사용하는 용어가 궁금합니다.
내용	안녕하세요.

(2) 유통대상 여부에 의한 분류

① **유통되지 않는 문서(내부결재문서)**: 행정기관이 내부적으로 계획 수립, 처리방침 결정, 업무보고, 소관사항 검토 등을 하기 위하여 결재를 받는 문서를 말한다. 내부적으로 결재를 받는 문서이므로 발신하지 않는다. 예컨대 A 부서 직원들의 업무분장에 관한 문서를 작성하고 A 부서 직원들의 검토 및 A 부서장의 결재를 거쳤다고 하자. 해당 문서는 A 부서 내부의 의사결정 사항으로, 외부로 유통할 필요는 없다.

② **유통대상 문서**

　㉠ 대내문서: 해당 기관 내부에서 보조기관 또는 보좌기관 상호 간 협조를 하거나 보고 또는 통지를 위하여 수신·발신하는 문서를 말한다. 예컨대 A 기관 내의 예산을 담당하는 보조기관인 B 부서에서 개최하는 회의에 A 기관 내의 다른 부서들이 참여해야 하는 경우, B 부서에서는 회의와 관련된 내용을 문서로 작성하여 B 부서장의 결재 후 각 부서에 발신한다.

　㉡ 대외문서: 해당 기관 이외에 다른 행정기관(소속기관 포함)이나 국민, 단체 등에 수신·발신하는 문서를 말한다. 예컨대 행정안전부 A 부서가 개최하는 회의에 국방부·외교부 등의 담당자가 참석해야 한다면 행정안전부에서 다른 행정기관인 국방부·외교부 등 외부로 발신하는 대외문서가 된다.

　㉢ 발신자와 수신자 명의가 같은 문서: 행정기관의 장 또는 합의제 행정기관이 자신의 명의로 발신하고 자신의 명의로 수신하는 문서를 말한다.

(3) 문서의 성질에 의한 분류

「행정업무규정」 제4조에 따르면 공문서는 법규문서·지시문서·공고문서·비치문서·민원문서 및 일반문서로 구분할 수 있다.

① **법규문서**: 헌법·법률·대통령령·총리령·부령·조례·규칙 등에 관한 문서이다. 법규문서는 조문 형식으로 누년 일련번호를 사용(예 법률 제1234호)한다.

② **지시문서**: 훈령·지시·예규·일일명령 등 행정기관이 그 하급기관이나 소속 공무원에 대하여 일정한 사항을 지시하는 문서를 말한다. 지시문서는 조문 또는 시행문 형식으로 누년 일련번호(예 훈령 제5호) 또는 연도별 일련번호(예 지시 제2025-5호) 등을 사용한다.

훈령	상급기관이 하급기관에 대하여 장기간에 걸쳐 그 권한의 행사를 일반적으로 지시하기 위하여 발하는 명령 ◆ 〈예시〉 **계약업무처리훈령(국방부훈령)** **제1조(목적)** 이 훈령은 계약담당공무원이 공정하고 합리적으로 계약업무를 집행할 수 있도록 … 계약업무처리에 필요한 사항을 정함을 목적으로 한다.
지시	상급기관이 직권 또는 하급기관의 문의에 의하여 하급기관에 개별적·구체적으로 발하는 명령 ◆ 〈예시〉 **국방 사이버보안 위험관리 지시(국방부지시)** **제1조(목적)** 이 지시는 「국방정보화 기반조성 및 국방정보자원관리에 관한 법률」 제21조의 2에 따라 무기체계 및 전력지원체계의 사이버보안 위험을 수명주기 관점에서 관리하기 위해 국방 사이버보안 위험관리의 추진, 운영, 관리 등에 필요한 사항을 규정함을 목적으로 한다.
예규	행정업무의 통일을 기하기 위하여 반복적인 행정업무의 처리기준을 제시하는 문서로서 법규문서를 제외한 문서 ◆ 〈예시〉 **국방민원 콜센터 운영예규(국방부예규)** **제1조(목적)** 이 예규는 「국방민원 처리에 관한 훈령」 제57조 제3항에 따라 '국방민원 콜센터'의 설치와 운영에 필요한 사항을 규정하여 대국민 민원서비스 향상에 이바지함을 목적으로 한다.
일일명령	당직·출장·시간외근무·휴가 등 일일업무에 관한 명령 ◆ 〈예시〉 **시간외근무 명령** 근무 명령 기간 : 2024. 11. 1. ~ 11. 20. 근무 명령 대상자 : ○○○ 사무관

③ **공고문서**: 고시·공고 등 행정기관이 일정한 사항을 일반에게 알리는 문서를 말한다. 공고 문서는 연도표시 일련번호(例 고시 제2025-5호)를 사용한다.

고시	법령이 정하는 바에 따라 일정한 사항을 일반에게 알리는 문서 ◈ 〈예시〉 대전지방국토관리청고시 ● **대전지방국토관리청고시 제2024-141호** 　대전지방국토관리청고시 제2024-78호(2024.08.06.)로 고시된 지형도면(변경)을 「토지이용규제기본법」 제8조 및 같은 법 시행령 제7조의 규정에 따라 아래와 같이 변경 고시합니다. 　　2024년 11월 05일 　　　　대전지방국토관리청장 　　　　**지형도면(변경)**
공고	일정한 사항을 일반에게 알리는 문서 ◈ 〈예시〉 국토교통부공고 ● **국토교통부공고 제2023-385호** 　「건축물대장의 기재 및 관리 등에 관한 규칙」 일부개정안 입법예고를 하는데 있어, 그 이유와 주요내용을 국민에게 미리 알려 이에 대한 의견을 듣기위하여 '행정절차법' 제 41조에 따라 다음과 같이 공고합니다. 　　2023년 04월 07일 　　　　국토교통부장관

④ **비치문서**: 행정기관이 일정한 사항을 기록하여 행정기관 내부에 비치하면서 업무에 활용하는 대장, 카드 등의 문서를 말한다.

◈ 〈예시〉 관인대장

관 인 대 장				
관 인 명				
종 류	☐ 청인 ☐ 직인 ☐ 특수관인		관리부서	

⑤ **민원문서**: 민원인이 행정기관에 허가, 인가, 그 밖의 처분 등 특정한 행위를 요구하는 문서와 그에 대한 처리문서를 말한다. 민원문서는 시행문 또는 서식 형식으로 생산등록번호(⑩ 정보공개정책과–123) 또는 접수등록번호를 사용한다.

◆ 〈예시〉 도로점용허가 신청서

<table>
<tr><td colspan="4" align="center">도로점용허가 신청서</td></tr>
<tr><td colspan="4">※ 뒤쪽의 유의사항 및 작성방법을 읽고 작성하시기 바랍니다.   (앞쪽)</td></tr>
<tr><td>접수번호</td><td>접수일</td><td></td><td>처리기간 뒤쪽 참조</td></tr>
<tr><td rowspan="4" align="center">신청인</td><td>성명(법인의 경우는 그 명칭 및 대표자 성명)</td><td colspan="2">주민등록번호(외국인등록번호 또는 법인등록번호)</td></tr>
<tr><td>상호</td><td colspan="2">사업자등록번호</td></tr>
<tr><td colspan="3">주소(법인의 경우는 주된 사무소의 소재지)</td></tr>
<tr><td>휴대전화번호</td><td>전화번호</td><td>전자우편</td></tr>
</table>

⑥ **일반문서**: 위 각 문서에 속하지 아니하는 모든 문서를 말한다. 일반문서 중 특수한 것으로서 회보와 보고서가 있고, 일반문서는 기안문 등의 형식으로 연도별 일련번호(⑩ 회보 제5호) 등을 사용한다.

<table>
<tr><td rowspan="2" align="center">회보</td><td>행정기관의 장이 소속 공무원이나 하급기관에 업무연락·통보 등 일정한 사항을 알리기 위한 경우에 사용하는 문서</td></tr>
<tr><td>

◆ 〈예시〉 공무원 과거 경력 조사 회보 서식

■ 교육감 소속 지방공무원 인사기록·통계 및 인사사무 처리 규칙 [별지 제5호 서식] 〈개정 2021. 2. 26.〉

기 관 명

수신자
(경유)
제 목 **공무원 과거 경력 조사 회보서**

(문서분류기호)로 요청하신 과거 경력 조사 결과를 아래와 같이 회신합니다.

인적사항	성 명		최 종 직 급	
	생년월일	년 월 일 (만 세)	최 종 직 위	
	근무연한	년 월		

</td></tr>
</table>

보고서	특정한 사안에 관한 현황 또는 연구·검토 결과 등을 보고하거나 건의하고자 할 때 작성하는 문서 ◈ 〈예시〉 **근로자파견사업보고서 서식** ■ 파견근로자 보호 등에 관한 법률 시행규칙 [별지 제8호 서식] 〈개정 2019. 11. 12.〉 년도　[ ] 상반기　**근로자파견사업보고서** 　　　[ ] 하반기 ※ 뒤쪽의 작성방법을 읽고 작성하여 주시기 바랍니다.　　　　　(앞쪽) **1. 일반현황** ① 허가번호　　　　　② 허가연월일

02 문서의 성립과 효력발생

1. 문서의 성립

(1) 성립요건

① 행정기관의 적법한 권한 범위 내에서 작성되어야 한다.
② 위법·부당하거나 시행 불가능한 내용이 아니어야 한다.
③ 법령에 규정된 절차 및 형식을 갖추어야 한다.

(2) 성립시기

「행정업무규정」 제6조 제1항에 따르면 문서는 결재권자가 해당 문서에 서명(전자이미지서명, 전자문자서명 및 행정전자서명을 포함)의 방식으로 결재함으로써 성립한다. 결재권자란 행정기관의 장, 법령에 따라 행정권한을 위임받거나 위탁받은 자, 위임전결 또는 대결하는 자를 말한다.

❖ 서명의 정의

1. "서명"이란 기안자 · 검토자 · 협조자 · 결재권자 또는 발신명의인이 공문서(전자문서는 제외)에 자필로 자기의 성명을 다른 사람이 알아볼 수 있도록 한글로 표시하는 것을 말한다.

> 자필 서명은 종이문서에 직접 서명을 하는 형태를 말한다.
> 예 김 행 정

2. "전자이미지서명"이란 기안자 · 검토자 · 협조자 · 결재권자 또는 발신명의인이 전자문서상에 전자적인 이미지 형태로 된 자기의 성명을 표시하는 것을 말한다.

> 전자이미지서명은 테블릿 펜 등으로 직접 서명하여 전자적 이미지 형태를 만들고, 그 이미지가 문서에 표기된다. 신용카드 결재 시 테블릿 펜으로 서명하면 전자이미지가 생성되는 것과 유사하다.
> 예 김 행정

3. "전자문자서명"이란 기안자 · 검토자 · 협조자 · 결재권자 또는 발신명의인이 전자문서상에 자동 생성된 자기의 성명을 전자적인 문자 형태로 표시하는 것을 말한다.

> 전자문자서명은 기안, 검토, 협조, 결재 행위를 업무관리시스템(온−나라 시스템) 등에 의해서 자동으로 생성하는 문자 형태의 서명이다.
> 예 김행정

4. "행정전자서명"이란 기안자 · 검토자 · 협조자 · 결재권자 또는 발신명의인의 신원과 전자문서의 변경 여부를 확인할 수 있도록 그 전자문서에 첨부되거나 결합된 전자적 형태의 정보로서 「전자정부법 시행령」 제29조에 따른 인증기관으로부터 인증을 받은 것을 말한다.

> 인증기관은 행정안전부의 행정전자서명 인증관리센터이다. 인증받은 행정전자서명이 있으면 그 행정전자서명이 곧 서명자의 서명이고, 그 전자문서는 행정전자서명이 된 후에 내용이 변경되지 아니하였다고 추정한다.
> ○ 온라인 뱅킹 등을 할 때 '공인인증서'를 사용하는 것처럼, 행정기관에서도 문서를 처리할 때 인증받은 행정전자서명을 사용한다.

2. 문서의 효력발생

문서의 효력은 언제 발생하는 것일까? 예컨대 다음 표의 일정에 따라 A 기관에서 B 기관으로 보내는 문서가 진행된다고 가정해 보자.

날짜	문서의 진행 단계
1. 2.	A 기관 담당자가 문서를 기안하고 결재를 받음
1. 5.	A 기관에서 B 기관으로 문서를 발신
1. 8.	B 기관에 문서가 도달
1. 9.	B 기관 담당자가 문서의 내용을 알게 됨

(I) 효력발생에 대한 입법주의

① **표백주의(表白主義)** : 문서가 성립한 때, 즉 결재로써 문서의 작성이 끝난 때에 효력이 발생한다는 견해이다. 이는 내부결재문서와 같이 상대방 없는 문서의 경우에는 합당하나, 상대방이 있는 경우에는 그 상대방이 해당 문서의 작성에 관해 전혀 알지 못하는데도 효력이 생기게 되어 문서발신 지연 등 발신자의 귀책사유로 인한 불이익을 상대방이 감수해야 하는 부당함이 발생한다.

② **발신주의(發信主義)** : 성립한 문서가 상대방에게 발신된 때 효력이 발생한다는 견해이다. 이는 신속한 거래에 적합하며, 특히 다수의 자에게 동일한 통지를 해야 할 경우에 획일적으로 효력을 발생하게 할 수 있다는 장점이 있지만, 문서의 효력발생 시기가 발신자의 의사에 좌우되고, 상대방이 아직 알지 못하는 상황에서 효력이 발생한다는 단점이 있다. 발신주의를 채택한 예로는 「민법」 제531조(격지자간의 계약성립시기)를 들 수 있다.

  ㅇ「민법」 제531조(격지자간의 계약성립시기) 격지자간의 계약은 승낙의 통지를 발송한 때에 성립한다.

③ **도달주의(到達主義)** : 문서가 상대방에게 도달해야 효력이 생긴다는 견해이며 수신주의(受信主義)라고도 한다. 여기서 도달이라 함은 문서가 상대방의 지배범위 내에 들어가 사회통념상 그 문서의 내용을 알 수 있는 상태가 되었다고 인정되는 것을 의미한다. 이는 쌍방의 이익을 가장 잘 조화시키는 견해라고 볼 수 있다. 「민법」상의 의사표시와 「행정업무규정」상의 문서의 효력발생 시기는 도달주의를 원칙으로 하고 있다.

  ㅇ「민법」 제111조(의사표시의 효력발생시기) ① 상대방 있는 의사표시는 그 통지가 상대방에 도달한 때로부터 그 효력이 생긴다.

④ **요지주의(了知主義)** : 상대방이 문서의 내용을 안 때에 효력이 발생한다는 견해이다. 이는 상대방의 부주의나 고의 등으로 인한 부지(不知)의 경우 발신자가 불이익을 감수해야 하는 폐단이 발생하고, 지나치게 상대방의 입장에 치우친 것으로 타당한 견해라고 보기 어렵다.

⑵ 문서의 효력발생 시기

① **일반원칙** : 「행정업무규정」 제6조 제2항은 문서가 수신자에게 도달됨으로써 그 효력을 발생하되, 전자문서는 수신자가 관리하거나 지정한 전자적 시스템 등에 입력됨으로써 그 효력을 발생한다고 규정하고 있어 도달주의를 원칙으로 하고 있다.

> "전자문서"란 컴퓨터 등 정보처리능력을 가진 장치에 의하여 전자적인 형태로 작성되거나 송신·수신 또는 저장된 문서를 말한다.

② **공고문서의 효력발생** : 고시, 공고 등 공고문서는 그 문서상에 효력발생 시기를 명시하고 있지 않으면 그 고시 또는 공고가 있은 날부터 5일이 경과한 때에 효력이 발생한다.

◈ 〈예시〉 국립전파연구원고시

> ◉ **국립전파연구원고시 제2024-16호**
>
> 「산업표준화법」 제5조에 따라 산업표준심의회 심의를 거쳐 정보통신분야 국가표준을 폐지하고, 같은 법 제11조 및 같은 법 시행령 제23조, 「정보통신표준 개발·운영 세칙」 제5조에 따라 정보통신분야 국가표준을 다음과 같이 고시합니다.
>
>   2024년 11월 06일
>   국가전파연구원장
>
>   부칙 : 이 고시는 발령한 날부터 시행한다.

○ 예시의 국립전파연구원고시는 부칙에 효력발생 시기를 "발령한 날부터 시행한다."라고 구체적으로 밝히고 있으므로, 이에 따라 2024년 11월 6일부터 해당 고시는 효력이 발생한다. 다만, 「행정업무규정」 공고문서에 효력발생 시기를 구체적으로 밝히지 않으면 그 고시 또는 공고 등이 있은 날부터 5일이 경과한 때에 효력이 발생한다고 규정하고 있는데, 이는 일반에게 5일간의 주지 기간을 주는 것을 의미한다.

③ **「행정절차법」에 따른 효력발생** : 「행정절차법」 제14조 제4항에 따르면 "송달받을 자의 주소등을 통상적인 방법으로 확인할 수 없는 경우와 송달이 불가능한 경우에 관보, 공보, 게시판, 일간신문 중 하나 이상에 공고하고 인터넷에도 공고하여야 한다."라고 규정하고 있다. 또한 "다른 법령 등에 특별한 규정이 없으면 공고일부터 14일이 경과한 때에 그 효력이 발생한다."라고 규정하고 있다. 여기서 14일의 경과기간은 처분, 신고, 행정상 입법예고, 행정예고 및 행정지도의 절차에 관하여 송달받을 자에게 공고를 통하여 송달하는 경우에 한하여 우선적으로 적용된다.

03 문서작성의 일반원칙

1. 문서의 전자적 처리

「행정업무규정」 제5조 제1항에 따르면 행정기관의 장(법령에 따라 행정권한을 위임받거나 위탁받은 자를 포함)은 문서의 기안·검토·협조·결재·등록·시행·분류·편철·보관·보존·이관·접수·배부·공람·검색·활용 등 처리절차를 전자문서시스템 또는 업무관리시스템상에서 전자적으로 처리하도록 하여야 한다. 과거에는 문서의 기안·검토·협조 등을 직접 대면해서 진행하였고, 문서의 발신도 우편 등의 방법을 통해서 이루어졌다. 현재는 전자적으로 업무를 처리하는 것이 보편적이지만 여전히 대면 보고 등도 함께 활용하고 있다. 전자적 처리는 앞서 언급되었던 업무관리시스템(온-나라 시스템)을 통해서 이루어진다.

2. 국민생활의 편의성 제고 및 전자문서의 체계적 관리

「행정업무규정」 제5조 제2항에 따르면 행정기관의 장은 국민생활의 편의를 제고하고 전자문서를 체계적으로 관리·활용하기 위하여 개방형 문서 형식으로 문서요지와 키워드를 포함하여 작성하고, 국민에게 문서를 다양한 형식으로 제공하며, 국민이 다양한 장치에서 문서에 접근할 수 있도록 하여야 한다. 개방형 문서는 검색을 통해 키워드와 제목뿐만 아니라 상세한 내용까지 웹에서 볼 수 있는 형태이다. 전자문서는 HWP, PDF 등 다양한 형식으로 제공되고 있으며, PC나 스마트폰 등을 통해서 문서에 접근할 수 있다.

3. 이해하기 쉽게 작성

(1) 어문규범의 준수

「행정업무규정」 제7조 제1항에 따르면 문서는 「국어기본법」에 따라 어문규범에 맞게 한글로 작성하되, 뜻을 정확하게 전달하기 위하여 필요한 경우에는 괄호 안에 한자나 그 밖의 외국어를 함께 적을 수 있으며, 특별한 사유가 없으면 가로로 쓴다. 어문규범이란 국어심의회의 심의를 거쳐 제정한 한글 맞춤법, 표준어 규정, 표준 발음법, 외래어 표기법, 국어의 로마자 표기법 등 국어 사용에 필요한 규범을 말한다.

(2) 국민이 이해하기 쉬운 용어 사용

「행정업무규정」 제7조 제2항에 따르면 문서의 내용은 간결하고 명확하게 표현하고 일반화되지 않은 약어와 전문용어 등의 사용을 피하여 이해하기 쉽게 작성하여야 한다. 행정용어 순화어를 활용하여 쉬운 우리말을 사용할 수 있도록 노력하고, 특히 대국민 행정명령이나 국민에 안내하는 고시·공고문은 국민친화적 용어를 사용하여 작성하도록 노력하여야 한다.

4. 바코드 등의 표기

「행정업무규정」 제7조 제3항에 따르면 문서에는 음성정보나 영상정보 등이 수록되거나 연계된 바코드 등을 표기할 수 있다. 예컨대 공문서에 QR코드를 추가하여, 공문서의 내용을 읽어주거나 관련 영상 등을 수록할 수 있다.

04 문서의 작성 기준

1. 숫자 등의 표시

(1) 숫자

「행정업무규정」 제7조 제4항에 따르면 문서에 쓰는 숫자는 특별한 사유가 없으면 아라비아 숫자를 쓴다.

(2) 날짜

「행정업무규정」 제7조 제5항에 따르면 문서에 쓰는 날짜는 숫자로 표기하되, 연·월·일의 글자는 생략하고 그 자리에 온점을 찍어 표시한다. 월, 일 표기 시 '0'은 표기하지 않는다.

예 2024년 6월 5일(×) → 2024. 6. 5.(○)

예 2024. 06. 05.(×) → 2024. 6. 5.(○)

(3) 시간

「행정업무규정」 제7조 제5항에 따르면 시·분은 24시각제에 따라 숫자로 표기하되, 시·분의 글자는 생략하고 그 사이에 쌍점을 찍어 구분한다. 다만, 특별한 사유가 있으면 다른 방법으로 표시할 수 있다.

예 오후 3시 20분(×) → 15:20(○)

(4) 금액의 표시

「행정업무규정 시행규칙」 제2조 제2항에 따르면 문서에 금액을 표시할 때에는 아라비아 숫자로 쓰되, 숫자 다음에 괄호를 하고 한글로 적어야 한다.

예 금113,560원(금일십일만삼천오백육십원)

2. 문서의 쪽 번호 등의 표시(「행정업무규정」 제19조 및 동 규정 시행규칙)

(1) 쪽 번호 등의 개념

2장 이상으로 이루어진 중요 문서의 앞장과 뒷장의 순서를 명백히 하기 위하여 매기는 번호를 말한다. 현재 학습하고 있는 교재에 쪽(페이지)이 표시된 것과 같다.

(2) 쪽 번호 등의 표시 대상문서

① 문서의 순서 또는 연결 관계를 명백히 할 필요가 있는 문서

② 사실관계나 법률관계의 증명에 관계되는 문서

③ 허가, 인가 및 등록 등에 관계되는 문서

(3) 표시 방법

① **전자문서**: 쪽 번호 표시 또는 발급번호 기재

  ㉠ 쪽 번호: 각종 증명 발급 문서 외의 문서에 표시

    ⓐ 문서의 중앙 하단에 쪽 번호를 표시하되, 문서의 순서 또는 연결관계를 명백히 할 필요가 있는 중요한 문서에는 해당 문건의 전체 쪽수와 그 쪽의 일련번호를 붙임표(-)로 이어 표시한다.

      📵 1, 2, 3, 4 또는 4-1, 4-2, 4-3, 4-4로 표시

    ⓑ 양면을 사용한 경우에는 양면 모두 순서대로 쪽수를 부여한다.

  ㉡ 발급번호: 각종 증명 발급 문서의 왼쪽 하단에 표시

    📵 단말번호-출력연월일

    📵 시·분·초-발급일련번호-쪽 번호

② **종이문서**: 관인으로 간인 또는 천공

  ㉠ 간인: 관인 관리자가 관인으로 간인하되, 시행문은 간인하기 전의 기안문을 복사하여 간인한다.

  ㉡ 구멍뚫기(천공): 민원서류나 그 밖에 필요하다고 인정하는 문서에는 간인을 갈음하여 천공한다.

3. 항목의 구분

(1) 항목의 표시(「행정업무규정 시행규칙」 제2조 제1항)

공문서의 내용을 둘 이상의 항목으로 구분할 필요가 있으면 그 항목을 순서(항목 구분이 숫자인 경우에는 오름차순, 한글인 경우에는 가나다순을 말한다)대로 표시하되, 상위 항목부터 하위 항목까지 1., 가., 1), 가), (1), (가), ①, ㉮의 형태로 표시한다. 다만, 필요한 경우에는 □, ○, -, · 등과 같은 특수한 기호로 표시할 수 있다. 보고서의 항목 구분은 본 교재의 목차(Part, Chapter, 절, 01, 1, …)와 비슷하게 아래의 표와 같이 사용하도록 정하고 있다.

1., 가., 1), 가) …	□, ○, -, …
1. ○○○	□
가. ○○○	○
1) ○○○	-
가) ○○○	·

(2) 표시위치 및 띄우기

```
수신   ○○○장관(○○○과장)
(경유)
제목   ○○○○○
───────────────────────────────────────────
1. ○○○○○○○○○○○○○○○○○○○○○○○○○○○○○○○○○○○○○○○○○○○○○
   ○○○○○○○○
   가. ○○○○○○○○
       1) ○○○○○○○○○○○○○○○○○○○○○○○○○○○○○○○○○○○
          ○○○○○○○○○○○○○○○○○○○○○○○○○○
          가) ○○○○○○○○○○○○○○○○○○○○○○○○○○○○○○○○○
             ○○○○○○○○○○○○○○○○○○○○○○○○○○○○○
2. ○○○○○○○○○○○○○○○○○○○○○○○○○○○○○○○○○○○○○○○○○○○○○
   ○○○○○○○○
```

❍ 2타는 한글 1자, 영문·숫자 2자, 스페이스 바(Space Bar) 2번에 해당

① 첫째 항목기호는 왼쪽 기본선에서 시작한다.

② 둘째 항목부터는 바로 위 항목 위치에서 오른쪽으로 2타씩 옮겨 시작한다.

③ 항목이 두 줄 이상인 경우에 둘째 줄부터는 항목 내용의 첫 글자에 맞추어 정렬함이 원칙이나, 왼쪽 기본선에서 시작하여도 무방하다. 단, 하나의 문서에서는 동일한 형식(첫 글자 또는 왼쪽 기본선)으로 정렬한다.

◈ 〈예시 1〉 항목 내용의 첫 글자에 맞춘 경우

```
수신   ○○○장관(○○○과장)
(경유)
제목   ○○○○○
───────────────────────────────────────────
1. 2025년 행정사 제1차 시험과 관련하여 담당자 회의를 다음과 같이 개최하오니, 참석자 명단을 제출해
   주시기 바랍니다.
2. …
```

◈ 〈예시 2〉 왼쪽 기본선에서 시작하는 경우

```
수신   ○○○장관(○○○과장)
(경유)
제목   ○○○○○
───────────────────────────────────────────
1. 2025년 행정사 제1차 시험과 관련하여 담당자 회의를 다음과 같이 개최하오니, 참석자 명단을 제출해
주시기 바랍니다.
2. …
```

④ 항목기호와 그 항목의 내용 사이에는 1타를 띄운다.

⑤ 항목이 하나만 있는 경우 항목기호를 부여하지 아니한다.

수신∨∨○○○장관(○○○과장)

(경유)

제목　○○○○○

2025년 행정사 제1차 시험과 관련하여 담당자 회의를 다음과 같이 개최하오니, 참석자 명단을 제출해 주시기 바랍니다.

---

(3) 하나의 본문 아래 항목 구분

① 첫째 항목은 1., 2., 3., … 등부터 시작한다.

　○ 둘째 항목 : 가., 나., …

② 첫째 항목은 왼쪽 기본선부터 시작한다.

수신　○○○장관(○○○과장)

(경유)

제목　○○○○○

2025년 행정사 제1차 시험과 관련하여 담당자 회의를 다음과 같이 개최하오니, 참석자 명단을 제출해 주시기 바랍니다.

1. 일시 : ○○○○○
2. 장소 : ○○○○○
3. 참석대상 : ○○○○○

---

4. 규격 용지의 사용

(1) 규격 표준화의 필요성

문서에 사용되는 용지의 규격을 통일하여 표준화함으로써 문서의 작성·처리·편철·보관·보존 등뿐만 아니라 프린터, 복사기, 팩스 등 각종 사무자동화기기의 활용을 용이하게 할 수 있다.

(2) 용지의 기본규격

「행정업무규정」 제7조 제6항은 "문서작성에 사용하는 용지는 특별한 사유가 없으면 가로 210밀리미터, 세로 297밀리미터의 직사각형 용지로 한다."라고 규정하고 있다. 즉, A4 용지를 사용한다. 다만, 도면 작성 등 기본규격을 사용하기 어려운 특별한 경우에는 그에 알맞은 규격의 용지를 사용할 수 있다.

5. 외국어로 된 문서 등에 대한 특례

「행정업무규정」 제20조에 따르면 외국어로 된 문서나 법규문서 중에서 법률에 관한 문서는 문서작성의 방법, 관인날인 또는 서명, 결재받은 문서의 수정, 문서의 쪽 번호 등에 관한 「행정업무규정」의 적용을 받지 않을 수 있다.

05 일반기안문과 문서의 구성 체계

1. 개요

일반기안이라 함은 가장 일반적인 형태로 어떤 하나의 안건을 처리하기 위하여 정해진 기안서식에 문안을 작성하는 것을 말한다. 또한 일반기안은 서식에 따라 일반기안문과 간이기안문으로 구분할 수 있다. 일반기안은 실무 공무원들이 하루에도 몇 번씩 작성하고, 관리자들은 수십 번씩 검토와 결재를 한다. 또한 행정기관 내·외에서 오고 가는 문서도 일반기안 형태이므로, 가장 표준화된 문서에 해당한다. 기안에 관하여는 앞으로 상세히 다룰 예정이다.

2. 문서의 구성

(1) 일반기안문(「행정업무규정 시행규칙」 제3조 제1항)

일반적으로 사용하는 기안문·시행문은 두문·본문·결문으로 구성한다.
① **두문**: 행정기관명, 수신, (경유)
② **본문**: 제목, 내용, 붙임
③ **결문**: 발신명의, 기안자·검토자·협조자·결재권자의 직위 또는 직급 및 서명, 생산등록번호와 시행일, 접수등록번호와 접수일, 행정기관의 우편번호·도로명주소·홈페이지주소·전화번호·팩스번호, 공무원의 전자우편주소, 공개 구분

참고

별지 제1호 서식 일부 수정

<table>
<tr><td rowspan="2">두
문</td><td colspan="2" align="center">행 정 기 관 명</td></tr>
<tr><td>수신
(경유)</td><td></td></tr>
<tr><td rowspan="2">본
문</td><td>제목</td><td></td></tr>
<tr><td colspan="2" align="center">발 신 명 의(직인)</td></tr>
<tr><td rowspan="6">결
문</td><td colspan="2"></td></tr>
<tr><td colspan="2">기안자 직위(직급) 서명   검토자 직위(직급) 서명   결재권자 직위(직급) 서명</td></tr>
<tr><td colspan="2">협조자</td></tr>
<tr><td colspan="2">시행   처리과명-연도별 일련번호(시행일) 접수 처리과명-연도별 일련번호(접수일)</td></tr>
<tr><td colspan="2">우   도로명주소   / 홈페이지 주소</td></tr>
<tr><td colspan="2">전화번호( )   팩스번호( )   / 공무원 전자우편주소   / 공개 구분</td></tr>
</table>

◈ 〈예시 1〉 진주시 기안문

결혼하모 축복, 출산하모 다복, 진주하모 행복

진 주 시

부강한 진주
행복한 시민

수신   내부결재

(경유)

제목   전기자동차 구매 지원금 교부결정 및 교부(승용20차)

「2024년 전기자동차 보급사업」 보조금 업무처리지침(환경부, 2024.7.) 및 「지방보조금관리에 관한 법률」 제8조 및 제10조에 따라 전기승용차 구매 지원금을 아래와 같이 교부 결정하고 지급하고자 합니다.

1. 예산액 : 금6,300,780,000원(금육십삼억칠십팔만원)
2. 교부결정 및 지급액 : 금198,381,000원(금일억구천팔백삼십팔만일천원)
3. 지급내역
  가. 차 종 : 전기승용자동차
  나. 구입자 : 김○○ 외 18명
4. 지 급 선 : 붙임1 참조
5. 예산 과목 : 환경관리과, 대기오염 관리, 쾌적한 대기환경 보전, 전기자동차 구매지원, (402)민간자본이전, (02) 민간자본사업보조

붙임 1. 전기자동차 구매보조금 대상자 현황 1부.
   2. 교부결정서 1부. 끝.

주무관	**정초예**	★팀장	**대체휴무**	환경관리과장	**안응권**	교통환경산림	**허현철**
	전결 2024. 8. 21.					국장	

부시장   **차석호**

협조자   회계과장   전기수

시행   환경관리과–31412   접수

우   52789   경상남도 진주시 동진로 155, 진주시청 환경관리과(8F) (상대동)   /   www.jinju.go.kr

전화번호   055-749-8643   팩스번호   055-749-5339 / jicho1021@korea.kr   / 부분공개(6)

개인정보, 지키면 프라이-벗(友) 놔두면 프라이-빚

◆ 〈예시 2〉 조달청 기안문

「공情이 아닌, 공正한 공공조달」

조 달 청

다시, 대한민국!
새로운 국민의 나라

수신 행정안전부장관(디지털기반안전과장)
(경유)
제목 조달청 정보시스템 분야 재난 대응 인력 수시직제 요구서 제출

1. 행정안전부 디지털기반안전과-1095(2024.7.15.) '정보시스템 분야 재난에 대한 대응조직 마련 협조 요청' 관련입니다.
2. 「재난 및 안전관리 기본법 시행령」 별표1의3이 전면개정('24.7.17.시행)됨에 따라 정보시스템 분야 재난관리주관기관으로서의 원활한 업무수행에 필요한 인력 증원을 위하여 붙임과 같이 수시직제 요구서를 제출합니다.

붙임 : '24년 수시직제 요구서(정보시스템 분야 재난 대응인력) 1부. 끝.

조 달 청 장

주무관	**김종복**	사무관	**강혜선** 2024. 7. 19.	혁신행정담당관	**연가**	기획조정관	**김용걸**
차장	**연가**	조달청장	**임기근**				

협조자

시행 혁신행정담당관-1545   접수

우 35214   대전광역시 서구 청사로189번길 정부대전청사 3동, 8층 혁신행정과 / www.pps.go.kr

전화번호   070-4056-7169   팩스번호 0505-480-1759   / qazse3@korea.kr   / 대국민 공개

「실천하는 청렴문화 신뢰받는 공정조달」

⑵ 간이기안문(「행정업무규정 시행규칙」 제3조 제1항)

간이기안문은 보고서, 계획서, 검토서 등 발신할 필요가 없는 문서이다. 즉, 외부로 보내는 문서에 사용하는 것이 아니라 내부적인 의사결정에만 사용한다.

> **참고**
>
> **별지 제2호 서식**

생산등록번호	
등록일	
결재일	
공개 구분	

협조자			

(제　　목)

> ※ 필요한 경우 보고근거 및 보고내용을 요약하여 적을
>   수 있음

○○○○부(처·청 또는 위원회 등)　　　　또는　　　　○○○○부(처·청 또는 위원회 등)
○○○○국　　　　　　　　　　　　　　　　　　　　　　○○○○과

210mm×297mm(백상지 80g/m²)

◈ 〈예시〉 간이기안문

생산등록 번호	정보공개정책과-840
등록일	2020. 11. 27.
결재일	2020. 11. 27.
공개 구분	대국민공개

주무관	행정사무관	정보공개 정책과장	정부혁신 기획관
이○○	임○○	김○○	전결 2020. 11. 27. 고○○
협조자			

행정업무운영 편람 발간 계획

2020. 11. 27.

행 정 안 전 부
정보공개정책과

3. 두문

「행정업무규정 시행규칙」 제4조 제2항에 따르면 두문은 행정기관명과 수신란으로 구성하되, 다음의 구분에 따라 표시한다. 이 경우 두문의 여백에는 행정기관의 로고·상징·마크·홍보 문구 또는 바코드 등을 표시할 수 있다.

(1) 행정기관명의 표시

행정기관명에는 그 문서를 기안한 부서가 속하는 행정기관명을 표시하되, 다른 행정기관명과 동일한 경우에는 바로 위 상급기관명을 함께 표시할 수 있다. 예컨대 자치구의 경우 중구, 동구, 서구 등 기관명이 동일한 경우가 많은데, 행정기관명에 '서구'라고만 표기하면 어디에 있는 자치구를 의미하는지 알 수가 없다. 따라서 상급기관인 특·광역시를 함께 표기할 수 있다. 아래 예시와 같이 '서구'는 광주광역시, 인천광역시 등 여러 광역시에 존재하는 자치구이다. 따라서 상급기관인 광주광역시를 포함하여 '광주광역시 서구'로 표시할 수 있다.

◈ 〈예시〉 광주광역시 서구

(2) 수신자의 표시

① **내부결재**: 수신자가 없는 내부결재문서인 경우에는 "내부결재"로 표시한다. 내부결재는 다른 행정기관이나 부서로 보내는 문서가 아니라, 내부적인 의사결정을 하는 경우이다.

◈ 〈예시〉 진주시 기안문

② **독임제기관의 장 또는 합의제기관의 장의 권한에 관한 사항인 경우**: 수신자가 있는 경우에는 수신자명을 표시하고, 그 다음에 이어서 괄호 안에 업무를 처리할 보조기관이나 보좌기관을 표시하되, 보조기관이나 보좌기관이 분명하지 아니한 경우에는 ○○업무담당과장 등으로 쓸 수 있다. 다음의 예시에서 수신자는 행정안전부장관의 보조기관인 디지털기반안전과장이다.

◈ 〈예시〉 조달청 기안문

「공情이 아닌, 공正한 공공조달」

조 달 청

조달청

수신 행정안전부장관(디지털기반안전과장)

(경유)

제목 조달청 정보시스템 분야 재난 대응 인력 수시직제 요구서 제출

③ **합의제기관의 권한에 관한 사항인 경우** : 수신자가 있는 경우에는 수신자명을 표시하고, 그 다음에 이어서 괄호 안에 업무를 처리할 보조기관이나 보좌기관을 표시하되, 보조기관이나 보좌기관이 분명하지 아니한 경우에는 ○○업무담당과장 등으로 쓸 수 있다.

　⑩ 수신 방송통신위원회(○○과장), 수신 금융위원회(○○업무담당과장)

④ **수신자가 여럿인 경우** : 두문의 수신란에 "수신자 참조"라고 표시하고, 결문의 발신명의 다음 줄에 수신자란을 따로 설치하여 수신자명을 표시할 수 있다. 아래 예시에서 두문의 수신자는 "수신자 참조"를 표시하고, 발신명의인 청송군수 다음 줄에 수신자란을 따로 설치하여 수신자들을 나열하고 있다.

◈ 〈예시〉 청송군 기안문

하나되는 청송, 그 이상의 도약 !

청 송 군

수신 수신자 참조

(경유)

제목 인사발령 통지(징계)

청 송 군 수

수신자 기획감사실장, 소통홍보과장, 사회복지과장, 주민행복과장, 재무과장, 문화경제과장, 관광정책과장, 농정과장, 안전정책과장, 종합민원과장, 산림자원과장, 환경관리과장, 건설새마을과장, 농촌활력과장, 청송군보건의료원장, 청송군농업기술센터소장, 청송군종합시설관리사업소장, 청송읍장, 주왕산면장, 부남면장, 현동면장, 현서면장, 안덕면장, 파천면장, 진보면장

⑤ **수신자가 민원인인 경우** : 민원회신문서에는 수신란에 민원인의 성명을 먼저 쓰고 이어서 ( ) 안에 우편번호와 도로명주소를 쓴다.

　⑩ 수신 ○○○(우 12345 서울특별시 ○○대로 123)

(3) 경유의 표시(「행정업무규정」 제15조 제2항 및 제3항)

경유는 말 그대로 다른 기관을 거쳐서 문서를 보내는 것을 말한다. 예컨대 수원시가 경기도를 경유하여 행정안전부로 공문을 보낼 수 있다.

① **경유기관이 없는 경우**: 아무것도 적지 않고 빈칸으로 둔다.

② **경유기관이 하나인 경우**: (경유)란에 "이 문서의 경유기관의 장은 ○○○이고 최종 수신기관의 장은 ○○○입니다."라고 표시한다.

③ **경유기관이 둘 이상인 경우**: (경유)란에 "이 문서의 제1차 경유기관의 장은 ○○○이고, 제2차 경유기관의 장은 ○○○, … 최종 수신기관의 장은 ○○○입니다."라고 표시한다.

(4) 로고 · 상징 등 표시(「행정업무규정」 제28조 제5항 및 동 규정 시행규칙 제4조 제2항)

기안문 및 시행문에는 가능하면 행정기관의 로고 · 상징 · 마크 · 홍보문구 등을 표시하여 행정기관의 이미지를 높일 수 있도록 하여야 한다. 로고(상징)는 문서 상단의 '행정기관명' 표시줄의 왼쪽 끝에 2cm×2cm 범위 내에서 표시하고, 홍보문구는 행정기관명 바로 위에 표시한다. 아래 예시는 행정기관명(조달청) 이외에 조달청 로고와 홍보문구를 표시하고 있다.

◆ 〈예시〉 조달청의 로고와 홍보문구

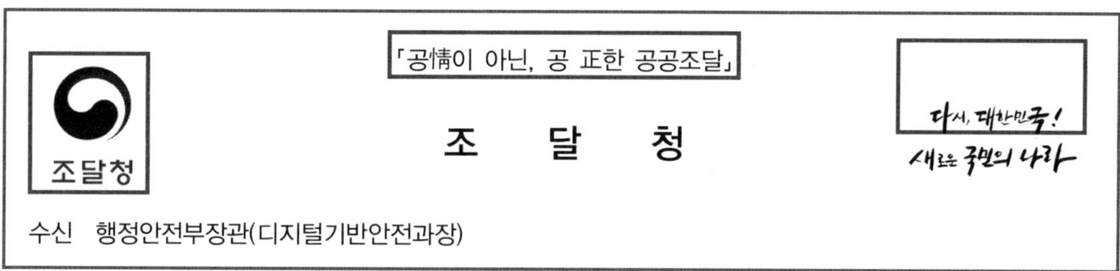

4. 본문

「행정업무규정 시행규칙」 제4조 제3항에 따르면 본문은 제목, 내용 및 붙임(문서에 다른 서식 등이 첨부되는 경우에만 해당)으로 구성한다.

(1) 제목

그 문서의 내용을 쉽게 알 수 있도록 간단하고 명확하게 기재한다.

(2) 관련되는 다른 공문서의 표시

문서생산기관의 명칭과 생산등록번호를 적고, 괄호 안에 생산날짜와 제목을 표기한다. 다음의 예시는 해당 문서가 행정안전부에서 이전에 송부한 문서와 관련이 있음을 표기한 것이다.

◈ 〈예시〉 행정안전부와 관련된 문서

수신　행정안전부장관(디지털기반안전과장)

(경유)

제목　조달청 정보시스템 분야 재난 대응 인력 수시직제 요구서 제출

1. 행정안전부 디지털기반안전과-1095(2024.7.15.) '정보시스템 분야 재난에 대한 대응조직 마련 협조 요청'
   관련입니다.

⑶ 첨부물의 표시

「행정업무규정 시행규칙」 제4조 제4항에 따르면 문서에 서식·유가증권·참고서류, 그 밖의 문서나 물품이 첨부되는 때에는 본문이 끝난 줄 다음에 "붙임"의 표시를 하고 첨부물의 명칭과 수량을 쓰되, 첨부물이 두 가지 이상인 때에는 항목을 구분하여 표시한다. 기안문은 대체로 1장으로 작성하는데, 본문 내용으로는 세부적인 사항을 포함하지 못하게 되는 경우 붙임 자료를 포함할 수 있다. 붙임 자료는 대개 한글(HWP)이나 엑셀(XLS) 등의 형태로 첨부된다. 아래 예시와 같이 본문이 끝난 줄 다음에 붙임 표시를 하고 첨부물 명칭인 '전기자동차 구매보조금 대상 현황', 수량 '1부'라고 적었고, 붙임이 2개이므로 각각 '1.', '2.'로 표시하였다.

◈ 〈예시〉 진주시 기안문

제목　전기자동차 구매 지원금 교부결정 및 교부(승용20차)

「2024년 전기자동차 보급사업」 보조금 업무처리지침(환경부, 2024.7.) 및 「지방보조금관리에 관한 법률」 제8조 및 제10조에 따라 전기승용차 구매 지원금을 아래와 같이 교부 결정하고 지급하고자 합니다.

　1. 예산액 ： 금6,300,780,000원(금육십삼억칠십팔만원)
　2. 교부결정 및 지급액 ： 금198,381,000원(금일억구천팔백삼십팔만일천원)
　3. 지급내역
　　가. 차　종 ： 전기승용자동차
　　나. 구입자 ： 김○○ 외 18명
　4. 지　급　선 ： 붙임1 참조
　5. 예산 과목 ： 환경관리과, 대기오염 관리, 쾌적한 대기환경 보전, 전기자동차 구매지원, (402)민간자본
　　　　　　　이전, (02) 민간자본사업보조

붙임 1. 전기자동차 구매보조금 대상자 현황 1부.
　　 2. 교부결정서 1부.　끝.

⑷ 문서의 "끝" 표시(「행정업무규정 시행규칙」 제4조 제5항)

기안문 본문의 마지막임을 알리기 위해 "끝" 등을 표시하게 된다. 이러한 표시를 통해 수신자 등이 해당 기안문 본문의 내용이 끝났음을 인지할 수 있기 때문이다.

① 본문의 내용(본문에 붙임이 있는 경우에는 붙임을 의미)의 마지막 글자에서 한 글자 띄우고 "끝" 표시를 한다. 앞에 나온 진주시 기안문을 보면 본문 마지막인 '교부결정서 1부.'에서 한 글자(2타) 띄우고 "끝" 표시를 하였다.

> 예 ··· 참고하시기 바랍니다.　끝.

> 예 붙임 1. 서식승인 목록 1부.
>   2. 승인 서식 2부.　끝.

② 본문의 내용이나 붙임에 적은 사항이 오른쪽 한계선에 닿은 경우에는 다음 줄의 왼쪽 기본선에서 한 글자 띄우고 "끝" 표시를 한다. 여백이 부족한 경우 아래 예시와 같이 다음 줄에서 한 글자 띄우고 "끝" 표시를 하면 된다.

◈ 〈예시〉 본문 내용이 오른쪽 한계선에 닿은 경우

·· 주시기 바랍니다. 　끝.

③ **본문이 표로 끝나는 경우**: ②에도 불구하고, 본문의 내용이 표 형식으로 끝나는 경우에는 표의 마지막 칸까지 작성되면 표 아래 왼쪽 기본선에서 한 글자를 띄운 후 "끝" 표시를 하고, 표의 중간까지만 작성된 경우에는 "끝" 표시를 하지 않고 마지막으로 작성된 칸의 다음 칸에 "이하빈칸"으로 표시한다.

◈ 〈예시 1〉 본문의 내용이 표 형식으로 끝나는 경우

A	B	C
D	E	F
G	H	I

　끝.

◈ 〈예시 2〉 본문의 내용이 표 형식으로 끝나지만 표의 중간까지만 작성된 경우

A	B	C
이하빈칸		

5. 결문

「행정업무규정 시행규칙」 제4조 제6항에 따르면 결문은 발신명의, 기안자·검토자·협조자·결재권자의 직위나 직급 및 서명, 생산등록번호 및 접수등록번호, 행정기관의 우편번호·주소·홈페이지주소·전화번호·팩스번호, 공무원의 전자우편주소와 공개 구분으로 구성된다.

◈ 〈예시〉 조달청 기안문

<table>
<tr><td colspan="8" align="center">조　달　청　장</td></tr>
<tr><td>주무관</td><td>김종복</td><td>사무관</td><td>강혜선
2024. 7. 19.</td><td>혁신행정담당관</td><td>연가</td><td>기획조정관</td><td>김용걸</td></tr>
<tr><td>차장</td><td>연가</td><td>조달청장</td><td>임기근</td><td></td><td></td><td></td><td></td></tr>
<tr><td>협조자</td><td></td><td></td><td></td><td></td><td></td><td></td><td></td></tr>
<tr><td>시행</td><td colspan="2">혁신행정담당관-1545</td><td></td><td colspan="2">접수</td><td></td><td></td></tr>
<tr><td>우</td><td>35214</td><td colspan="6">대전광역시 서구 청사로189번길 정부대전청사 3동, 8층 혁신행정과 / www.pps.go.kr</td></tr>
<tr><td>전화번호</td><td colspan="2">070-4056-7169</td><td colspan="2">팩스번호　0505-480-1759</td><td>/ qazse3@korea.kr</td><td colspan="2">/ 대국민 공개</td></tr>
<tr><td colspan="8" align="center">「실천하는 청렴문화 신뢰받는 공정조달」</td></tr>
</table>

(1) 발신명의의 표시(「행정업무규정」 제13조)

① 문서의 발신명의는 행정기관의 장으로 한다. 한 사람의 명의로 발신하는 경우를 의미하는데, ○○장관, ○○시장, ○○위원회위원장 등이 해당한다. 위 예시에서는 조달청장이 발신 명의에 해당한다.

② 합의제기관의 권한에 속하는 문서의 발신명의는 그 합의제기관으로 한다. 예컨대 공정거래위원회 등 ○○위원회 명의로 발신하는 경우를 의미한다.

③ 법령에 의하여 행정권한이 위임·위탁된 경우에는 그 위임 또는 위탁을 받은 자(수임자 또는 수탁자)의 명의로 발신한다.

④ 행정기관 내의 보조기관 또는 보좌기관 상호 간에 발신하는 문서는 해당 보조기관 또는 보좌기관의 명의로 한다. 예컨대 서울특별시 내의 경제정책과에서 복지정책과로 발신하는 경우 '경제정책과장' 명의로 발신한다.

⑤ 발신할 필요가 없는 내부결재문서는 발신명의를 표시하지 아니한다. 내부적 의사결정에 해당하므로 발신명의 자체가 필요 없다.

PART 01

(2) 권한대행 또는 직무대리의 표시

① 「행정업무규정 시행규칙」 제10조에 따르면 행정기관의 장의 권한을 대행하거나 직무를 대리하는 사람이 발신명의와 함께 본인의 성명을 적는 경우에는 다음 예시와 같이 "권한대행" 또는 "직무대리"의 표시를 하고 그 직위를 적어야 한다. "권한대행"과 "직무대리"란 행정기관의 장이 업무를 수행할 수 없는 경우 부기관장 등이 업무를 처리하는 것을 의미한다. 권한대행은 대체로 기관장이 장기간 공석인 경우에 하는 것으로, 예컨대 시장이 재선을 위하여 선거에 입후보하면 예비후보자 또는 후보자로 등록한 날부터 선거일까지 부단체장이 그 지방자치단체의 장의 권한을 대행한다. 직무대리는 대체로 기관장이 짧은 기간 공석인 경우에 하는 것으로. 예컨대 행정안전부장관이 휴가나 출장을 가면 차관이 직무를 대신 수행한다.

◆ 〈예시〉 직무대리와 권한대행

서울특별시장 권한대행 행 정 1 부 시 장 ○○○	행정안전부장관 직무대리 차 관 ○○○

② 「행정업무규정 시행규칙」 제11조 제3항에 따르면 보조기관이나 보좌기관의 직무를 대리하는 사람이 보조기관이나 보좌기관의 발신명의에 서명을 하는 경우에는 서명 앞에 "직무대리"의 표시를 하여야 한다.

◆ 〈예시〉 보조기관이나 보좌기관의 직무대리

경제정책과장 직무대리 ○○○

③ **기안자 · 검토자 · 협조자 · 결재권자의 직위나 직급 및 서명**

　㉠ 기안자는 기안문의 기안자란에, 검토 또는 협조자는 검토자 또는 협조자란에, 결재권자는 결재자란에 직위 또는 직급을 쓰고 서명란에 서명한다. 앞의 조달청 기안문 예시에서 기안자는 주무관, 검토자는 사무관부터 차장까지, 결재권자는 조달청장이다. 검토자, 협조자, 결재권자에 대해서는 앞으로 상세히 다룰 예정이다.

　㉡ 직위가 있으면 그 직위를 온전하게 쓰되, 기관장과 부기관장의 직위는 간략하게 쓸 수 있다.

　㉢ 직위가 없으면 직급을 온전하게 쓰되, 6급 이하 공무원의 직급은 각급 행정기관이 직급을 대신하여 대외적으로 사용하도록 정한 대외직명을 적을 수도 있다.

　㉣ 서명은 기안자, 검토자, 협조자, 결재권자가 자기의 성명을 다른 사람이 알아볼 수 있도록 한글로 쓰거나 전자이미지서명 또는 전자문자서명을 전자적으로 표시한다.

⑶ 생산등록번호(시행일) 및 접수등록번호(접수일)

① 「공공기록물 관리에 관한 법률 시행령」 제20조에 따른 생산등록번호 또는 접수등록번호를 업무관리시스템이나 전자문서시스템에 의하여 전자적으로 표시한다.

② 문서에 생산 또는 접수등록번호를 표시하는 때에는 같은 법률 시행규칙 제5조 제3항에 따라 처리과명과 연도별 일련번호를 붙임표(-)로 이어 쓰되, 처리과가 없는 행정기관의 경우에는 처리과명을 대신하여 행정기관명 또는 10자 이내의 행정기관명 약칭을 쓴다. 아래 조달청 기안문 예시에서 혁신행정담당관이 처리과명에 해당하고, 1545가 연도별 일련번호에 해당한다.

③ 민원문서로서 필요한 경우에는 시행일과 접수일란에 시·분까지 기재한다. 아래 한국산업인력공단 민원문서 예시를 보면 접수일시가 상세히 기재되어 있다.

◆ 〈예시 1〉 조달청 기안문 생산등록번호

시행	혁신행정담당관-1545	접수	
우 35214	대전광역시 서구 청사로189번길 정부대전청사 3동, 8층 혁신행정과 / www.pps.go.kr		
전화번호 070-4056-7169	팩스번호 0505-480-1759	/ qazse3@korea.kr	/ 대국민 공개

◆ 〈예시 2〉 민원문서

처리기관	한국산업인력공단 (한국산업인력공단 본부 능력평가이사 전문자격국 인문교육출제부)
처리기관 접수번호	2AA-2410-0738627
접수일시	2024-10-21 10:41:31

⑷ 행정기관의 우편번호·주소·홈페이지주소·전화번호·팩스번호, 공무원의 전자우편주소와 공개 구분

① **도로명주소**: 우편번호를 기재한 다음, 행정기관이 위치한 도로명 및 건물번호 등을 기재하고 괄호 안에 건물명칭과 사무실이 위치한 층수와 호수를 기재한다.

　⑩ 우 35214 대전광역시 서구 청사로189번길 정부대전청사 3동, 8층 혁신행정과

② **공무원의 전자우편주소**: 행정기관이 공무원에게 부여한 전자우편주소를 쓴다.

　⑩ ○○○@korea.kr

③ **공개구분**: 공개, 부분공개, 비공개로 구분하여 표시하되, 부분공개 또는 비공개인 경우에는 「공공기록물 관리에 관한 법률 시행규칙」 제18조에 따라 '부분공개(　)' 또는 '비공개(　)'로 표시하고 「공공기관의 정보공개에 관한 법률」 제9조 제1항 각 호의 해당 호수를 괄호 안에 표시한다.

06 문서의 기안

1. 기안이란?

기안문 작성은 공무원들이 일상적으로 수행하는 업무 중 하나이다. 기안이라 함은 행정기관의 의사를 결정하기 위하여 문안을 작성하는 것을 말한다. 기안은 주로 상급자의 지시사항이나 접수한 문서를 처리하기 위하여 행하여지나, 법령·훈령·예규 등을 근거로 하거나 순수한 자기발안(自己發案)으로 이루어지기도 한다.

예컨대 새로운 복지정책을 도입할지 결정하기 위하여 ① 상급자의 검토 지시를 받은 담당자가 문안을 작성하거나, ② 법령·훈령·예규에 근거하여 문안을 작성하거나, ③ 상급자의 지시나 법령 등의 근거는 없지만 공무원이 복지정책을 창안하여 문안을 작성하는 경우가 해당한다. 기안은 말 그대로 문'안'을 작성하는 것이므로 기안이 끝났다고 해서 행정기관의 의사결정이 확정되는 것은 아니다. 담당자의 문안이 작성되면 상급자들의 검토와 수정을 거쳐 의사결정이 이루어진다.

2. 기안의 원칙과 기안자의 자격

(1) 기안의 원칙

「행정업무규정」 제8조 제1항에 따르면 문서의 기안은 전자문서로 하는 것을 원칙으로 한다. 다만, 업무의 성질상 전자문서로 기안하기 곤란하거나 그 밖의 특별한 사정이 있으면 그러하지 아니하다. 전자문서가 아니라면 수기나 타자기 등을 활용하여 기안을 하는데, 일반적인 상황은 아니다.

(2) 기안자의 자격

분장 받은 업무를 담당하는 자, 처리담당자 등 공무원이면 누구든지 기안자가 될 수 있다. 일반적으로 일선에 있는 담당 공무원이 기안을 하지만, 중요한 기안의 경우 중간 관리자가 직접 기안을 하기도 한다. 또한 결재권자는 접수문서를 공람할 때 처리담당자를 따로 지정할 수 있으므로 이 경우 지정된 자도 기안자가 된다.

3. 기안문 작성 시 고려사항

(1) 작성 전 고려사항

① 기안자는 안건에 관련된 문제를 파악하고 관계 규정 및 과거 행정선례를 숙지하고 있어야 한다. 예컨대 코로나 예방 정책을 검토할 때 「감염병의 예방 및 관리에 관한 법률」 등 관련 법령에 대해 검토하고, 메르스 등 과거 유사 감염병에 대한 정책 등을 숙지하고 있어야 한다.

② 또한 기안하는 목적과 필요성을 파악하고 자료를 수집·분석하며 필요한 경우에는 설문조사, 실태조사, 회의 등을 통하여 의견을 청취한다. 예컨대 코로나 예방 정책의 목적과 필요성을 파악하고, 하루 감염자 수, 해외 현황 등을 수집·분석하고, 필요한 경우에는 감염병 전문가를 대상으로 한 설문조사, 코로나로 인한 소상공인 피해 및 의료 현장 실태조사, 민관합동 대책 회의 등을 통해서 충분한 의견을 청취해야 한다.

③ 복잡한 기안의 경우에는 초안을 작성하여 논리의 일관성을 해치는 내용이나 빠지는 사항이 없도록 검토한 다음 작성한다. 일상적이고 단순한 기안은 초안을 작성할 필요가 없겠지만, 코로나 예방 정책과 같은 문제의 원인이 복잡하고 이해관계자가 많은 경우 등 복잡한 기안은 초안을 작성 후 수정해 나가는 방식으로 업무가 진행된다.

⑵ 작성 시 유의사항

올바른 문서작성은 정확한 의사소통을 위하여 필요할 뿐만 아니라 문서 자체의 품격을 높이고, 그 기관의 대외적인 권위와 신뢰도를 높여준다. 문서의 올바른 작성을 위하여 다음과 같은 사항에 유의할 필요가 있다. 앞서 설명한 것처럼 공무원의 일은 문서 작업이 가장 핵심이다. 달리 말하면 문서 작업에서의 사소한 실수도 치명적인 결과로 이어질 수 있다. 예컨대 100명을 1,000명으로 잘못 표기하면 심각한 문제를 일으킬 수 있다.

① **정확성(바른 글)**

　㉠ 일반적으로 6하원칙에 따라 작성하고 오탈자나 계수 착오가 없도록 한다.

　㉡ 필요한 내용을 빠뜨리지 않고, 잘못된 표현이 없도록 문서를 작성한다.

　㉢ 의미전달에 혼동을 일으키지 않도록 정확한 용어를 사용하고 문법에 맞게 문장을 구성한다.

　㉣ 애매모호하거나 과장된 표현에 의하여 사실이 왜곡되지 않도록 한다.

② **용이성(쉬운 글)**

　㉠ 상대방의 입장에서 이해하기 쉽게 작성한다.

　㉡ 문장은 가급적 짧게 끊어서 항목별로 표현한다.

　㉢ 복잡한 내용일 때는 먼저 결론을 내린 후 이유를 설명하는 것이 좋다.

　㉣ 추상적이고 일반적인 용어보다는 구체적이고 개별적인 용어를 쓴다.

　㉤ 읽기 쉽고 알기 쉬운 용어를 사용하고, 한자나 어려운 전문용어 또는 일반화되지 않은 약어는 사용하지 않는다. 한자나 전문용어를 쓸 필요가 있을 때에는 ( )에 한자를 쓰거나 용어의 해설을 붙인다.

③ **성실성(호감 가는 글)**

　㉠ 문서는 성의 있고 진실하게 작성한다.

　㉡ 상대방에게 불쾌감을 주거나 상대를 무시하는 듯한 표현은 피하고 적절한 경어를 사용한다.

ⓒ 감정적이고 위압적인 표현을 쓰지 않는다. 상급기관이 하급기관에 보내는 문서에 "… 할 것", "… 하기 바람" 등과 같이 위압감을 주는 문구를 쓰게 되면 조직 상하 간의 관계를 경직시켜 원활한 의사소통에 지장을 초래하기 쉽기 때문에 바람직하지 않다. 조직구조상 지휘·감독관계에 있다 하더라도 상호 간에 존중한다는 의미에서 "… 하 시기 바랍니다."와 같은 표현을 사용하는 것이 좋다.

④ **경제성(효율적으로 작성하는 글)**

ⓐ 일상 반복적인 업무는 표준 기안문을 활용한다. 표준 기안문은 제목, 회의개요, 주요 내용, 향후 계획 등 공통적인 내용과 글씨 크기, 여백 등 양식을 미리 정해둔 것을 의미 한다.

◆ **표준 기안문 예시**

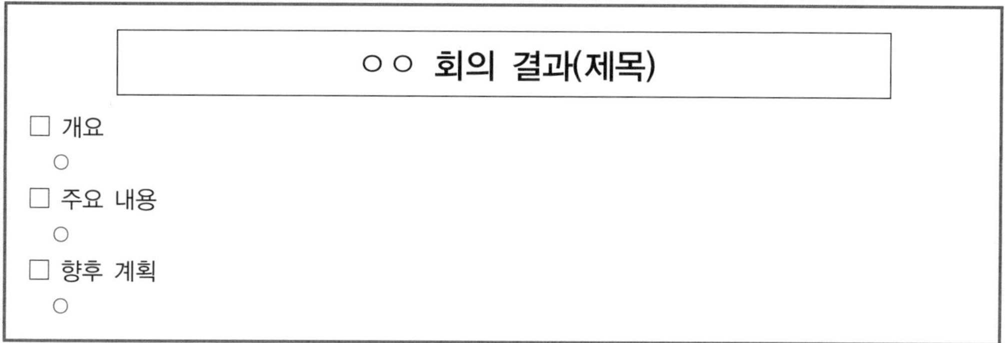

ⓑ 용지의 규격·지질을 표준화한다. 규격이나 지질이 다르면 표준화된 경우에 비하여 많은 시간과 노력이 요구된다. 앞서 소개된 것처럼 A4 용지가 일반적으로 사용된다.

ⓒ 서식을 통일하여 규정된 서식을 사용하는 것이 경제적이다. 서식은 장기간에 걸쳐 반복되는 업무와 관련하여 행정상의 필요사항을 기재할 수 있도록 도안한 일정한 형식 또는 그 업무 용지를 말한다. 서식에 대해서는 앞으로 상세히 다룰 예정이다.

ⓓ 한눈에 내용을 파악할 수 있고 다루기 쉽게 1건 1매 주의로 하는 것이 효율적이다. 장관, 시장 등 고위공직자들은 하루에도 많은 의사결정을 하므로 기안문은 보통 1장으로 작성한다. 기안문 첫 페이지에 중요한 내용이 모두 정리되어 있고, 필요한 경우 다음 페이지에 붙임 자료를 첨부한다.

4. 기타(서식에 의한 처리)

생산등록번호란·접수등록번호란·수신자란 등이 설계된 서식으로 작성한 문서는 별도의 기안문을 작성하지 아니하고 해당 서식의 기안자·검토자·협조자·결재권자의 서명란에 결재를 받아야 한다. 다만, 서명란이 따로 설치되지 않은 경우에는 <간이결재인>을 찍어 이에 결재함으로써 기안에 갈음할 수 있다.

07 일괄기안

1. 의미

「행정업무규정 시행규칙」 제5조 제1항에 따르면 일괄기안은 기안하려는 여러 문서의 내용이 서로 관련성이 있는 경우 각 문서의 내용을 하나의 기안문으로 일괄하여 기안하는 것을 말한다.

> **◈ 실무적 의미에서 일괄기안**
>
> 예컨대 A 부서에 근무하는 B 담당자가 다른 기관 관계자들이 참석이 필요한 회의 개최를 준비한다고 하자. 이를 위해서는 ① A 부서 내부적으로 회의 개최 계획을 기안해야 하고, ② 회의에 참석해야 하는 다른 기관 관계자들에게 보낼 공문을 기안하고, ③ 회의를 개최할 장소인 회의실 등 시설물 관리를 하는 부서에 협조공문도 기안해야 한다. ①, ②, ③은 서로 밀접한 관련이 있는 안건으로, 일괄적으로 기안하여 결재를 받을 필요가 있다. 일괄기안을 하지 않고 각각 기안해서 결재를 받으려고 한다면, 상급자 입장에서 번거로울 뿐만 아니라 각 기안문들 사이의 관련성도 파악하기 어려울 수 있기 때문이다.

2. 작성 및 시행방법

(1) 일괄기안은 각각의 기안문에 작성한다. 이 경우 각각의 기안문에는 두문, 본문 및 결문의 구성요소가 모두 포함되어야 한다.

(2) 각각의 기안문에는 제1안 · 제2안 · 제3안 · 제4안 등의 용어를 쓰지 않는다.
   - 업무관리시스템 또는 전자문서시스템에서 한 번의 지정(확인)으로 각각의 기안문에 기안자 · 검토자 · 협조자 · 결재권자의 정보가 동시에 생성되도록 하여야 한다.

(3) 제목은 각 안의 내용 및 성격에 따라 다르게 설정할 수 있다.

(4) 특별한 사유가 있는 경우를 제외하고는 각각 다른 생산등록번호를 사용하여 같은 날짜로 시행하여야 한다.

(5) 발송할 것을 전제로 하는 기안문이 제1안 내부결재의 내용과 동일한 경우에는 내부결재 안건을 별도로 작성할 필요 없이 생략할 수 있다.

(6) 대내외로 발송할 문서의 경우, 각각의 기안문에 발신명의를 모두 표시해야 한다. 기안문과 시행문이 통합된 서식을 사용하게 됨에 따라 발신명의를 생략하게 되면, 발신명의 없이 그대로 시행되어 형식상 흠이 있는 공문서가 되기 때문이다.

> **참고**

일괄기안 예시

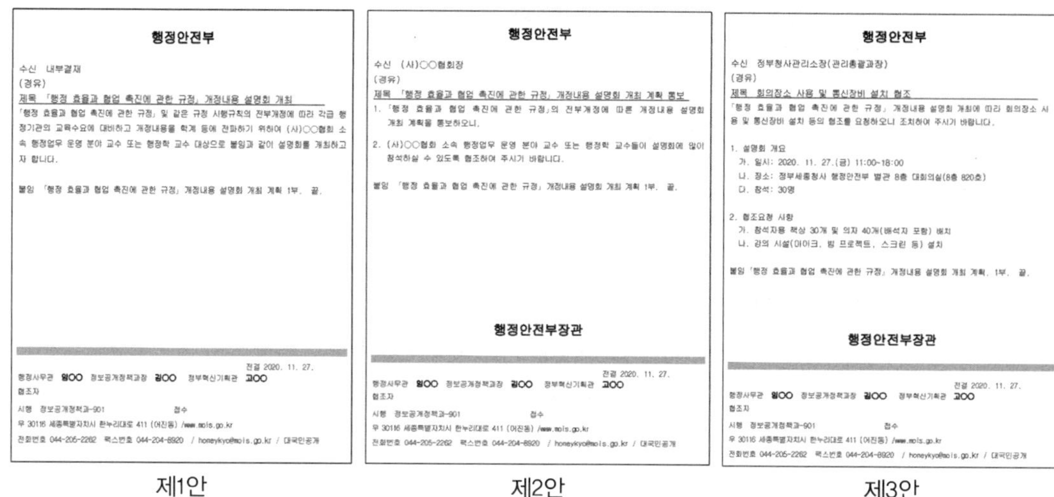

제1안   제2안   제3안

08 공동기안

1. 의미

공동기안이란 2 이상의 행정기관의 장의 결재를 받아 공동 명의로 시행하기 위하여 문안을 작성하는 것을 말한다. 「행정업무규정」 제8조 제3항에 따르면 둘 이상의 행정기관의 장의 결재가 필요한 문서는 그 문서처리를 주관하는 행정기관에서 기안하여야 한다고 규정하고 있다.

> **◆ 실무적 의미에서 공동기안**
>
> 예컨대 정부의 새로운 아동보호 정책과 관련하여 보건복지부, 여성가족부, 경찰청이 함께 A 정책을 추진한다고 하자. 각 행정기관의 담당 공무원들이 협의하여 기안문을 작성하고 각 행정기관의 장의 결재를 거쳐 각 공동명의로 시행하게 된다.

2. 작성 및 시행방법

⑴ 「행정업무규정 시행규칙」 제5조 제2항에 따라 공동기안 문서는 그 문서처리를 주관하는 기관에서 기안하여 먼저 그 기관의 장의 결재를 받은 후 관계 행정기관의 장의 결재를 받는다. 예컨대 새로운 아동보호 정책의 주관기관이 보건복지부라면 보건복지부에서 기안하여 보건복지부장관의 결재를 받은 후 나머지 행정기관의 장의 결재를 받는다.

⑵ 공동기안은 특히 관계기관 간의 긴밀한 사전협의가 요구되므로 관계기관의 장의 결재를 받기 전에 그 기관의 해당 보조기관 등과 충분한 사전협의가 있어야 한다. 일반적으로 공동기안은 관계기관의 담당 실무자 및 중간 관리자들이 사전에 온·오프라인 회의 등을 통해서 실무적인 조정 과정을 거친 후 진행된다.

⑶ 관계기관의 장의 결재를 받는 형식

① 관계기관이 2개인 경우: 결재란을 나누어 주관기관의 자체 결재절차를 마친 다음 관계기관의 장의 결재를 받는다.

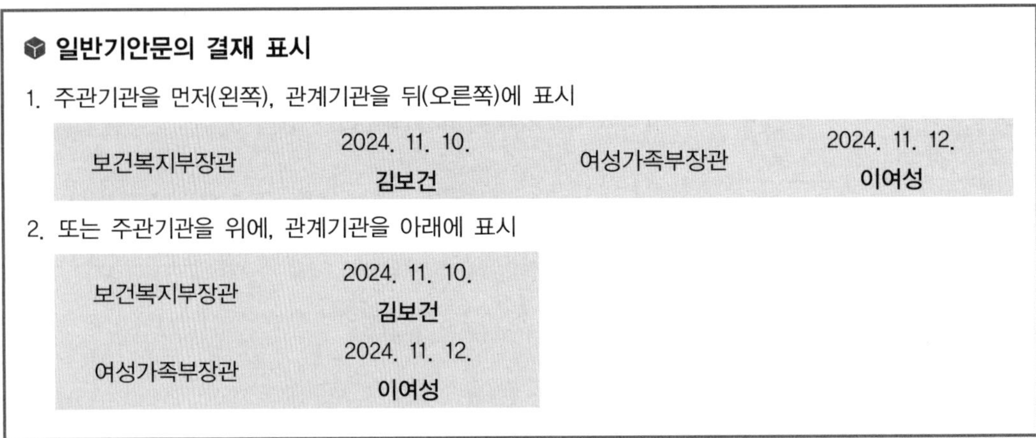

② 관계기관이 3개 이상인 경우: 별지에 기안용지의 결재란에 준하여 필요한 수만큼 결재란을 만들어 첨부하고 그곳에 결재를 받는다.

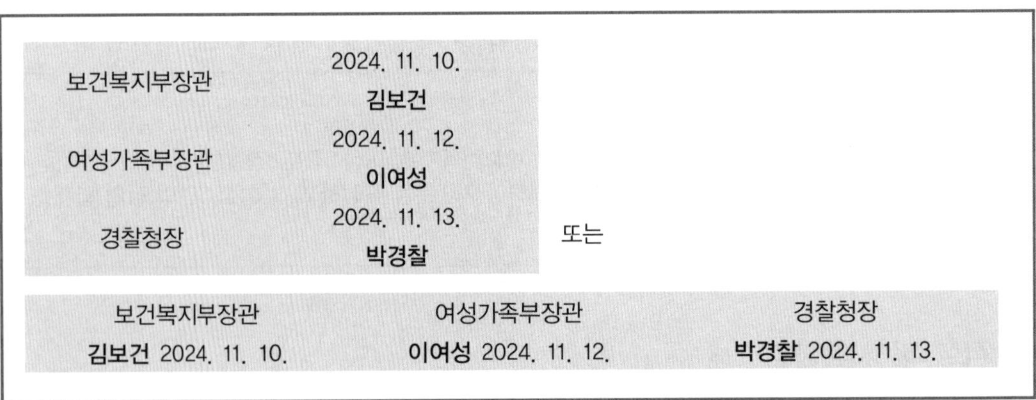

⑷ 공동기안 문서는 해당 문서의 처리를 주관하는 행정기관의 문서(기록물) 등록대장에 등록하고 그 등록번호를 부여하는 등 주관기관의 문서처리절차에 따른다.

⑸ 공동기안문의 발신명의 표시

① 해당 문서처리를 주관하는 행정기관 장의 명의를 맨 위에 표시하고, 관계 행정기관 장의 명의를 그 밑에 표시한다.

② 관계 행정기관의 장이 동일 직위일 때에는 「정부조직법」에 의한 부·처·청의 순위에 따라 표시하고, 동일 직급이 아닌 때에는 상위 직급 행정기관장 명의부터 표시한다. 예컨대 보건복지부가 주관기관이라면, 보건복지부장관의 관인만 날인하고, 관계기관 중 '부'에 해당하는 여성가족부의 명의 다음에 '청'인 경찰청의 명의를 표시한다. 관인은 앞으로 자세히 다루게 된다.

```
                    보건복지부장 관
                    여성가족부장관
                    경찰청장
```

09 대통령 또는 국무총리 결재용 기안문

1. 의미

대통령 또는 국무총리의 결재를 받아야 하는 문서의 기안은 별지 제3호 서식이나 별지 제4호 서식에 따른 기안문으로 하되, 특별한 결재 절차에 사용하는 기안문은 따로 정하여 사용할 수 있다. 제2호 서식과 제4호 서식은 보고서, 계획서, 검토서 등 발신할 필요가 없는 내부결재 문서에만 사용한다.

2. 제3호 서식과 제4호 서식

대통령 또는 국무총리의 결재를 받아야 하는 문서에 대해 별도의 양식을 정하고 있는 것으로, 제3호 서식이 일반기안문, 제4호 서식이 간이기안문과 유사하다고 볼 수 있다.

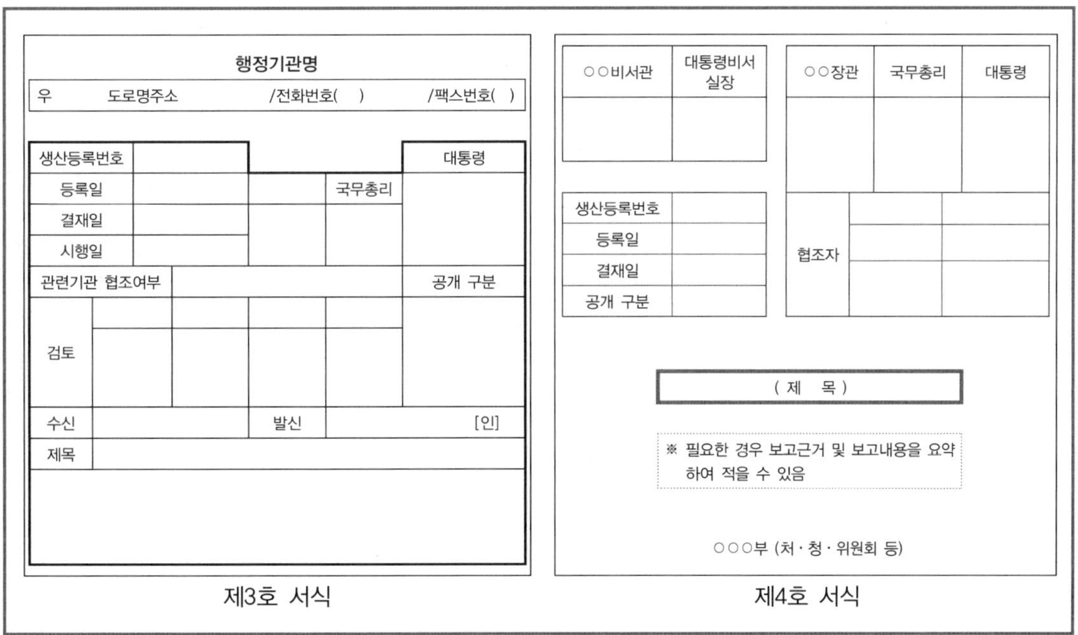

제3호 서식

제4호 서식

10 검토 및 협조

1. 검토

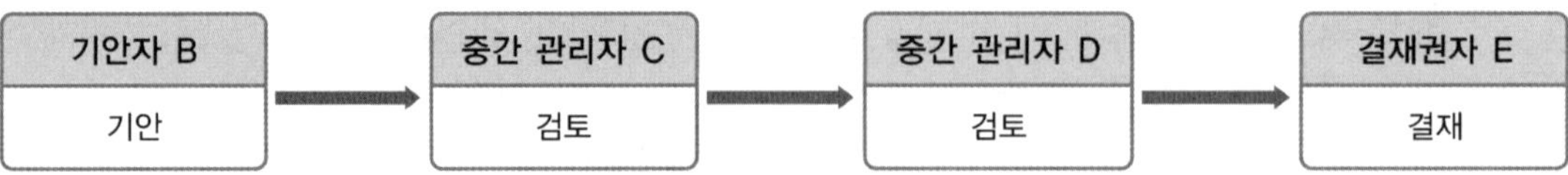

(1) 검토의 개념

검토는 보조기관 또는 보좌기관이 그 소속 공무원이 기안한 내용을 분석하고 점검하여 동의 여부를 결정하는 것을 말하며, 직제상 수직적 합의를 의미한다.

> ◆ 보조기관과 보조기관
>
> 예컨대 대통령을 기준으로 보조기관은 국무총리나 각부 장관 등이고, 보좌기관은 대통령 비서실 등이 해당한다. 실제로는 보조기관과 보좌기관을 명확하게 구분하기 어려운 경우도 많다.
>
> > 행정기관의 조직과 정원에 관한 통칙
> > 제2조【정의】이 영에서 사용되는 용어의 정의는 다음과 같다.
> >   6. "보조기관"이라 함은 행정기관의 의사 또는 판단의 결정이나 표시를 보조함으로써 행정기관의 목적달성에 공헌하는 기관을 말한다.
> >   7. "보좌기관"이라 함은 행정기관이 그 기능을 원활하게 수행할 수 있도록 그 기관장이나 보조기관을 보좌함으로써 행정기관의 목적달성에 공헌하는 기관을 말한다.

> ◆ 실무적 의미에서 검토
>
> 1. 예컨대 A 부서에 근무하는 B 주무관이 기안하면, 중간 관리자인 C 사무관이 검토를 거쳐서 A 부서장인 D 과장의 결재 과정을 거치게 된다. 검토는 결재를 하기 전에 중간 관리자들이 문서의 오류 등을 점검하는 과정에 해당한다. 만약 결재권자가 D 과장의 상사인 E 국장이라면, C 사무관과 D 과장이 각각 검토자가 된다. 물론 결재권자가 실장, 차관, 장관 등 좀 더 상위 직위에 해당한다면 검토자의 수는 늘어날 수 있다.
> 2. 조금 더 실무적인 설명을 하면, 검토나 기안부터 검토 및 결재의 과정은 업무관리시스템(온-나라 시스템) 등을 통해 전자적으로 이루어진다. 중요한 기안의 경우 전자적으로 처리하기 이전에 실무자가 기안문을 작성 및 출력하여 상급자에게 직접 보고하고, 수정 및 보완을 거치게 된다. 기안문의 내용이 충분히 조정되면 마지막으로 전자적인 결재 과정을 거친다. 예컨대 국민에게 큰 영향을 주는 새로운 정책을 기안한다면, 담당 주무관이 충분한 자료조사와 관련 전문가들의 의견을 들어 상급자에게 보고하고, 상급자가 검토하여 수정·보완 지시를 한다. 바로 위 상급자의 검토가 끝나면 부서장인 과장의 검토 및 수정·보완 지시 등을 하고 이러한 과정은 장관까지 이어진다. 내부적으로 보고 및 수정·보완이 끝난 기안문은 온-나라 시스템을 통하여 전자적으로 기안부터 검토 및 결재까지 진행된다. 물론 온-나라 시스템을 통하여 사소한 오타 등은 수정할 수 있지만, 중요한 내용에 대한 수정은 대체로 사전에 이루어진다.

(2) 검토 절차(「행정업무규정」 제9조)

기안자는 기안문의 형식·내용을 최종적으로 확인한 후 기안자란에 서명하고, 결재권자의 결재를 받기 전에 하위 보조(보좌)기관에서 상위 보조(보좌)기관의 순으로 검토를 받는다. 즉 아래에서 위로 올라가면서 검토를 받는데, 아래 예시에 나오는 기안, 검토, 결재의 표시는 기안문의 결문에 표시된다.

① 업무분담자가 기안한 경우

ㄱ 총괄책임자의 검토를 거친 후 보조(보좌)기관의 검토·결재를 받는다.

ㄴ *업무분담자는 기안자란에, *총괄책임자는 검토자란에 서명한다.

주무관 **김주무**	행정사무관 **이담당** ○○과장 **박과장**	○○국장	전결 2024. 11. 15.
협조자			**홍국장**

업무분담자는 김주무, 검토자는 이담당 및 박과장, 결재권자는 홍국장에 해당한다. 예시의 '전결'은 결재의 종류 중 하나로, 앞으로 상세히 다룰 예정이다.

* 업무분담자 : 업무분장에 따라 단위업무를 담당하는 사람이다.

* 총괄책임자 : 업무분장상 여러 개의 단위업무를 총괄하는 책임자(직제상 직위 없음)로서 위 예시에서는 행정사무관인 이담당이 해당한다. 예컨대 균형발전담당 사무관은 균형발전팀 소속 직원들의 업무를 총괄하는 책임자에 해당한다.

② 총괄책임자가 기안하는 경우 : 중요한 기안문이거나, 업무분담자의 업무 숙지가 덜 된 경우 등 총괄책임자가 기안하는 경우도 있다. 총괄책임자는 업무분담자의 의견을 들은 후 보조(보좌)기관의 검토·결재를 받는다. 총괄책임자는 기안자란에, 업무분담자는 협조자란에 각각 서명한다.

행정사무관 **이담당**	○○과장 **박과장**	○○국장	전결 2024. 11. 15.
협조자 주무관 **김주무**			**홍국장**

③ 검토를 할 수 없는 경우 : 보조기관 또는 보좌기관이 출장 등의 사유로 검토할 수 없는 등 부득이한 경우에는 검토를 생략할 수 있으며, 이 경우 검토자의 서명란에 출장 등의 사유를 적어야 한다. 예컨대 중요한 사항에 대해서 실무적인 검토는 끝났거나 일상적인 기안문인데, 오늘 결재를 받아서 문서를 발송해야 한다고 가정하자. 그런데 박과장이 오늘 출장 중이라서 검토를 할 수 없다. 그러면 서명란에 사유를 적고 결재를 받으면 된다. 앞서 조달청 기안문에서 혁신행정담당관과 차장은 '연가'로 검토를 생략하였다.

주무관 **김주무**	행정사무관 **이담당** ○○과장 출장	○○국장	전결 2024. 11. 15.
협조자			**김국장**

(3) 검토자의 검토 사항

① **형식적 측면**: '소관사항임에 틀림이 없는가?', '업무 절차는 잘못이 없는가?', '법령의 형식 요건을 구비하고 있는가?' 등을 검토한다.

② **내용적 측면**
    ㉠ **법률적 측면**: '허가·인가·승인 등인 경우 그 법정 요건을 충족하고 있는가?', '의결 기관의 의결사항은 아닌지, 또는 의결을 거쳤는가?' 등을 검토한다.
    ㉡ **행정적 측면**: '공공복지와의 관계는 어떤가?', '재량의 범위는 적합한가?' 등을 검토한다.
    ㉢ **경제적 측면**: '예산상의 조치가 필요한 것이 아닌가?', '과다한 경비투입을 요하는 사항이 아닌가?' 등을 검토한다.

2. 협조

(1) 협조의 개념

기안문의 내용에 관련이 있는 다른 부서나 기관의 합의를 얻는 것을 말한다. 즉, 협조는 수평적 합의를 의미한다. 「행정업무규정」 제9조 제2항은 "기안문의 내용이 행정기관 내의 다른 보조기관 또는 보좌기관의 업무와 관련이 있을 때에는 그 보조기관 또는 보좌기관의 협조를 받아야 한다."라고 규정하고 있다.

> **◈ 실무적 의미에서 협조**
>
> 사업을 담당하는 부서에서 새로운 사업을 추진한다는 것을 내용으로 하는 기안문을 작성한다고 하자. 일반적으로 복지정책, 도로 건설 등 새로운 사업을 추진하려면 그에 수반되는 예산이 필요하다. 말 그대로 돈이 없으면 어떠한 정책도 작동할 수 없다. 비유하자면 정책이 자동차라면 예산은 자동차를 움직이게 하는 연료라고 볼 수 있다.
>
> 예산은 사업을 추진하는 각 부서가 자체적으로 확보하기 어렵기 때문에, 각 행정기관 내 예산을 총괄하는 부서의 지원이 필요하다. 그래서 사전에 예산을 총괄하는 부서와 충분한 협의를 거쳐 예산지원을 어느 정도 약속한다는 의미의 협조를 받아둔다.

(2) 협조 절차

협조는 아래와 같이 표시가 되고, 김주무관의 기안 → 이담당의 검토 → 박과장의 검토 → 하예산의 협조 → 홍국장의 전결 순으로 진행된다.

주무관 김주무	행정사무관 **이담당**	○○과장 박과장	○○국장	전결 2024. 11. 15.
협조자 예산담당관 **하예산**				**홍국장**

3. 다른 의견의 표시 등

(1) 의미

기안문을 검토 또는 협조하는 경우에 그 내용과 다른 의견이 있으면 본문의 마지막 또는 별지에 그 의견을 표시하여야 한다. 이 경우 의견 내용과 함께 의견을 표시한 사람의 소속, 직위(직급) 및 성명을 함께 표시한다. 「행정업무규정」 제9조 제3항은 "보조기관 또는 보좌기관이 제1항에 따라 기안문을 검토하는 경우에 그 내용과 다른 의견이 있으면 기안문을 직접 수정하거나 기안문 또는 별지에 그 의견을 표시하여야 한다."라고 규정하고 있다. 또 「행정업무규정」 제9조 제4항은 "보조기관 또는 보좌기관이 제2항에 따라 협조하는 경우에 그 내용과 다른 의견이 있으면 기안문 또는 별지에 그 의견을 표시하여야 한다."라고 규정하고 있다.

> **◈ 실무적 의미에서 다른 의견의 표시**
>
> 검토나 협조 과정에서 기안문 내용에 대해서 별도의 의견을 남길 수도 있다. 또한 검토자는 기안자의 상급자에 해당하므로 기안문을 직접 수정할 수도 있다. 반면에 협조자는 기안자의 상급자가 아니다 보니 기안문을 직접 수정할 수는 없다. 좀 더 실무적으로는 애초에 기안문에 다른 의견을 남기거나 수정하기보다는 사전에 조율해서 기안문 자체에 담는 경우가 많은데, 검토자나 결재자가 기존의 기안문에 수정 사항 등이 많으면 재작성을 지시하기 때문이다.

(2) '다른 의견의 표시' 방법

「행정업무규정 시행규칙」 제6조 제3항에 따르면 검토자나 협조자가 다른 의견을 표시하는 경우에는 직위나 직급 다음에 "(의견 있음)"이라고 표시하여야 한다.

… 끝.			
(본문 내용에 대한 의견 있음) 1. 사업 수행에 수반되는 적절 예산규모에 대한 추가 검토 필요 2. 예산담당관 하예산			
주무관 **김주무**　　행정사무관 **이담당**　○○과장 **박과장**			전결
		○○국장	2024. 11. 15.
협조자 예산담당관 (의견 있음) **하예산**			**홍국장**

○ 다른 의견의 내용은 앞으로 설명할 시행문에는 표시하지 않는다.

11 결재

1. 결재의 개념

결재란 해당 사안에 대하여 행정기관의 의사를 결정할 권한이 있는 자가 그 의사를 결정하는 행위를 말한다. 따라서 기관의 장 또는 결재권을 위임받은 자가 행정기관의 의사를 결정하기 위한 과정에서 각급 보조기관 또는 보좌기관의 서명을 받는 '검토'와 '협조'는 결재의 개념에 해당되지 않는다.

> **◈ 실무적 의미에서 결재**
>
> 1. 결재는 문서의 기안과 검토 및 협조를 거쳐 최종적으로 결정하는 단계이다. 부서 차원에서 일상적인 회의 개최 계획을 결정할 수도 있고, 행정기관 차원에서 새로운 정책을 결정할 수도 있다. 즉 사소하고 반복적인 결정부터 중요한 결정까지 다양하게 이루어지며, 중요한 안건일수록 대통령, 장관 등 고위직이 결정한다.
> 2. 상급자가 새로운 정책 등에 대해서 검토 지시를 할 때는 예산제약, 관련 법령, 전문가 의견 등은 구체적으로 알 수 없다. 예컨대 시장이 지역 청년들에 대한 취업지원금 지원 방안에 대해서 검토하라는 지시를 내렸다고 하자. 지시를 받은 업무담당자가 구체적으로 검토를 해보니 관련 법령에 직접적인 취업지원금은 지급할 수 없고, 취업 교육 프로그램 운영만 가능하다는 것을 알았다. 또한 예산총괄부서와 협의를 해보니 내년도 예산이 부족하여, 경제적으로 어려움을 겪는 청년만 지원할 수 있었다. 관련 내용들을 종합하여 시장에게 보고하고, 경제적으로 어려운 청년에 대해서 교육 프로그램을 지원하는 것으로 결정하였다.

2. 결재의 기능

(1) 순기능

① 기관의 의사결정과정에서 현실적이고 실무적인 사정을 반영할 수 있다.

② 결재권자의 의사결정에 필요한 지식과 정보를 제공·보완시켜 준다.

③ 하위직원의 창의·연구 및 훈련의 기회로 활용될 수 있다.

④ 결재 과정을 통해 직원의 직무수행에 대한 통제가 가능하다.

(2) 역기능

① 여러 단계의 검토 과정을 거쳐 결재에 이르기 때문에 의사결정이 지연되기 쉽다.

② 상위자의 결정에 의존하기 때문에 하위자가 자기책임하에 창의성을 발휘하기 어렵고, 소극적인 자세로 업무를 처리하는 경향이 있다.

③ 결재 과정이 형식적인 확인 절차에 그치는 경우도 많다.

④ 상위자에게 결재안건이 몰리는 경우, 상세한 내용 검토 없이 문구 수정 정도에 그치기도 하고, 결재하느라 보내는 시간 때문에 상위자 역할인 정책 구상, 계획 수립 등에 시간을 할애하기 어렵게 된다.

(3) 역기능 해소 방안

① 결재권을 하위자에게 대폭 위임한다.
② 검토 과정이나 업무처리 절차를 간소화한다.
③ 안건에 따라서는 상위자가 직접 기안하거나 처리지침을 지시한다.

3. 결재의 종류

결재는 결재, 전결, 대결로 구분할 수 있다.

(1) 결재(決裁)

결재란 법령에 따라 소관사항에 대한 행정기관의 의사를 결정할 권한을 가진 자(주로 행정기관의 장)가 직접 그 의사를 결정하는 행위를 말한다. 「행정업무규정」 제10조 제1항은 "문서는 해당 행정기관의 장의 결재를 받아야 한다. 다만, 보조기관 또는 보좌기관의 명의로 발신하는 문서는 그 보조기관 또는 보좌기관의 결재를 받아야 한다."라고 규정하고 있다. 예컨대 국방부에서 작성한 문서는 국방부장관의 결재를 받아서 국방부장관 명의로 발신하고, 국방부장관의 보조기관인 ○○과장의 명의로 발신한다면 ○○과장의 결재를 받으면 된다.

(2) 전결(專決)

전결이란 행정기관의 장으로부터 업무의 내용에 따라 결재권을 위임받은 자(보조기관·보좌기관·업무담당 공무원)가 행하는 결재를 말한다. 「행정업무규정」 제10조 제2항은 "행정기관의 장은 업무의 내용에 따라 보조기관 또는 보좌기관이나 해당 업무를 담당하는 공무원으로 하여금 위임전결하게 할 수 있으며, 그 위임전결 사항은 해당 기관의 장이 훈령이나 지방자치단체의 규칙으로 정한다."라고 규정하고 있다.

모든 결정을 장관 등 행정기관의 장이 직접 결재하는 것은 현실적으로 불가능하므로, 행정기관의 장은 결재 권한을 보조기관 또는 보좌기관 등에 위임하고 있다. 물론 매우 중요한 의사결정은 행정기관의 장의 결재를 받아야겠지만, 결정의 수준에 따라서 과장, 국장, 실장 등에게 결재권을 위임하고 있다. 예컨대 강원특별자치도 사무전결 처리 규칙에 따르면 과 내 사무분쟁은 과장이, 과 간 사무분쟁은 국장이, 국 간 사무분쟁은 부지사가 전결권을 가지고 있다.

> ○ 결재권을 위임받은 전결(專決)과 달리 과장·국장 등의 결재 사항은 과장·국장 등의 고유한 권한(예 과 직원의 근무일지 결재)에 해당한다.

(3) 대결(代決)

대결이란 결재권자가 휴가, 출장, 그 밖의 사유로 결재할 수 없을 때에 그 직무를 대리하는 자가 행하는 결재를 말한다. 대결한 문서 중에서 내용이 중요하다고 판단되는 문서는 결재권자에게 사후에 보고하여야 한다. 예컨대 오늘 결재를 완료하여 발송해야 하는 문서가 있다면 직무를 대리하는 사람이 대결하고 발송할 수 있다.

4. 결재의 효과

문서는 결재권자가 해당 문서에 서명(전자이미지서명, 전자문자서명 및 행정전자서명 포함)의 방식으로 결재함으로써 성립한다. 따라서 결재는 문서가 성립하기 위한 최종적이며 절대적인 요건이다.

5. 결재의 표시

시행문에 기안자, 검토자, 협조자 및 결재권자의 직위(직급)과 서명이 표시되면, 의사결정 과정과 참여자를 알 수 있어 행정의 책임성·투명성 제고를 할 수 있다. ⇨ 정책실명제 실현

(1) 결재의 표시

① 행정기관의 장이 결재하는 경우에는 기관장의 직위를 직위란에 간략히 표시하고 결재란에 서명한다. 다음 예시에서 직위는 '장관'이다.

			2024. 11. 15.
○○국장 **박국장**	○○실장 **이실장**	차관 **김차관**	장관 **나장관**
협조자			

② 결재권자의 서명란에는 서명날짜를 함께 표시한다.

(2) 전결의 표시

① 전결하는 사람의 서명란에 "전결" 표시를 한 후 서명하여야 한다.
② 서명하지 않는 사람의 결재란은 설치하지 않는다.

			전결 2024. 11. 15.
○○담당 **김담당**	○○과장 **이과장**	○○국장 **박국장**	○○실장 **이실장**
협조자			

(3) 대결의 표시

① **위임전결 사항이 아닌 사항을 대결하는 경우("대결"만 표시)**: 대결하는 사람의 서명란에 "대결" 표시를 하고 서명하며, 서명하지 않는 사람의 결재란은 설치하지 않는다. 다음 예시는 실장의 권한 사항을 직무대리자인 국장이 대결한 경우이다.

		대결 2024. 11. 15.
○○담당 **김담당**	○○과장 **이과장**	○○국장 **박국장**
협조자		

② **위임전결 사항을 대결하는 경우("대결"과 "전결"을 함께 표시)**: 전결하는 사람의 서명란에 "전결" 표시를 한 후, 대결하는 사람의 서명란에 "대결" 표시를 하고 서명하여야 한다. 다음 예시는 실장 전결 사항을 국장이 대결하는 경우이다.

		대결 2024. 11. 15.	
○○담당 **김담당**	○○과장 **이과장**	○○국장 **박국장**	○○실장 전결
협조자			

6. 결재를 받은 문서의 수정

결재의 효과에서 살펴보았듯이 결재를 통해서 해당 문서의 내용은 최종적으로 확정된다. 따라서 결재를 받은 문서는 담당자가 임의로 수정할 수 없다.

(1) 원칙

결재를 받은 문서의 일부분을 삭제하거나 수정할 때에는 재작성하여 결재를 받아야 한다. 「행정업무규정」 제17조는 "결재를 받은 문서의 일부분을 삭제하거나 수정할 때에는 재작성하여 결재를 받아야 한다. 다만, 종이문서의 경우로서 삭제하거나 수정하려는 사항이 명백한 오류의 정정 등 경미한 사항인 경우에는 행정안전부령으로 정하는 바에 따라 삭제하거나 수정할 수 있다."라고 규정하고 있다. 행정기관에서 작성하는 대부분의 문서는 전자문서 형태이고, 업무관리시스템(온-나라 시스템)을 통하여 결재 과정이 이루어지기 때문에 다시 결재를 올리는 과정이 어렵지 않다. 담당자의 실수가 명백할 경우, 해당 내용에 대해서 검토자나 결재권자에게 구두로 소명하고 다시 결재 과정을 거치는 경우가 많다.

(2) 종이문서의 경우

종이로 인쇄하여 수기로 결재를 받은 문서의 경우 명백한 오류의 정정 등 경미한 사항인 경우에는 원안의 글자를 알 수 있도록 해당 글자의 중앙에 가로로 두 선을 그어 삭제하거나 수정하고, 삭제하거나 수정한 사람이 그곳에 서명이나 날인을 하여야 한다. 예컨대 '100억 원'을 '100원'으로 잘못 표기한 경우가 해당한다.

12 문서의 등록

1. 문서 등록의 필요성

행정기관이 생성하고 접수한 문서는 등록함으로써 체계적으로 관리하고 활용할 수 있다. 또한 대국민 공개로 등록된 문서의 경우 정보공개포털(open.go.kr)을 통해서 누구나 찾아볼 수 있도록 하여 행정업무의 투명성을 확보할 수 있다. 「행정업무규정」 제11조 제1항은 "행정기관은 문서를 생산(문서가 성립된 경우를 의미)하였을 때에는 지체 없이 「공공기록물 관리에 관한 법률 시행령」 제20조에 따라 생산등록번호를 부여하고 등록하여야 한다."라고 규정하고 있다.

2. 등록 대상 문서 및 항목

(1) 등록 대상 문서

① 해당 부서에서 기안하여 결재를 받은 모든 문서
② 기안문 형식 외의 방법으로 작성하여 결재권자의 결재를 받은 문서
③ 접수한 문서

(2) 등록 항목

등록구분, 제목, 단위업무명(기록물철), 기안자(업무담당자), 결재권자, 생산(접수)등록번호, 생산(접수)등록일자, 수신자(발신자), 공개구분 등

3. 등록 방법

(1) 행정기관이 생산(접수)한 문서는 해당 문서에 대한 결재(접수)가 끝난 즉시 결재(접수)일자 순에 따라 반드시 각 처리과별로 업무관리시스템 또는 전자문서시스템에 의하여 문서(기록물)등록대장에 등록하고 생산(접수)등록번호를 부여하여야 한다.

(2) 문서의 등록번호는 처리과별로 문서(기록물)등록대장에 생산문서·접수문서를 통합하여 등록된 순서에 따라 연도별 일련번호를 부여하여 관리한다.
① **시스템상 등록번호**: 처리과 기관코드와 연도별 등록 일련번호로 구성

<table>
<tr><td align="center">1234567   —   135
(처리과 기관코드)   (연도별 일련번호)</td></tr>
</table>

② **문서상 등록번호**: 처리과명과 연도별 등록 일련번호로 구성

◆ **〈예시〉 처리과명: 혁신행정담당관, 일련번호: 1545**

시행	혁신행정담당관-1545		접수	
우	35214	대전광역시 서구 청사로189번길 정부대전청사 3동, 8층 혁신 행정과	/	www.pps.go.kr
전화번호	070-4056-7169	팩스번호 0505-480-1759	/ qazse3@korea.kr	/ 대국민 공개

③ 내부결재문서는 문서(기록물)등록대장의 수신자란에 "내부결재"라고 표시한다.

④ 전자적으로 문서 등록 표시를 할 수 없는 결재문서는 문서의 표지 왼쪽 상단에 문서 등록 (생산등록번호)의 표시를 한 후 등록한다. 다음 예시와 같이 종이문서는 수기로 문서 등록의 표시를 하고, 스캔 후 등록하는 것을 의미한다.

◆ **〈예시〉 수기로 문서 표지 왼쪽 상단에 표시**

등록번호	기록예산-12111
등록일자	2024. 8. 2
결재일자	2024. 8. 2
공개구분	공개

⑤ 일반문서에 첨부된 녹음테이프, 큰 도면 등 기록물종류나 규격이 달라 함께 관리가 곤란한 첨부물은 별도로 등록한다(생산등록번호의 표시).

(3) 생산등록번호 외에 행정안전부령으로 정하는 번호의 부여

법규문서, 지시문서, 공고문서는 다음과 같이 번호를 표시한다.

문서의 종류 \ 번호의 부여	번호표시 방법
법규문서	연도구분과 관계없이 누적되어 연속되는 일련번호(누년 일련번호)를 부여한다.
지시문서	지시문서 중 훈령 및 예규에는 누년 일련번호를 부여하고, 일일명령에는 연도별로 구분하여 매년 새로 시작되는 일련번호로서 연도표시가 없는 번호(연도별 일련번호)를 부여하며, 지시에는 연도표시와 연도별 일련번호를 붙임표(-)로 이은 번호(연도표시 일련번호)를 부여한다.
공고문서	공고문서에는 연도표시 일련번호를 부여한다.

13 문서의 시행

1. 문서 시행의 의미

(1) 문서 시행의 개념

문서의 시행은 결재를 통해서 행정기관 내부의 의사결정이 확정된 문서가 외부적으로 효력이 발생하는 것을 의미한다.

(2) 시행 절차

문서를 시행하기 위해서는 일반적으로 시행문의 작성 → 관인 날인 또는 서명 → 발신 등의 절차를 거친다.

(3) 시행 방법

문서를 시행하는 방법으로 홈페이지 게시, 관보 게재, 고시·공고, 교부 등의 과정을 거친다.

2. 시행문의 작성

(1) 일반 사항

결재가 끝난 일반기안문(별지 제1호 서식)에 관인을 찍으면 시행문이 된다. 다만, 수신자의 개인정보 보호 등을 위하여 필요할 때에는 수신자별로 시행문을 작성·시행하여야 한다. 「행정업무규정」 제12조 제1항은 "결재를 받은 문서 가운데 발신하여야 하는 문서는 시행문으로 작성하여 발신한다."라고 규정하고 있다.

⬢ 수신자가 다수인 경우

「행정업무규정」제12조 제2항은 "시행문의 수신자가 여럿인 경우 그 수신자 전체를 함께 표시하여 시행문을 작성·시행할 수 있다. 다만, 수신자의 개인정보 보호 등을 위하여 필요할 때에는 수신자별로 작성·시행하여야 한다."라고 규정하고 있다. 예컨대 A 부서에서 개최하는 회의참석 요청 공문을 여러 기관에 보낸다고 한다면 수신자 전체를 함께 표시할 수 있다. 앞서 기안문 작성에서 설명한 것처럼 수신자란에 '수신자 참조' 라고 쓰고 발신명의 아래에 행정과장, 예산담당관, 관광진흥과 등 수신자 전체를 표시할 수 있다. 수신자 관점에서 문서에 수신자 전체가 표시되어 있으면, 해당 공문이 어떤 기관을 대상으로 발송되었는지 참고할 수 있다.

행 정 기 관 명

수신 수신자 참조
(경유)
제목

발 신 명 의(직인)

수신자 행정과장, 예산담당관, 관광진흥과…

기안자 직위(직급) 서명　　검토자 직위(직급) 서명　　결재권자 직위(직급) 서명
협조자
시행　　처리과명-연도별 일련번호(시행일)　접수　처리과명-연도별
일련번호(접수일)
우　　　　도로명주소　　　　　　　　　　　/ 홈페이지 주소
전화번호(　)　　팩스번호(　)　　　　　　　/ 공무원 전자우편주소 / 공개 구분

① **전자문서**: 업무관리시스템 또는 전자문서시스템에서 전자이미지관인을 찍으면 시행문이 된다.

② **종이문서**: 결재받은 기안문을 복사하여 관인을 찍으면 시행문이 된다.

(2) 예외 사항

① **전신·전신타자·전화 발신 문서**: 전신·전신타자·전화로 발신하는 문서는 시행문을 작성하지 아니하나, 시행문 형식으로 발신한다.

② **생산(접수)등록번호란·수신란 등이 설계된 서식으로 작성한 문서**: 서식 자체를 기안문·시행문으로 갈음할 수 있도록 설계된 서식으로 기안한 경우에도 별도의 시행문을 작성하지 아니하고 해당 문서의 발신명의란에 관인(전자이미지관인 포함)을 찍거나 행정기관의 장이 서명(전자이미지서명 포함)하여 시행할 수 있다.

3. 관인 날인 또는 서명 등

(1) 관인을 날인하거나 서명하는 문서

① **행정기관의 장 또는 합의제기관의 명의로 발신하는 문서(「행정업무규정」 제14조 제1항)**
: 시행문, 고시·공고 문서, 임용장·상장 및 각종 증명서에 속하는 문서에는 관인(전자이미지관인 포함)을 찍거나 행정기관의 장이 서명(전자이미지관인 포함)한다. 관인은 발신명의 표시의 마지막 글자가 인영의 가운데에 오도록 찍는다. 다만, 등·초본 등 민원서류를 발급할 때 사용하는 직인은 발신명의 표시의 오른쪽에 찍을 수 있다. 이때 행정기관의 장의 명의로 발신하는 문서의 발신명의에는 행정기관의 장이 관인의 날인(捺印)을 갈음하여 서명(전자문자서명과 행정전자서명은 제외)을 할 수도 있다. 관인에 대해서는 앞으로 상세히 다룰 예정이다.

◆ **행정안전부장관 관인**

② **보조기관 또는 보좌기관의 명의로 발신하는 문서(「행정업무규정」 제14조 제2항)** : 행정기관 내의 보조기관 또는 보좌기관 상호 간에 발신하는 문서의 발신명의에는 보조기관 또는 보좌기관이 서명(전자이미지서명, 전자문자서명 및 행정전자서명 포함)하여 시행하되, 전자이미지서명, 전자문자서명, 행정전자서명은 전자적으로 자동 생성되도록 하여야 한다. 다만, 보조기관이나 보좌기관의 직무를 대리하는 사람이 서명을 하는 경우에는 서명 앞에 "직무대리"의 표시를 하여야 한다.

(2) 관인을 찍는 사람

「행정업무규정 시행규칙」 제12조 제1항은 "문서는 처리과에서 발신하되, 관인을 찍는 문서인 경우로서 전자문서인 경우에는 처리과의 기안자나 문서의 수신·발신업무를 담당하는 사람이 전자이미지관인을 찍고, 종이문서인 경우에는 관인을 관리하는 사람이 관인을 찍는다."라고 규정하고 있다. 전자문서의 경우 처리과에서 담당자 등이 업무관리시스템에서 전자관인을 찍을 수 있고, 종이문서는 관인 실물을 관리하는 사람이 찍어줘야 한다.

(3) 관인 날인 또는 서명을 생략하는 문서(「행정업무규정」 제14조 제3항)

① **생략 표시를 하지 않는 문서** : 특정한 기관에 발송하는 문서와 달리 관보나 신문 등에 실리는 문서에는 관인을 찍거나 서명하지 않는다. 다음 예시는 대한민국 관보에 실려있는 교육부 공고로서, 교육부장관의 관인이나 서명이 없다.

◈ 〈예시〉 대한민국 관보에 실려있는 교육부 공고

> ● 교육부공고 제2024-322호
>
> 「지방교육재정교부금법 시행규칙」 일부개정령(안) 입법예고를 하는데 있어, 그 이유와 주요 내용을 국민에게 미리 알려 이에 대한 의견을 듣기 위하여 '행정절차법' 제41조에 따라 다음과 같이 공고합니다.
>
> 　　　2024년 08월 27일
> 　　　　　　부총리 겸 교육부장관
> 　　「지방교육재정교부금법 시행규칙」 일부개정령(안) 입법예고

② 생략 표시를 해야 하는 문서

　㉠ 대상문서

　　ⓐ 일일명령 등 단순 업무처리에 관한 지시문서

　　ⓑ 행정기관 또는 보조(보좌)기관 간의 단순한 자료요구, 업무연락, 통보 등을 위한 문서

　㉡ 표시위치 : 발신명의 표시의 오른쪽

　　ⓐ 관인날인 생략의 표시 : 행정기관장 및 합의제기관 명의의 발신문서

　　ⓑ 서명 생략의 표시 : 보조(보좌)기관 상호 간 발신문서

◈ 「행정업무규정 시행규칙」 [별표 1]

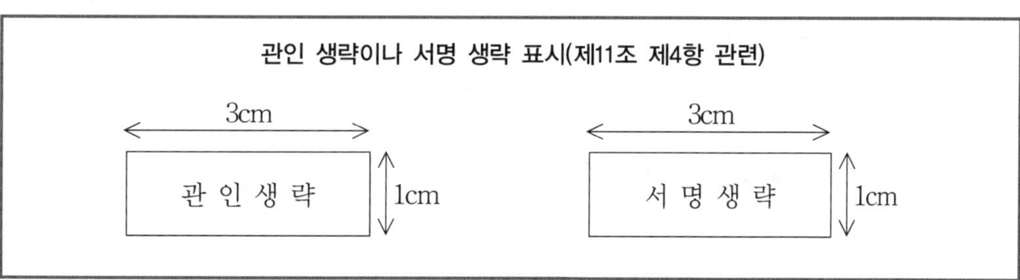

(4) 관인의 인영을 인쇄하여 사용하는 문서(「행정업무규정」 제14조 제4항)

① 관인을 찍어야 할 문서로서 다수의 수신자에게 동시에 발신 또는 교부하거나 알리는 문서에는 관인의 날인을 갈음하여 관인의 인영을 인쇄하여 사용할 수 있다. 전자문서의 경우 전자적 이미지의 관인이 자동으로 찍혀서 나가겠지만, 종이문서에 모두 관인을 찍는 것은 시간이 많이 소요될 수 있다. 따라서 관인의 인영을 인쇄해서 사용할 수 있도록 하고 있다.

② 관인의 인영을 인쇄하여 사용하려면 미리 관인을 관리하는 부서의 장과 협의하고 해당 행정기관의 장의 승인을 받아야 한다.

③ 관인의 인영을 실제 규격대로 인쇄하기 어려운 경우에는 문서의 크기, 용도에 따라 인영의 크기를 적절하게 축소하여 인쇄할 수 있다.

④ 처리과의 장은 관인의 인영을 인쇄하여 사용하는 경우에는 다른 법령에 특별한 규정이 없으면 별지 제5호 서식의 관인인쇄용지 관리대장을 갖추어 두고 관인의 인영을 인쇄하여 사용한 내용을 기록하고 유지하여야 한다.

◈「행정업무규정 시행규칙」[별지 제5호] 서식

<table>
<tr><td colspan="7" align="center">관인인쇄용지 관리대장</td></tr>
<tr><td>인쇄문서명</td><td></td><td></td><td colspan="3"></td></tr>
<tr><td>관인명</td><td></td><td>인쇄관인규격</td><td colspan="3"></td></tr>
<tr><td>일자</td><td>인쇄량(매)</td><td>사용량(매)</td><td>사용명세</td><td>잔여량(매)</td><td>확인(서명)</td></tr>
<tr><td></td><td></td><td></td><td></td><td></td><td></td></tr>
</table>

4. 문서의 발신

> ● **실무적 의미에서 문서의 발신**
>
> 관인 절차까지 마치면 문서를 발신해야 한다. 예컨대 서울특별시 창업정책과에서 창업 지원 정책과 관련된 회의를 개최한다고 하자. 회의에는 서울특별시 관할 구역의 25개 자치구의 관련 담당자가 참석해야 하며, 해당 문서의 내용에는 창업 지원 정책과 관련된 회의에 대한 개요와 함께 각 자치구에서 참석하는 사람의 명단을 제출하라는 내용을 담고 있다. 서울특별시의 담당자는 각 자치구에 문서를 발신한다. 실무에서는 담당자가 별도로 조치를 취할 필요 없이 문서가 결재되면 자동으로 발신되도록 기안단계에서 설정해 두는 경우도 있다.

(1) 발신 원칙(「행정업무규정」 제15조 및 시행규칙 제12조)

① 문서는 직접 처리하여야 할 행정기관에 발신한다. 다만, 필요한 경우에는 행정조직상의 계통에 따라 발신한다. 앞의 예시와 같이 서울시의 25개 자치구가 문서를 직접 처리해야 할 행정기관에 해당한다.

② 하급기관이 바로 위 상급기관 외의 상급기관(바로 위 상급기관에 대한 지휘·감독권을 가지는 상급기관을 의미)에 발신하는 문서 중에서 필요하다고 인정되는 문서는 그 바로 위 상급기관을 거쳐 발신하여야 한다. 예컨대 A → B → C 기관 순으로 하급기관에서 상급기관에 해당한다고 한다면, A 기관이 C 기관에 발신할 때 B 기관을 거쳐서 발신한다는 의미이다.

③ 상급기관이 바로 아래 하급기관 외의 하급기관(바로 아래 하급기관의 지휘·감독을 받는 하급기관을 의미)에 발신하는 문서 중에서 필요하다고 인정되는 문서는 그 바로 아래 하급기관을 거쳐서 발신하여야 한다. 앞선 상황과 상반된 경우로 예컨대 A → B → C 기관 순으로 상급기관에서 하급기관에 해당한다고 한다면, A 기관이 C 기관에 발신할 때 B 기관을 거쳐서 발신한다는 의미이다.

④ 문서는 *처리과에서 발송한다. 다만, 인편 또는 우편으로 발송하는 경우에는 *문서과의 지원을 받아 발송할 수 있다.

  * 처리과: 업무처리를 주관하는 과·담당관 등
  * 문서과: 행정기관 내의 공문서를 분류·배부·보존하는 업무를 수행하거나 수신·발신하는 업무를 지원하는 등 문서에 관한 업무를 주관하는 과·담당관 등

⑤ 다음의 경우에는 문서를 생산한 처리과의 장의 승인을 받아 이미 발신한 문서의 수신자를 변경하거나 추가하여 다시 발신할 수 있다. 이 경우 승인날짜 등 관련 정보를 업무관리시스템이나 전자문서시스템으로 관리하여야 한다. 다만, 종이문서인 경우에는 기안문의 결재권자 서명란 오른쪽 여백에 서명을 하고 승인날짜를 적는 방법으로 표시하여야 한다.

  ㉠ 결재권자나 해당 문서를 생산한 처리과의 장의 지시가 있는 경우

  ㉡ 수신자의 명칭이 변경된 경우

  ㉢ 착오로 인하여 수신자를 누락하였거나 잘못 지정한 경우

  ㉣ 해당 업무와 관련된 기관의 요청이 있는 경우

5. 발신 방법(「행정업무규정」 제16조)

문서를 발신하는 전통적인 방법은 우편으로, 예컨대 주정차 위반 과태료 납부 통지서 등이 해당한다. 최근에는 거의 사용하지는 않는 팩스를 통하여 문서를 발신할 수도 있지만, 정보통신기술이 발전함에 따라서 이제는 전자문서 형태로 발신하는 경우가 가장 보편적인 방법이다.

⑴ 일반 사항

① **정보통신망의 이용**: 문서는 업무관리시스템이나 전자문서시스템 등의 정보통신망을 이용하여 발신한다. 이 경우 그 발신 기록을 전자적으로 관리하여야 한다. 정부의 업무관리시스템은 온–나라 시스템으로, 온–나라 시스템을 사용하는 기관들 사이에는 이를 통하여 문서를 발신하고 수신한다. 온–나라 시스템에서 발신 기록은 당연히 전자적으로 관리된다.

② **우편·팩스 등**: 업무의 성질상 정보통신망을 이용하여 발신하는 것이 적절하지 않거나 그 밖의 특별한 사정이 있으면 우편·팩스 등의 방법으로 문서를 발신할 수 있으며, 이 경우 발신 기록을 증명할 수 있는 관계 서류 등을 기안문과 함께 보관하여야 한다. 과태료 납부 통지서, 법원에서 보내는 각종 문서 등은 우편을 활용하고 있다. 우편이나 팩스는 발신 기록을 별도로 남겨야 한다. 또한 우편·팩스 등의 방법으로 발신하는 경우 내용이 중요한 문서는 등기우편이나 그 밖에 발신 사실을 증명할 수 있는 특수한 방법으로 발신하여야 한다.

③ **전자우편주소**: 행정기관이 아닌 자에게는 행정기관의 홈페이지나 행정기관이 공무원에게 부여한 전자우편주소 등 공무원임을 확인할 수 있는 전자적인 방법을 이용하여 문서를 발신할 수 있다. 정부의 업무관리시스템을 사용하지 않는 민간기업 등에 발송할 때는 이메일로 발송할 수 있다. 공무원의 이메일은 ○○@korea.kr 형태이므로 공무원임을 확인할 수 있다. 다만, 이메일로 발송할 때는 수신자가 이메일로 문서가 발신된다는 것을 알고 있어야 한다.

④ **관인을 찍은 후 발송** : 문서는 처리과에서 발신하되, 관인을 찍는 문서인 경우로서 전자문서인 경우에는 처리과의 기안자나 문서의 수신·발신업무를 담당하는 사람이 전자이미지관인을 찍고, 종이문서인 경우에는 관인을 관리하는 사람이 관인을 찍은 후 처리과에서 발송한다.

(2) 특수사항 : 암호 또는 음어 송신

① 시행할 문서의 내용이 비밀사항이거나 비밀은 아니라도 누설되면 국가안전보장, 질서유지, 경제안정, 그 밖의 국가이익을 해칠 우려가 있는 내용의 문서를 결재할 때 결재권자는 그 문서 내용의 암호화 등 보안 유지가 가능한 발신방법을 지정하여야 한다. 이 경우 본문의 마지막에 "암호" 등으로 발신방법을 표시하여야 한다.

② 암호 등으로 발신할 문서 중 비밀로 분류된 문서는 송수신자 간에 서로 응답이 있는 경우에만 발신하여야 하며, 문서의 제목 다음이나 본문의 "끝" 또는 "이하빈칸" 표시 다음에 따옴표("")를 하고 그 안에 비밀등급을 표시하여 발신하여야 한다. 「보안업무규정」에 따르면 비밀을 Ⅰ급비밀, Ⅱ급비밀, Ⅲ급비밀로 구분하고 있다.

(3) 문서의 게시

단순한 업무 관련 지시 또는 자료요구, 업무연락, 통보, 공지사항, 일일명령 등의 문서는 업무관리시스템 또는 전자문서시스템의 전자게시판이나 행정기관의 홈페이지 등에 게시하여 시행할 수 있다. 즉, 문서를 게시하는 것 자체로서 시행된다. 「행정업무규정 시행규칙」 제9조 제2항은 "행정기관의 장이 소속공무원 또는 소속기관에 발신하는 시행문이나 보조기관 및 보좌기관 상호 간에 발신하는 시행문 중에서 단순한 업무에 관한 지시, 자료요구, 업무연락, 통보, 공지사항, 일일명령 등에 해당하는 시행문은 업무관리시스템 또는 전자문서시스템의 전자게시판이나 행정기관의 홈페이지 등에 게시된 때에 시행된 것으로 본다."라고 규정하고 있다. 아래 군수 당부(지시) 사항은 군수의 결재를 받은 후 홈페이지에 게시한 사례이다.

◆ **전 부서에 대한 군수의 지시사항**

군수 당부(지시) 사항
[2024. 8. 2.(금) 월간업무계획 보고회 시]

⑷ 관보 게재(「관보규정」 제10조 및 동 규정 시행규칙 제11조)

관보에 게재하는 사항 중 법령 공포의 통지, 대통령훈령, 국무총리훈령, 대통령과 국무총리 지시사항의 통지, 각급 기관에 대한 인사발령 통지 등은 관보에 게재되는 것으로 시행된다. 아래 예시는 대한민국 전자관보에 게재된 대통령지시사항이다.

◈ 대한민국 전자관보에 게재된 대통령지시사항

6. 문서 등의 보안 유지

⑴ 행정기관의 장은 문서를 수신·발신하는 경우에 문서의 보안 유지와 위조, 변조, 분실, 훼손 및 도난 방지를 위한 적절한 조치를 마련하여야 한다.

⑵ 행정기관의 장은 보유하고 있는 컴퓨터에 대하여 비밀번호를 부여하여야 한다.

⑶ 업무관리시스템 또는 전자문서시스템을 이용하여 문서를 작성·처리하고자 하는 자는 개인별 사용자계정(ID)·비밀번호 및 전자이미지서명을 등록하여 사용한다. 이 경우 비밀번호는 최초로 등록한 후 즉시 변경하여야 한다.

   ○ 전자문자서명을 사용하는 경우에는 전자이미지서명을 등록하지 않는다.

⑷ 컴퓨터 및 개인별 비밀번호는 문서의 보호 및 보안유지를 위하여 수시로 변경하여야 한다.

14 문서의 접수 및 처리

> ◆ **실무적 의미에서 문서의 접수와 처리부서 결정**
>
> A 기관에서 발송한 문서를 B 기관에서 수신한 경우 B 기관 내의 해당 문서를 처리하는 부서에서 접수하여야 한다. 예컨대 문화체육관광부에서 주관하는 축제와 관련하여 지방자치단체 관계자 회의를 개최한다는 것을 내용으로 하는 공문을 각 지방자치단체가 수신하였다면, 각 지방자치단체 내에서 해당 축제와 관련된 부서에서 해당 문서를 접수하여야 한다. 물론 문화체육관광부 담당자가 각 지방자치단체의 어떤 부서가 축제를 담당하는지 알고 있다면 구체적으로 각 지방자치단체 내 담당 부서까지 지정해서 공문을 보내겠지만 정확히 모르는 경우가 많다. 또한 현재 우리나라는 17개 광역지방자치단체와 228개 기초지방자치단체가 존재하므로 일일이 수신자를 지정하기보다는 '모든 지방자치단체'를 대상으로 공문을 발송하게 된다. 각 지방자치단체가 문서를 수신 후 내부적으로 처리할 부서로 배부하게 된다. 예컨대 서울특별시에서 문서를 수신하고 서울특별시 내에서 관광을 담당하는 부서에서 접수한다. 실무적으로 어떤 부서에서 처리하는 것이 애매할 수도 있는데, 이 경우 기획조정실 등에서 조정을 거쳐 처리부서를 결정하게 된다.

1. 문서의 접수

(1) 일반 사항(「행정업무규정」 제18조 및 동 규정 시행규칙 제15조)

  ① 처리과

  ㉠ 문서는 처리과에서 접수한다.

  ㉡ 접수한 문서에는 접수일시와 「공공기록물 관리에 관한 법률 시행령」 제20조에 따른 접수등록번호를 전자적으로 표시한다.

  ㉢ 접수란이 없거나 전자적으로 표시할 수 없는 문서인 경우에는 두문의 오른쪽 여백에 '접수인'(규칙 별표 2)을 찍고 접수일시와 접수등록번호를 적는다.

◆ **「행정업무규정 시행규칙」 [별표 2]**

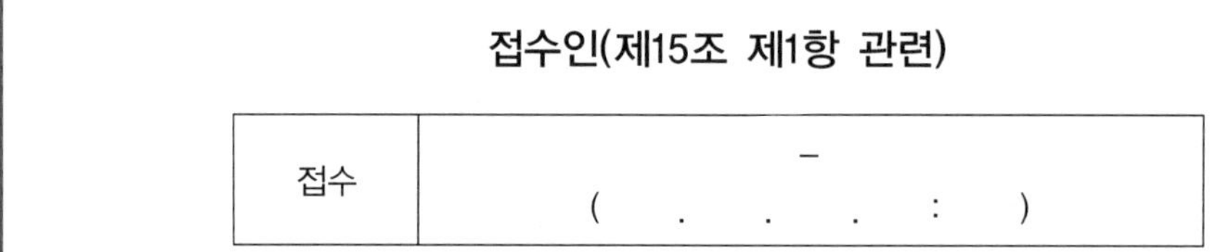

접수인(제15조 제1항 관련)

접수	– (. . . :)

비고
1. 접수란의 크기는 기관에 따라 적절하게 조정하여 사용한다.
2. 접수란의 첫째 줄에는 접수등록번호를 적되, 처리과명과 연도별 일련번호를 붙임표(−)로 이어 적는다.
   例 행정제도과인 경우: 행정제도과−23
3. 접수란의 둘째 줄 괄호 안에는 접수일자를 적는다. 다만, 민원문서 등 필요한 경우에는 시·분까지 적는다.
   例 2011. 7. 10. 또는 2011. 7. 10. 14:23

② **문서과** : 문서과에서 받은 문서는 문서과에서 접수일시를 전자적으로 표시하거나 적고 지체 없이 처리과에 배부하여야 한다. 이 경우 처리과는 배부받은 문서에 접수등록번호를 표시하거나 적는다. 처리과에서 직접 받지 못한 문서는 문서과에서 받아 처리과에 배부하게 된다. 발신 기관이 수신 기관 내 처리과를 정확히 알지 못하거나, 수신 기관이 너무 많아서 구체적으로 선택하기 곤란한 경우 기관 자체로 발신하기 때문이다. 예컨대 문화체육관광부 관광정책과에서 서울특별시 관광정책 관련 처리과로 보내는 것이 아니라 서울특별시로 보내면 서울특별시 내의 접수과에서 관광정책 관련 처리과로 배부하게 된다.

③ 행정기관은 문서의 접수 및 배부 경로에 관한 정보를 「공공기록물 관리에 관한 법률 시행령」 제20조에 따른 등록정보로 관리하여야 한다.

(2) 행정기관 외의 자로부터 정보통신망으로 받은 문서

① 일반적인 접수절차를 거쳐 업무관리시스템 또는 전자문서시스템상에서 처리하되, 발신자의 주소와 성명 등이 불분명하거나 담당 업무와 관련이 없는 사항인 경우에는 접수하지 아니할 수 있다. 예컨대 시민이 국민신문고 홈페이지나, 담당 공무원 이메일(○○@korea.kr)을 통해서 민원을 제기하는 경우를 말한다. 발신자를 알 수 없는 익명의 투서 등은 접수하지 아니할 수 있다.

② 또한, 접수하려는 문서의 위조·변조 방지조치 등으로 인하여 그 문서에 접수일시와 접수등록번호를 전자적으로 표시할 수 없는 경우에는 이를 표시하지 아니할 수 있다.

(3) 둘 이상의 보조(보좌)기관 관련 문서

① 둘 이상의 보조기관 또는 보좌기관과 관련 있는 문서의 경우에는 관련성이 가장 높은 보조기관 또는 보좌기관이 처리과로서 문서를 접수한다. 즉, 특정한 부서에 귀속되는 문서가 아니라 여러 부서와 관련된 문서의 경우 관련성이 가장 높은 부서가 처리과로서 문서를 접수한다는 의미이다. 예컨대 청년복지과와 청년취업지원과가 각각 있는 상황에서, 청년의 자립지원과 관련된 문서가 수신되었을 때 구체적인 문서의 내용이 취업지원과 관련성이 높다면 청년취업지원과가 처리과가 된다.

② 문서를 접수한 처리과는 문서와 관련이 있는 다른 보조기관 또는 보좌기관에 접수한 문서의 내용을 통보하여야 한다. 앞의 예시와 같이 청년취업지원과가 처리과로서 문서를 접수했다면, 문서와 관련이 있는 청년복지과에도 통보해야 한다는 의미이다.

(4) 경유문서의 처리

경유문서를 접수한 기관은 해당 기관장의 명의로 다른 경유기관의 장이나 최종 수신자에게 경유문서를 첨부하여 발신하여야 한다. 이 경우 해당 기관의 의견이 있으면 그 의견을 시행문 본문에 표시하거나 첨부하여 보내야 한다. 예컨대 종로구 효자동 → 종로구 → 서울특별시 → 행정안전부로 보내는 문서가 있다고 하자. 가장 아래에 있는 동에서 구와 특별시를 거쳐 중앙행정기관으로 문서를 보내는 상황인데, 동에서 중앙행정기관으로 보낼 때는 계층적 관계에 따라 중간 계층 기관들의 검토 의견을 더해서 보낸다는 의미이다.

(5) 당직근무자가 받은 문서

당직근무자가 문서를 받았으면 다음 근무시간 시작 후 지체 없이 문서과에 인계하여야 한다. 업무시간이 종료되면 행정기관별로 당직근무자가 문서를 받을 수도 있는데, 문서를 받은 당직근무자가 다음 근무시간 시작 때 문서과로 인계하면 된다. 물론 전자문서보다는 종이문서가 업무시간 종료 후 도착할 때이다.

◉ 금요일 19:00 수령 → 월요일 출근시간 직후 문서과에 인계

(6) 팩스로 받은 문서

감열(感熱)기록방식의 팩스로 보존기간이 3년 이상인 문서를 수신하였을 때에는 그 문서를 복사하여 접수하여야 한다. 이 경우 수신한 문서는 폐기한다.

2. 문서의 반송 및 이송(「행정업무규정 시행규칙」 제16조)

> ◆ **실무적 의미에서 문서의 반송 및 이송**
>
> 예컨대 ① 행정안전부장관이 발송한 문서를 서울특별시장이 접수했는데 문서 자체에 흠이 있다면, 서울특별시장은 행정안전부장관에게 해당 문서를 반송할 수 있다. ② 해당 문서의 내용이 경기도지사 소관사항인 경우에는, 서울특별시장은 경기도지사에게 이송하여야 한다. ③ 해당 문서를 서울특별시 내의 문서과에서 관광진흥과로 배부하여 관광진흥과에 접수했는데, 관광진흥과에서 해당 문서의 내용을 검토하였더니 소관 업무가 아니라서 다시 문서과로 재배부 요청을 하였다. 문서과에서는 해당 문서를 대중교통과로 재배부하였다.

(I) 문서의 반송 : 문서를 발신한 기관으로 되돌려 보냄

① **행정기관 간의 반송** : 접수한 문서에 형식상의 흠이 있으면 그 문서의 생산등록번호, 시행일, 제목 및 반송사유를 구체적으로 밝혀 발신한 행정기관의 장에게 반송할 수 있다.

② **보조기관 또는 보좌기관 간의 반송** : 처리과에서 그 소관에 속하지 아니하는 문서를 접수한 때에는 지체 없이 그 문서를 발신한 처리과에 반송하여야 하며, 문서과로부터 배부 받은 문서인 경우에는 문서과에 재배부 요청을 하여야 한다.

⑵ **문서의 이송 : 문서를 소관 기관으로 보냄**

① **행정기관 간의 이송** : 행정기관의 장은 접수한 문서가 다른 행정기관의 소관사항인 경우에는 그 문서를 지체 없이 소관 행정기관의 장에게 이송하여야 한다.

② **보조기관 또는 보좌기관 간의 이송** : 처리과에서 접수한 문서가 다른 보조기관이나 보좌기관의 소관사항인 경우에는 지체 없이 소관 보조기관 또는 보좌기관에 이송하여야 한다.

> 🔹 **처리과에서 직접 받은 문서의 발신자가 행정기관 또는 행정기관 내의 보조기관 · 보좌기관이 아닌 경우(즉, 발신자가 행정기관 외의 자인 경우)**
>
> • 소관사항이면 일반적인 절차에 따라 접수 · 처리
> • 소관사항이 아닌 경우 소관 처리과로 배부될 수 있도록 지체 없이 문서과로 보내야 함

3. 문서의 공람

처리과의 문서 수신 · 발신 업무 담당자는 접수한 문서를 처리담당자에게 인계하고, 처리담당자는 해당 문서에 대한 공람할 자의 범위를 정하여 문서를 공람하게 할 수 있다.

> 🔹 **실무적 의미에서 문서의 공람**
>
> 예컨대 국토교통부에서 보낸 문서를 서울특별시 대중교통과 시내버스 보조금 담당자 A가 접수하였다. 해당 문서의 내용은 담당자 A의 상급자인 B 팀장, C 과장, D 국장도 알아야 하고, 관련 부서 담당자도 알아야 하는 내용이다. 따라서 해당 공문을 업무관리시스템(온–나라 시스템)을 통하여 공람시켰다. 공람을 통하여 업무 담당자뿐만 아니라 관련된 사람들도 문서내용을 인지할 수 있다.

⑴ 대상문서(「행정업무규정 시행규칙」 제17조)

① 결재권자로부터 처리지침을 받아야 할 필요가 있는 문서

② 민원문서

③ 행정기관이나 보조기관 또는 보좌기관 간의 업무협조에 관한 문서

④ 접수된 문서를 처리하기 위하여 미리 검토할 필요가 있는 문서

⑤ 그 밖에 공무원의 신상(身上), 교육 · 훈련 등과 관련하여 공무원이 알아야 할 필요가 있는 문서

○ 통계 · 설문조사 등을 위하여 각 기관으로부터 취합하는 문서는 공람하지 않는다. 예컨대 문화체육관광부에서 전국에 있는 캠핑장 현황을 파악하기 위하여 시 · 군 · 구에 관할구역 내 캠핑장 수를 알려달라는 내용의 문서 등이 해당한다.

⑵ 공람순서

공람의 순서에 대해서는 특별한 규정을 두고 있지 않다.

⑶ 공람의 표시(「행정업무규정」 제18조 제4항)

업무관리시스템 또는 전자문서시스템상에서 공람하였다는 기록(공람자의 직위 또는 직급, 성명 및 공람일시 등)이 자동으로 표시되도록 한다. 현재 업무관리시스템(온-나라 시스템)에서 공람을 하게 되면 자동으로 기록(공람자의 직위 또는 직급, 성명 및 공람일시 등)이 표시된다. 다음 예시가 업무관리시스템상에서 공람이 표시되는 형태이다.

공람자	부서	직위(직급)	공람일시
김○○	정책기획관	기획담당 사무관	2024. 10. 15. 09:30:31
이○○	정책담당관	균형발전담당 사무관	2024. 10. 15. 10:20:35
박○○	예산담당관	국비담당 사무관	2024. 10. 16. 09:20:20

⑷ 결재권자의 지시(「행정업무규정」 제18조 제5항)

공람을 하는 결재권자는 문서의 처리기한 및 처리방법을 지시할 수 있으며, 필요하면 업무분장에 따른 담당자 외에 그 문서의 처리담당자를 따로 지정할 수 있다.

제2절) 업무관리시스템의 구축 · 운영

01 업무관리시스템의 의의

1. 업무관리시스템의 개념

> **실무적 의미에서 업무관리시스템**
>
> 공무원이 전자적으로 처리하는 대부분의 기능은 업무관리시스템에 통합되어 있다. 예컨대 문서의 기안부터 결재까지, 공무원 이메일(○○@korea.kr), 영상회의, 과제관리와 문서관리, 메신저 기능 등이 포함되어 있다. 공무원이 출근하면 업무관리시스템(온-나라 시스템)에 로그인부터 한다.

[참고] 온-나라 시스템 화면

업무관리시스템이란 행정기관이 업무처리의 전 과정을 과제관리카드 및 문서관리카드 등을 이용하여 전자적으로 관리하는 시스템을 말한다. 공직사회의 일하는 방식을 근본적으로 개선하기 위해 행정기관의 업무처리절차를 통합화 · 표준화하여 업무처리 과정에서 생산된 각종 업무 관련 자료를 과제에 따라 일정, 메모보고, 문서관리카드, 지시사항, 회의관리 등으로 체계적인 처리를 할 수 있도록 구축한 온라인 시스템이다.

행정기관들이 동일한 업무관리시스템을 사용한다면 업무처리절차의 통합화 · 표준화가 가능하다. 또한 공무원에게 주어진 과제를 업무관리시스템상에서 체계적으로 관리할 수 있다. 현재 대부분의 중앙행정기관과 지방자치단체는 업무관리시스템으로 온-나라 시스템을 도입하였다.

2. 업무관리시스템의 기대효과

일하는 방식의 표준화 · 시스템화로 신속한 업무처리가 가능하고 업무과정이 표준화되어 시스템에서 관리되고, 관련 업무담당자 사이에 업무처리내용이 긴밀하게 공유된다. 또한 업무내용은 과제별로 체계적으로 분류 · 등록되며 추진내용이나 과제수행에 대한 정확한 상황을 실시간으로 확인할 수 있고 추진실적은 자동으로 기록 · 관리되어 행정의 효율성을 크게 향상시킬 수 있다. 자세한 내용은 업무관리시스템의 구축 · 운영에서 다룰 예정이다.

02 업무관리시스템의 구축 · 운영

1. 운영 주체(「행정업무규정」 제21조)

(1) 행정기관의 장은 업무처리의 전 과정을 효율적으로 관리하기 위하여 업무관리시스템을 구축 · 운영하여야 한다. 하지만 시스템을 도입하기 위해서는 기본적으로 행정기관의 기능분류가 전제되어야 하기 때문에, 기능분류시스템이 구축되지 않았거나 업무의 성격 또는 그 밖의 특별한 사유로 시스템 도입이 어려운 경우에는 그러하지 아니하다. 즉, 행정기관의 장이 운영 주체가 된다.

(2) 중앙행정기관과 지방자치단체, 지방교육행정기관의 장은 그 소속기관이나 산하기관 등을 포함하여 업무관리시스템을 구축 · 운영할 수 있다. 예컨대 행정안전부 소속기관으로 국가기록원, 서울특별시 소속기관으로 공무원 교육 등을 담당하는 인재개발원, 서울특별시교육청 소속기관으로 서울특별시교육청교육연수원이 있다.

(3) 행정안전부장관은 행정기관의 업무관리시스템 구축 · 운영을 지원하기 위한 계획을 수립 · 시행할 수 있으며, 지원계획을 수립하는 경우에는 관계 행정기관의 장에게 관련 자료 및 필요한 의견의 제출을 요청할 수 있다. 실제로 행정안전부에서는 2006년 온-나라 시스템을 개발하여, 다양한 행정기관에서 업무관리시스템으로 도입 · 운영하고 있다.

2. 시스템의 구성(「행정업무규정」 제22조 및 동 규정 시행규칙 제20조)

업무관리시스템에는 과제관리카드 및 문서관리카드 등이 포함되어야 한다. 즉, 업무관리시스템에는 행정기관 업무의 기능별 단위 과제의 담당자 · 내용 · 추진실적 등을 기록 · 관리하기 위한 카드(과제관리카드)와 문서의 작성 · 검토 · 결재 · 등록 · 공개 · 공유 등 문서처리의 모든 과정을 기록 · 관리하는 카드(문서관리카드) 등이 포함되어야 한다. 이 경우 문서관리카드는 다음의 사항을 포함하여야 한다.

> 1. 기안 내용
> 2. 의사결정 과정에서 제기된 의견, 수정 내용과 지시사항
> 3. 의사결정 내용

(1) 과제관리카드

① 과제관리카드는 행정기관 업무의 기능별 단위 과제의 담당자 · 내용 · 추진실적 등을 기록 · 관리하기 위한 카드이다.

> ○ 단위과제는 공무원이 수행하는 최소업무단위로, 계획 수립 · 집행 · 평가 등 일련의 업무과정을 통합적으로 관리하는 기본적 단위이다. 단위과제에서 추진한 모든 업무실적은 '단위과제카드'에 자동으로 축적된다.

② 과제관리카드에는 표제, 실적관리, 접수관리, 계획관리, 품질관리, 홍보관리, 고객관리 부분과 그 밖에 필요한 사항이 포함되어야 한다. 다만, 행정기관의 장이 특별한 사유가 있다고 인정하면 일부 사항을 제외할 수 있다.

③ 다음 화면이 단위과제카드의 예시이다. '온–나라 시스템 고도화 구축'은 담당 공무원의 과제 중 하나이고, 세부적으로 범 정부 시스템 연계(30%)·문서유통 및 기능고도화(40%)·5개 시범기관 확산 및 교육(30%)으로 구성되어 있다.

> **참고**

과제관리카드 화면

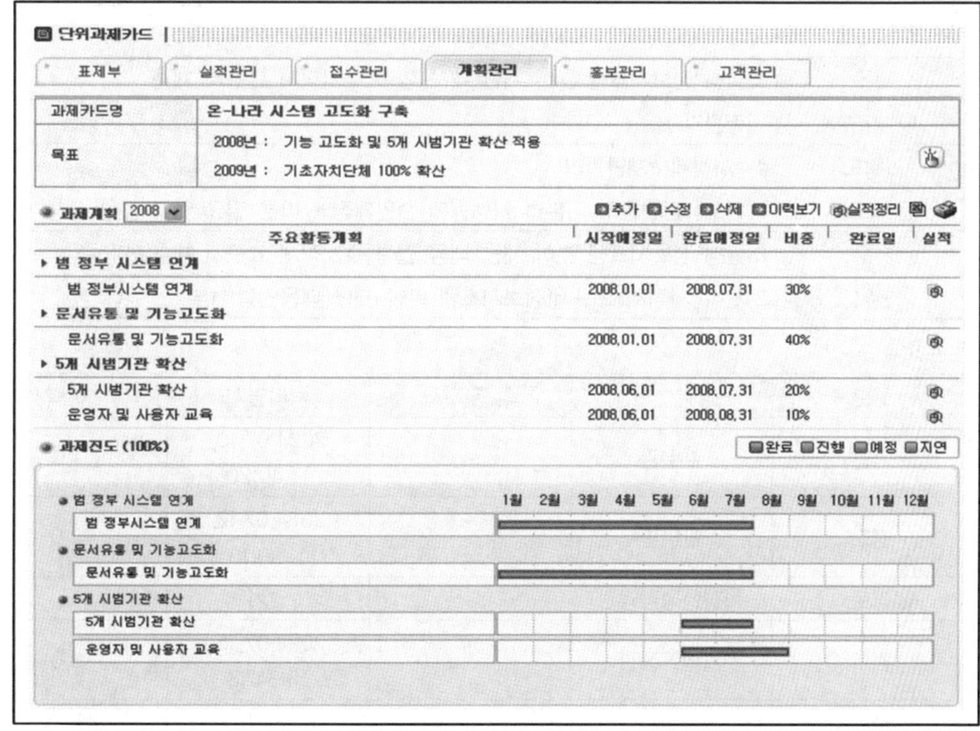

⑵ 문서관리카드

① 문서관리카드는 문서의 작성·검토·결재·등록·공개·공유 등 문서처리의 모든 과정을 기록·관리하는 카드로, ㉠ 기안한 내용, ㉡ 의사결정 과정에서 제기된 의견, 수정한 내용 및 지시사항, ㉢ 의사결정 내용을 포함하여 구성하여야 한다.

② 문서관리카드는 문서정보, 보고경로, 시행정보, 관리정보 그 밖에 필요한 사항이 포함되어야 한다. 다만, 행정기관의 장이 특별한 사유가 있다고 인정하는 경우에는 일부 사항을 제외할 수 있다.

③ 문서의 기안은 업무관리시스템의 문서관리카드로 할 수 있다. 이 경우 검토자·협조자 및 결재권자는 보고경로의 의견·지시란에 의견을 표시할 수 있고 전결·대결 및 끝 표시를 생략할 수 있다.

④ 다음 그림이 문서관리카드의 예시이다. 문서의 기안부터 결재까지의 과정이 관리되는 카드로, 해당 문서에 대해 기안자, 검토자, 결재자 등이 볼 수 있는 화면에 해당한다. 조달청 문서를 담당자가 관리하는 카드로 보면 된다.

> **참고**

문서관리카드

• 문서정보

제목	조달청 정보시스템 분야 재난 대응 인력 수시직제 요구서 제출
과제카드명	인력관리
키워드	#수시직제 #재난관리
문서요지	재난 및 안전관리 기본법 시행령에 전면개정에 따른 필요 인력 증원 요청
본문	조달청 정보시스템 분야 재난 대응 인력 수시직제 요구서 제출(PDF)
붙임	24년 수시직제 요구서(정보시스템 분야 재난 대응인력) 1부

• 보고경로

구분	직위/성명	의견/지시	처리일시	이력
기안	주무관		2024.07.10. 17:40:30	1.0
검토	사무관		2024.07.12. 11:20:15	2.0
검토	혁신행정담당관		연가	
검토	기획조정관		2024.07.15. 13:34:13	3.0
검토	차장		연가	
결재	조달청장		2024.07.19. 10:30:10	

• 시행정보

발신기관명	조달청	발신명의	조달청장
생산등록번호	혁신행정담당관-1545(2024.07.20. 시행)		
문서공개여부	대국민 공개		
문서비공개근거			
문서비공개사유			

◆ 〈예시〉 조달청 문서

「공情이 아닌, 공正한 공공조달」

조　달　청

조달청

수신　행정안전부장관(디지털기반안전과장)

(경유)

제목　조달청 정보시스템 분야 재난 대응 인력 수시직제 요구서 제출

1. 행정안전부 디지털기반안전과-1095(2024.7.15.) '정보시스템 분야 재난에 대한 대응조직 마련 협조 요청' 관련입니다.
2. 「재난 및 안전관리 기본법 시행령」 별표1의3이 전면개정('24.7.17.시행)됨에 따라 정보시스템 분야 재난관리주관기관으로서의 원활한 업무수행에 필요한 인력 증원을 위하여 붙임과 같이 수시직제 요구서를 제출합니다.

붙임 : '24년 수시직제 요구서(정보시스템 분야 재난 대응인력) 1부.　끝.

조　달　청　장

주무관	**김종복**	사무관	**강혜선**		연가	기획조정관	**김용걸**
			2024. 7. 19.	혁신행정담당관			
차장	**연가**	조달청장	**임기근**				

협조자

시행　혁신행정담당관-1545　　　　　　　접수

우　35214　　　대전광역시 서구 청사로189번길 정부대전청사 3동, 8층 혁신행정과 /　www.pps.go.kr

전화번호　070-4056-7169　　　팩스번호　0505-480-1759　　/ qazse3@korea.kr　　/ 대국민 공개

「실천하는 청렴문화 신뢰받는 공정조달」

03 업무관리시스템의 연계, 표준관리 등

1. 업무관리시스템의 연계(「행정업무규정」 제23조)

행정기관의 장은 효율적인 업무수행을 위하여 업무관리시스템 또는 전자문서시스템을 기능분류시스템 등 행정정보시스템과 연계하여 운영하여야 한다. 다만, 업무의 성질상 연계하여 운영하는 것이 적합하지 아니하거나 그 밖의 특별한 사유가 있는 경우에는 그러하지 아니하다. 즉, 업무관리시스템과 행정정보시스템의 연계를 의미한다. 아래 그림과 같이 온-나라시스템과 나라장터, G4C(정부24) 등 다양한 시스템과 연계·운영되고 있다.

> 참고

온-나라 문서시스템과 행정정보시스템 간 연계 현황

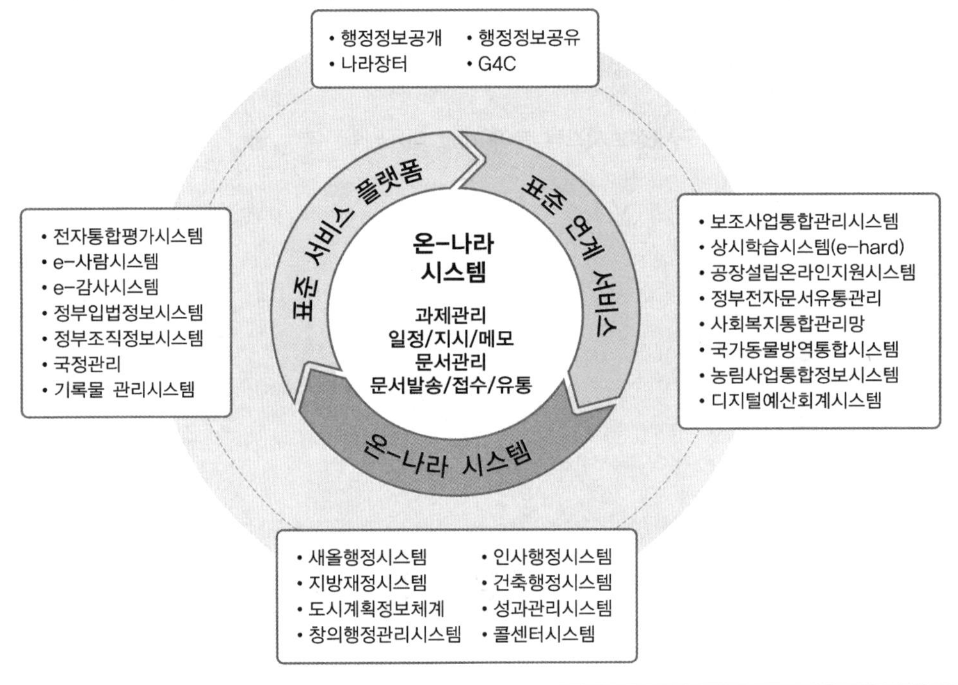

2. 업무관리시스템 등의 표준관리(「행정업무규정」 제23조~제25조)

(1) 규격 및 유통 표준 제정

행정안전부장관은 업무관리시스템 및 전자문서시스템 관련 규격에 관한 표준 및 유통에 관한 표준 등을 정하여야 한다. 다만, 「산업표준화법」에 따른 한국산업표준이 제정되어 있는 사항은 그 표준을 따른다.

⑵ 규격 및 유통 표준 고시

업무관리시스템 및 전자문서시스템의 규격·유통 및 연계에 관한 표준 등을 정한 경우에는
이를 관보에 고시하고 인터넷에 게시하여야 한다. 그 표준을 변경하는 경우에도 또한 같다.

> **참고**
>
> **정부 전자문서 유통 표준 고시**
>
> | **정부 전자문서 유통 표준** |
> | :---: |
> | **[행정안전부고시 제2024-27호, 2024. 4. 15.]** |

⑶ 표준에 적합한 시스템 사용

행정기관의 장은 특별한 사유가 없으면 규격에 관한 표준 및 유통에 관한 표준 및 「공공기록
물 관리에 관한 법률」 제39조에 따른 표준에 적합한 업무관리시스템이나 전자문서시스템 등
을 구축·운영하여야 한다. 또한 행정기관의 장은 업무관리시스템에 따라 관리되는 전자문서
및 데이터베이스의 위조·변조·훼손·누출·멸실 등을 방지하기 위하여 적절한 조치를 하
여야 한다.

⑷ 업무관리시스템의 활용

행정기관의 장은 업무관리시스템으로 관리한 업무실적 등을 성과평가 등에 효과적으로 활용
하도록 노력하여야 한다.

3. 정부전자문서유통지원센터

⑴ 센터의 설치 및 운영

행정안전부장관은 전자문서의 원활한 유통을 지원하기 위하여 행정안전부에 정부전자문서유
통지원센터를 둔다.

(2) 센터의 업무

① 전자문서의 원활한 유통을 위한 지원과 유통 및 연계에 관한 표준 등의 운영
② 전자문서의 효율적인 유통을 위한 프로그램의 개발 및 보급
③ 전자문서의 유통 시 발생하는 장애를 복구하기 위한 지원
④ 유통되는 전자문서의 위조·변조·훼손 또는 유출을 방지하기 위한 보호대책 마련
⑤ 행정기관, 공공기관 및 국민 간 전자문서의 유통을 위한 시스템 구축 및 운영

(3) 센터 운영에 필요한 사항

① 센터 관리자는 센터의 시스템이 정상적으로 가동되도록 관리하여야 한다.
② 행정안전부장관은 전자문서 유통상의 장애가 발생하거나 업무관리시스템 또는 전자문서시스템 간의 문제가 발생한 경우에는 센터 이용자에게 업무관리시스템 또는 전자문서시스템 등의 관련 정보를 요청할 수 있다.
③ 센터 관리자의 역할 및 이용절차 등 센터 운영에 필요한 세부 사항은 행정안전부장관이 정한다.

제3절 | 서식의 제정 및 활용

01 서식의 의의

1. 서식의 개념

서식[書(문서 서)式(법 식), form]이란 장기간에 걸쳐 반복되는 업무와 관련하여 행정상의 필요사항을 기재할 수 있도록 도안한 일정한 형식 또는 그 업무용지를 말한다. 서식은 상자형·비상자형 또는 기안문서 형태를 이용하여 글씨의 크기, 항목 간의 간격, 기재할 여백의 크기 등을 균형 있게 조절하여 사용하기 편리하도록 제정한다. 「행정업무규정」 제26조는 "행정기관에서 장기간에 걸쳐 반복적으로 사용하는 문서로서 정형화할 수 있는 문서는 특별한 사유가 없으면 서식으로 정하여 사용한다."라고 규정하고 있다.

> **◈ 실무적 의미에서 서식**
>
> 다음 예시와 같이 주민등록증을 발급받기 위해 주민센터에 방문하면, 비치되어 있는 발급 신청서를 작성하여 담당 공무원에게 제출해야 한다. 주민등록증 발급에 필요한 사진·성명 등의 내용은 공통적인 사항이고, 신청서는 반복적으로 사용되므로 서식을 정해서 사용한다.
>
> **◆ 〈예시〉 주민등록증 발급 신청서(「주민등록법 시행령」 [별지 제30호 서식])**
>
> ■ 주민등록법 시행령 [별지 제30호 서식] 〈개정 2022. 7. 11.〉
>
> 주민등록증 발급 신청서
>
> ※ 뒤쪽의 유의 사항과 작성 방법을 읽고 작성하기 바라며, [ ]에는 해당하는 곳에 ✓표를 합니다. (앞쪽)

접수번호		접수일		처리기간 즉시	
사진(남자) (6개월 이내에 촬영한 3.5cm×4.5cm의 모자 등을 쓰지 않은 상반신 사진)	성명(한글)		성명(한자)		사진(여자) (6개월 이내에 촬영한 3.5cm×4.5cm의 모자 등을 쓰지 않은 상반신 사진)
	주민등록번호				
	주소				
	연락처 ※ 주민등록증 수령 문자 안내 서비스를 신청하는 경우에는 휴대전화번호를 적습니다.				

2. 서식의 종류(「행정업무규정」 제27조)

(1) 법령서식

법률·대통령령·총리령·부령·조례·규칙 등 법령으로 정한 서식을 말한다.

(2) 일반서식

법령서식을 제외한 모든 서식을 말한다.

3. 서식의 제정

(1) 제정 원칙

행정기관에서 장기간에 걸쳐 반복적으로 사용하는 문서로서 정형화할 수 있는 문서는 특별한 사유가 없으면 서식으로 정하여 사용한다.

(2) 제정 방법

① **법령서식**

　　㉠ 국민의 권리·의무와 직접 관련되는 사항을 기재사항으로 정하는 서식

◆ 〈예시〉 자동차등록증(「자동차등록규칙」 [별지 제1호 서식])

■ 자동차등록규칙 [별지 제1호 서식] 〈개정 2021. 5. 27.〉　　　　　　　　　　　(앞쪽)

자동차등록증

제　　호　　　　　　　　　　　최초등록일 :　　　년　　　월　　　일

① 자동차등록번호		② 차종		③ 용도	
④ 차명		⑤ 형식 및 연식 (모델연도)			
⑥ 차대번호		⑦ 원동기형식			
⑧ 사용본거지					
소유자	⑨ 성명(명칭)		⑩ 주민(법인)등록번호		
	⑪ 주소				

「자동차관리법」 제8조에 따라 위와 같이 등록하였음을 증명합니다.

※ 유의 사항: 사용연료의 종류가 전기 또는 수소인 자동차의 경우 ⑦번란의 '원동기형식'은 '구동전동기형식'을 말합니다.

년　　　월　　　일

등록관청명　[색인]

자동차관리법

제8조【신규등록】 ① 신규로 자동차에 관한 등록을 하려는 자는 대통령령으로 정하는 바에 따라 시·도지사에게 신규자동차등록(이하 "신규등록"이라 한다)을 신청하여야 한다.

ⓒ 인가, 허가, 승인 등 민원에 관계되는 서식

◆ 〈예시〉 행정사법인 설립인가신청서(행정사법 시행규칙 [별지 제19호의2 서식])

[별지 제19호의2 서식] 〈신설 2021. 6. 9.〉

행정사법인 설립인가신청서

접수번호		접수일		처리기간 14일

행정사 법인	명칭		전화번호	
	주사무소 소재지			

대표자	성명		생년월일	
	주소			

	성명	자격증 번호	성명	자격증 번호
법인 구성원				

분사무소	소재지	전화번호	상근 법인구성원 성명

「행정사법」 제25조의3 제1항, 같은 법 시행령 제23조의2 제1항 및 같은 법 시행규칙 제15조의2 제1항에 따라 위와 같이 행정사법인 설립인가를 신청합니다.

년　　　월　　　일

신청인　　　　　　　(서명 또는 인)

행정안전부장관 귀하

첨부서류	1. 정관 1부 2. 업무계획서 및 예산서 각 1부 3. 법인구성원 및 소속행정사의 행정사 자격증 사본 각 1부 4. 자본금 납입을 증명하는 서류 5. 주사무소와 분사무소(분사무소를 두는 경우에만 해당합니다)의 설치예정지가 기재된 서류	수수료 없음

처리절차

신청서 작성	→	접수	→	검토	→	결재	→	설립인가증 발급
신청인		처리기관 (행정안전부 주민과)		처리기관 (행정안전부 주민과)		처리기관 (행정안전부 주민과)		처리기관 (행정안전부 주민과)

210mm×297mm[일반용지 60g/㎡(재활용품)]

ⓒ 행정기관에서 공통적으로 사용하는 서식 중 중요한 서식

◈ 〈예시〉 기안문 형태의 서식 : 관인 등록(재등록) 신청(「행정업무규정 시행규칙」 [별지 제9호 서식])

■ 행정업무의 운영 및 혁신에 관한 규정 시행규칙 [별지 제9호 서식] 〈개정 2016. 7. 11.〉

행정기관명

수신
(경유)

제목
   [   ] 관인 등록(재등록) 신청
   [   ] 관인(전자이미지관인) 폐기 신고
   [   ] 전자이미지관인 등록(재등록) 신청

「행정 효율과 협업 촉진에 관한 규정 시행규칙」 제29조 제3항. 제30조 제3항에 따라 [   ] 관인 등록(재등록) 신청 [   ] 관인(전자이미지관인) 폐기 신고 [   ] 전자이미지관인 등록(재등록) 신청합니다.

관인 명칭		
종류	[ ] 청인 [ ] 직인 [ ] 특수관인	
등록(재등록, 폐기) 사유		
폐기 대상 관인 처리	폐기 예정일 (분실일)	년 월 일
	폐기 방법	[ ] 이관 [ ] 기타( )
	폐기한 사람 (분실한 사람)	소속 : 직급 : 성명 :
비고		

발 신 명 의 직인

기안자 직위(직급) 서명   검토자 직위(직급) 서명   결재권자 직위(직급) 서명

협조자

시행   처리과명-연도별 일련번호(시행일)   접수   처리과명-연도별 일련번호(접수일)

우   도로명주소   / 홈페이지 주소

전화번호(   )   팩스번호(   )   / 공무원의 전자우편주소   / 공개 구분

② **일반서식**: 법령서식을 제외한 서식으로, 고시·훈령·예규 등으로 정할 수 있다.

○ 행정규칙: 고시·훈령·예규 등

◐ **〈예시〉 납제사보호위원회 위원 위촉장(「관세청 납세자보호에 관한 훈령」 [별지 제1호 서식])**

■ 관세청 납세자보호에 관한 훈령 [별지 제1호 서식]

위 촉 장
(인적사항)
귀하를 관세청(○○본부세관) 납세자보호위원회 위원(위원장으로 위촉합니다.

02 서식의 설계

1. 일반원칙

(1) 민원인의 개인정보를 보호할 수 있도록 설계

주민등록번호란은 '생년월일'로 대체하고 등록기준지란은 설치하지 아니하되, 행정정보공동이용, 신원조회 등 꼭 필요한 경우에만 '주민등록번호' 또는 '등록기준지'란을 설치하며, 개인정보 보호위원회의 개인정보 침해요인평가 확인을 받아야 한다. 다음 예시와 같이 주민등록번호 대신에 생년월일로 기입하더라도 신청인이 특정 가능하다.

◐ **〈예시〉 성명+주소+생년월일로 신청인 특정 가능**

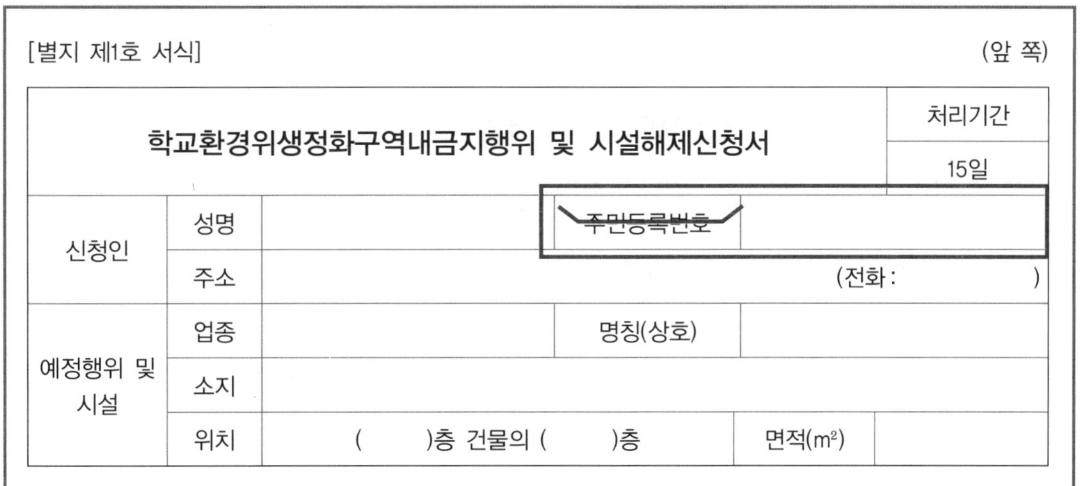

[별지 제1호 서식] (앞 쪽)

학교환경위생정화구역내금지행위 및 시설해제신청서					처리기간 15일
신청인	성명		~~주민등록번호~~		
	주소	(전화:)			
예정행위 및 시설	업종		명칭(상호)		
	소지				
	위치	( )층 건물의 ( )층		면적(m^2)	

(2) 기입항목의 식별이 용이하도록 설계(「행정업무규정」 제28조 제1항)

서식은 글씨의 크기, 항목 간의 간격, 적어 넣을 칸의 크기 등을 균형 있게 조절하여 서식에 적을 사항을 쉽게 알 수 있도록 하여야 한다.

(3) 쉬운 용어를 사용하고 필요한 항목만 설계(「행정업무규정」 제28조 제2항)

서식에는 누구나 쉽게 이해할 수 있는 용어를 사용하고, 불필요하거나 활용도가 낮은 항목을 넣어서는 아니 된다.

(4) 기안(시행)문 겸용 설계(「행정업무규정」 제28조 제3항)

서식은 특별한 사유가 없으면 별도의 기안문과 시행문을 작성하지 아니하고 그 서식 자체를 기안문과 시행문으로 갈음할 수 있도록 생산등록번호·접수등록번호·수신자·시행일 및 접수일 등의 항목을 넣어야 한다.

(5) 서명 또는 날인의 선택적 설계(「행정업무규정」 제28조 제4항)

법령에서 서식에 날인하여야 한다고 정하고 있지 아니하면 서명이나 날인을 선택할 수 있도록 하여야 한다.

(6) 행정기관의 이미지 제고 노력(「행정업무규정」 제28조 제5항)

서식에는 가능하면 행정기관의 로고·상징·마크·홍보문구 등을 표시하여 행정기관의 이미지를 높일 수 있도록 하여야 한다.

(7) 민원서식의 설계(「행정업무규정」 제28조 제6항)

민원서식에는 민원인의 편의를 도모하기 위하여 그 민원업무의 처리흐름도, 처리기간, 전자적 처리가 가능한지 등을 표시하여야 하며, 음성정보나 영상정보 등을 수록하거나 연계한 바코드 등을 표기할 수 있다.

◆ 〈예시〉 행정사법인 설립인가신청서에 포함된 처리흐름도

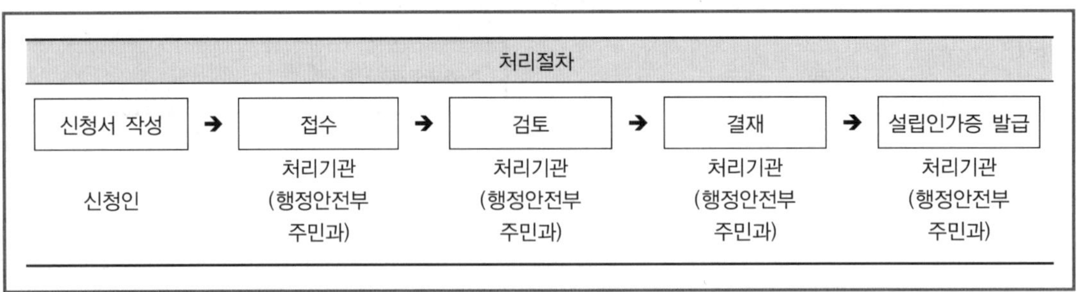

(8) 큰글자 서식의 적용(「행정업무규정 시행규칙」 제24조 제2항)

노년층 등 디지털 약자의 이용 빈도가 높은 서식, 오프라인 방문 이용 건수가 많은 서식, 다수의 국민이 큰글자 서식으로의 개편을 요구하는 서식, 소관 행정기관의 장이 큰글자 서식으로 개편할 필요가 있다고 인정하는 서식의 경우 큰글자 서식으로 설계하여 민원인의 작성의 편의성을 향상시킬 수 있다. 예컨대 기본 일반적인 서식의 글씨 크기는 10pt인데, 큰글자 서식은 13pt이다.

2. 서식 제원의 표시

(1) 용지의 규격

서식에 사용되는 용지의 규격은 A4(210mm×297mm)를 기본으로 하되, 부득이한 경우에는 한국산업표준(KS)에 따른 A열 또는 B열 용지를 사용한다. 다만, 증표류 또는 컴퓨터에 의한 기록서식 등 그 밖에 특별한 사유가 있으면 그에 적합한 규격용지를 사용할 수 있다.

(2) 용지의 규격 등 표시(「행정업무규정 시행규칙」 제23조)

서식에는 행정안전부령으로 정하는 바에 따라 용지의 규격 등을 표시할 수 있다.

📌 182mm×257mm(백상지 80g/m^2)

(3) 지질 및 단위당 중량 결정기준

용지의 지질 및 단위당 중량은 ① 서식의 사용목적, ② 보존기간 및 보존방법, ③ 기재방법, ④ 복사방법 및 매수, ⑤ 사용빈도, ⑥ 사무자동화기기 활용여부 등을 고려하여 용지의 용도별 지질기준(규칙 별표 3)에 따라 정한다.

03 서식의 승인 및 관리

1. 서식의 승인

(1) 승인기관(「행정업무규정」 제29조)

① **행정안전부장관**: 중앙행정기관이 법령으로 제정하는 서식은 행정안전부장관의 승인을 받아야 한다.

② **중앙행정기관의 장**: 중앙행정기관이 법령으로 개정하는 서식, 중앙행정기관 및 그 소속 기관이 훈령·고시·예규 등으로 제정 또는 개정하는 서식은 중앙행정기관의 장의 승인을 받아야 한다. 예컨대 지방국세청이 서식을 정하거나 변경하려는 경우에는 국세청장의 승인을 받아야 한다.

③ **지방자치단체 또는 지방교육행정기관의 장**: 지방자치단체의 조례·규칙, 훈령·고시·예규 등으로 제정 또는 개정하는 서식은 지방자치단체 또는 지방교육행정기관의 장이 정한다.

(2) 승인의 신청(「행정업무규정」 제30조)

① **승인신청서 제출**: 서식의 제정 또는 개정 승인을 받고자 하는 행정기관의 장은 입법예고와 동시에 서식 목록과 서식 초안을 첨부하여 문서로 승인을 신청하여야 한다. 이 경우 서식 초안은 컴퓨터 등 정보처리능력을 가진 장치로 작성한다.

◆ **〈예시〉 법령서식 개정에 대한 입법예고**

> ### 법령서식 일괄개정을 위한 고등교육기관의 평가·인증 등에 관한 규정 등 일부개정령(안) 입법예고
>
> **1. 개정이유**
>
> 「행정업무의 효율적 운영에 관한 규정」 개정에 따라 변경된 서식의 설계기준에 맞게 법령서식을 정비하기 위해 고등교육기관의 평가·인증 등에 관한 규정 등 17개 교육부령을 일괄개정하고자 함

② **관계기관 간 사전 협의**: 둘 이상의 기관의 업무에 관계되는 서식은 관계기관 간의 사전 협의를 거쳐 승인을 신청하여야 한다.

③ **신설민원 사전영향평가제 운영**: 중앙행정기관은 법령 제정 또는 개정으로 민원사무 신설 시 '사전영향평가 매뉴얼'에 수록된 5개 진단항목을 토대로 자체 진단하고 그 결과를 서식 심사의뢰 시 행정안전부에 제출하여야 한다.

(3) 승인서식의 통보(「행정업무규정 시행규칙」 제25조)

승인기관이 서식을 승인한 때에는 서식 목록과 승인서식안을 첨부하여 문서로 승인신청기관에 통보하여야 한다.

2. 서식의 관리

(1) 서식의 전자적 제공(「행정업무규정」 제31조)

행정기관의 장은 정보통신망을 이용하여 소관 업무와 관련된 서식을 제공하여 국민이 편리하게 그 서식을 사용할 수 있도록 노력하여야 한다.

◆ 〈예시〉 법제처 국가법령정보센터를 통한 서식 제공

(2) 서식의 변경 및 폐지(「행정업무규정」 제29조 및 제32조)

① **서식의 변경사용**: 승인된 서식을 업무관리시스템, 행정정보시스템 등에서 그대로 사용할 수 없는 경우에는 서식의 주요 내용을 변경하지 아니하는 범위에서 기재항목 또는 형식 등을 변경할 수 있고, 필요한 경우에는 단순히 자구, 활자크기, 용지의 지질 등을 변경하여 사용할 수 있다. 이 경우 사후통보로 승인을 갈음할 수 있다.

② **서식의 폐지**: 서식을 제정한 기관은 그 서식을 폐지하였을 때에는 지체 없이 그 서식을 승인한 기관에 그 사실을 통보하여야 한다.

③ **해당 국가 언어의 병기**: 재외공관의 장은 재외공관에서 사용하는 서식에 그 국가의 언어를 함께 적어 사용하게 하거나 그 국가의 언어로 번역한 서식을 사용하게 할 수 있다. 다음 예시를 보면 사증발급신청서 아래에 영문으로 'VISA APPLICATION FORM'을 함께 적고 있다.

◆ 〈예시〉 「출입국관리법」에 따른 사증발급신청서

■ 출입국관리법 시행규칙 [별지 제17호 서식] 〈개정 2022. 2. 7.〉

사증발급신청서

VISA APPLICATION FORM

제4절 관인의 관리

01 관인의 의의

1. 관인의 개념

관인(官印, official seal)이란 행정기관이 사용하는 인장을 말한다. 「행정업무규정」 제33조 제1항은 "관인은 행정기관의 명의로 발신하거나 교부하는 문서에 사용하는 청인(廳印)과 행정기관의 장이나 보조기관의 명의로 발신하거나 교부하는 문서에 사용하는 직인(職印)으로 구분한다."라고 규정하고 있다. 예컨대 '행정안전부'라는 행정기관의 명의라면 청인을 사용하고, '행정안전부장관'이라는 행정기관의 장의 명의라면 직인을 사용한다.

2. 구별 개념

(1) 공인(公印)

「행정업무규정」 제40조는 "지방자치단체의 기관에서 사용하는 공인(公印)에 관하여는 이 절의 규정에도 불구하고 그 지방자치단체의 조례로 정하는 바에 따른다."라고 규정하고 있다. 관인이 중앙행정기관과 그 소속기관이 사용하는 것이라면, 공인은 지방자치단체의 기관에서 사용된다.

◈ 〈예시〉 울산광역시장의인

(2) 사인(私印)과 대비되는 개념으로서의 공인(公印)

'공인(公印)'이라는 용어는 '사인(私印)'에 대비되는 개념으로 사용되는 경우(예 공인 등의 위조·부정 사용죄, 사인 등의 위조·부정 사용죄)가 있는데, 이 경우의 공인은 관인의 일반적인 개념과 유사하다고 볼 수 있다. 「형법」에서 사용되는 공인은 지방자치단체의 기관에서 사용되는 인장으로 한정되는 개념보다는 '행정기관이 사용하는 인장'이라는 포괄적인 개념과 유사하다는 의미이다.

> • 공인 등의 위조·부정 사용죄: 공무원 또는 공무소의 인장·서명·기명 또는 기호를 행사할 목적으로 위조 또는 부정 사용한 죄(「형법」 제238조)
> • 사인 등의 위조·부정 사용죄: 타인의 인장·서명·기명 또는 기호를 위조 또는 부정 사용한 죄(「형법」 제239조)

3. 관인의 효력

행정기관의 장 또는 합의제기관의 명의로 발신하거나 교부하는 문서에는 관인(또는 행정기관장의 서명도 가능)을 찍는다. 따라서 관인을 찍지 아니하거나 관인생략 대상 문서를 제외하고는 관인이 날인되지 아니한 문서는 흠이 있는 문서로서 해당 문서를 시행한 행정기관에 보완을 요청할 수 있다. 또한 이러한 문서를 접수한 행정기관의 장은 형식상의 흠을 이유로 발신행정기관의 장에게 반송할 수 있다. 예컨대 행정안전부장관 명의로 발신한다면 행정안전부장관인을 찍어야 한다.

02 관인의 종류

1. 관인

(1) 청인과 직인(「행정업무규정」 제33조)

관인은 행정기관의 명의로 발신하거나 교부하는 문서에 사용하는 청인(廳印)과 행정기관의 장이나 보조기관의 명의로 발신하거나 교부하는 문서에 사용하는 직인(職印)으로 구분한다. 다음 예시는 금융위원회라는 행정기관의 '청인'과 행정안전부장관이라는 행정기관의 장의 '직인'에 각각 해당한다. 또한 직인은 직무대리도 사용할 수 있다.

○ 「직무대리규정」 제2조 : "직무대리"란 기관장, 부기관장이나 그 밖의 공무원에게 사고(사망, 해임 등)가 발생한 경우에 직무상 공백이 생기지 아니하도록 해당 공무원의 직무를 대신 수행하는 것을 말한다.

종류	청인(廳印)	직인(職印)
의미	廳(관청 청), 印(도장 인)	職(직분 직) + 印(도장 인)
구분	행정기관 자체의 관인	행정기관의 장이나 보조기관의 관인
예시	금융위원회인	행정안전부장관인

○ 일반적으로 합의제 행정기관은 청인을, 독임제 행정기관은 직인을 비치하여 사용한다.

(2) 관인의 구분

① 「행정업무규정」 제33조 제2항 제1호에 따라 합의제기관은 청인을 가진다. 다만, 행정기관의 소관 사무에 관한 자문에 응하기 위하여 설립된 합의제기관은 필요한 경우에만 청인을 가진다.

합의제기관은 ○○위원회 등 구성원들의 합의과정을 거쳐 의사결정을 하는 기관으로, ○○부·처·청 등 의사결정을 단독으로 하는 독임제와 구별된다. 또한 합의제기관은 다음 표와 같이 금융위원회·공정거래위원회 등 행정위원회와, 지방시대위원회 등 자문위원회로 구분된다.

◈ **행정위원회와 자문위원회의 구분**

위원회 구분		권한	예시	특징
행정 위원회	행정 위원회	의사결정의 구속력 ＋ 집행권	공정거래위원회, 중앙선거관리위원회, 방송통신위원회,금융위원회,방송통신위원회, 국민권익위원회 등	독립지위를 가진 행정관청
	의결 위원회	의사결정의 구속력	정부공직자윤리위원회 기관별 징계위원회 등	
자문위원회		둘 다 ×	지방시대위원회 등	참모기관

다만, 자문에 응하기 위하여 설립된 합의제기관은 필요한 경우에 청인을 가진다. 자문위원회의 경우 의사결정의 구속력이나 집행권이 없기 때문에 필요한 경우에만 청인을 가진다는 것을 볼 수 있다. 다음 예시는 (구) 지역발전위원회라는 자문위원회의 청인이다.

◈ **〈예시〉 지역발전위원회의 청인**

② 「행정업무규정」 제33조 제2항 제2호에 따라 합의제기관을 제외한 기관은 그 기관장의 직인을 가진다. 앞서 살펴보았던 행정안전부장관의 직인이 해당한다.

③ 「행정업무규정」 제33조 제2항 제3호에 따라 보조기관이 위임받은 사무를 행정기관으로서 처리하는 경우에는 그 사무 처리를 위하여 직인을 가진다. 다음 예시는 행정안전부장관의 보조기관인 채용관리과장의 직인이다.

◈ **〈예시〉 행정안전부장관의 보조기관인 채용관리과장의 직인**

④ 「행정업무규정」 제33조 제2항 제4호에 따라 합의제기관의 장이 법령에 따라 합의제기관의 장으로서 사무를 처리하는 경우에는 그 사무 처리를 위하여 직인을 가질 수 있다. 일반적으로 합의제기관은 청인을 가지지만, 합의제기관을 대표하는 합의제기관의 장으로서 사무를 처리할 때 직인을 가질 수 있다는 의미이다. 다음 예시는 지역발전위원회'위원장' 직인과 지역발전위원회라는 기관의 청인에 각각 해당한다.

〈예시〉 지역발전위원회위원장의 직인

〈예시〉 지역발전위원회의 청인

2. 전자이미지관인

「행정업무규정」 제3항 제9호는 "전자이미지관인"이란 관인의 인영(印影, 도장을 찍은 모양)을 컴퓨터 등 정보처리능력을 가진 장치에 전자적인 이미지 형태로 입력하여 사용하는 관인을 말한다고 규정하고 있다. 각급 행정기관은 전자문서에 사용하기 위하여 전자이미지관인을 가진다. 즉, 행정기관의 모든 문서를 실제 '관인'을 직접 찍어 발급하지는 않는다. 예컨대 주민등록표 등본을 정부24를 통해서 발급받으면 관인의 인영[印(도장 인), 影(그림자 영)]이 전자적 이미지 형태로 입력되어 있다.

◈ 〈예시 1〉 행정안전부가 공고한 관인의 전자이미지

● 행정안전부공고 제2023-784호

'행정 효율과 협업 촉진에 관한 규정' 제 39조에 의하여 관인(전자이미지관인)을 등록 및 폐기한 사실을 공고합니다.

　2023년 05월 23일

　　　행정안전부장관

□ 등록 관인의 최초 사용 연월일 : 2023년 5월 23일

행정안전부장관인	행정안전부장관인(전자이미지)

◈ **〈예시 2〉 주민등록표 등본의 전자이미지관인**

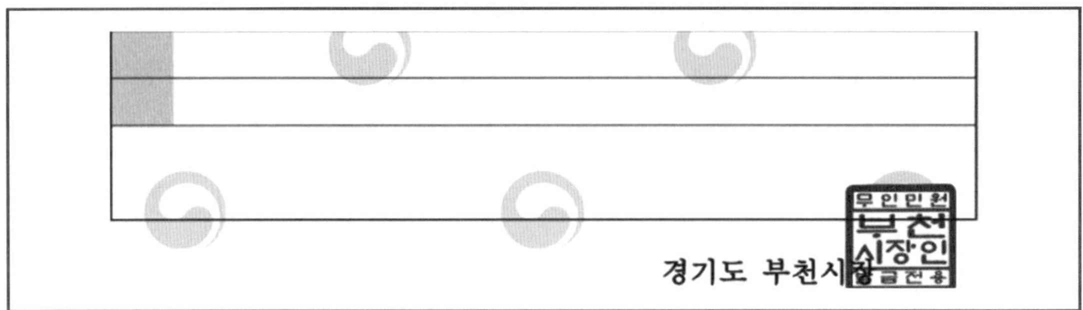

3. 특수관인

특수관인도 관인의 범주에 들어간다. 다만, 일반적인 관인과 구분하기 위하여 특수관인이라는 용어를 사용한다. 특수관인은 특별한 기관에서 사용하는 관인과 특별한 용도에 사용하는 관인으로 구분하고, 그 규격·등록 등 관리에 관하여 필요한 사항은 따로 정한다. 특수관인은 해당 기관의 관인 외에 따로 비치하여 사용한다.

(1) 특별한 용도로 사용하는 관인

「행정업무규정」제34조 제1항에 따라 행정기관의 장은 유가증권 등 특수한 증표 발행, 민원업무 또는 재무에 관한 업무 등 특수한 업무처리에 사용하는 관인을 따로 가질 수 있다.

유가증권 등 특수한 증표발행에 필요한 관인	민원업무 등 특수업무를 처리하기 위한 관인
〈예시〉 대한민국 건국 국채의 관인	〈예시〉 삼성세무서장의인 민원실 전용
분리된 청사에서 사용하는 관인	세입징수관·지출관·회계 등 재무에 관한 업무를 담당하는 공무원의 관인
〈예시〉 107군사우체국장인	〈예시〉 행정안전부수입징수관의인

(2) 특별한 기관에서 사용하는 관인

「행정업무규정」 제34조 제2항에 따라 세입징수관, 지출관, 회계 등 재무에 관한 업무를 담당하는 공무원의 직인은 기획재정부장관이, 국립의 각급 학교에서 사용하는 관인은 교육부장관이, 외교부와 재외공관에서 외교문서에 사용하는 관인은 외교부장관이, 검찰기관에서 사용하는 관인은 법무부장관이, 군 기관에서 사용하는 관인은 국방부장관이 각각 그 규격과 등록 등 관리에 필요한 사항을 정한다.

국립 및 공립 각급 학교에서 사용하는 관인	외교부 및 재외공관에서 외교문서에 사용하는 관인
 〈예시〉 충북대학교 미래자동차혁신융합대학사업단장인	 〈예시〉 멕시코 대한민국대사관의 관인
검찰기관이 사용하는 관인	군기관에서 사용하는 관인
 〈예시〉 서울중앙지방검찰청검사장인	 〈예시〉 국군인쇄창장인

03 관인의 규격

1. 관인의 모양

「행정업무규정」 제35조에 따라 관인의 모양은 별표의 규격을 초과하지 아니하는 범위에서 행정기관의 장이 정한다. 따라서 정사각형, 원형 등 다양한 형태를 가질 수 있다. 예컨대 앞서 보았던 멕시코 대한민국대사관의 관인은 원형의 형태를 가지고 있다.

2. 관인의 크기

「행정업무규정」 제35조 별표의 규격에 따라 관인의 크기는 다음의 규격을 초과할 수 없다.

구분		길이
청인	• 국무회의	5.4cm
	• 그 밖의 합의제기관	3.6cm
직인	• 대통령	4.5cm
	• 국무총리	3.6cm
	• 그 밖의 행정기관의 장	3cm

○ 위 길이는 사각형인 경우에는 한 변의 최대 길이, 원 또는 다각형인 경우에는 최대 지름 또는 대각선으로 한다.

04 관인의 조각 및 사용

1. 관인의 재료(「행정업무규정 시행규칙」 제26조 제1항)

관인의 재료는 쉽게 닳거나 부식되지 아니하는 재질을 사용하여야 한다.

2. 관인의 글자(「행정업무규정 시행규칙」 제28조)

(1) 관인의 글자는 한글로 하여 가로로 새기되, 국민이 쉽고 간명하게 알아볼 수 있도록 하여야 하며, 그 기관 또는 직위의 명칭에 "인" 또는 "의인" 글자를 붙인다.

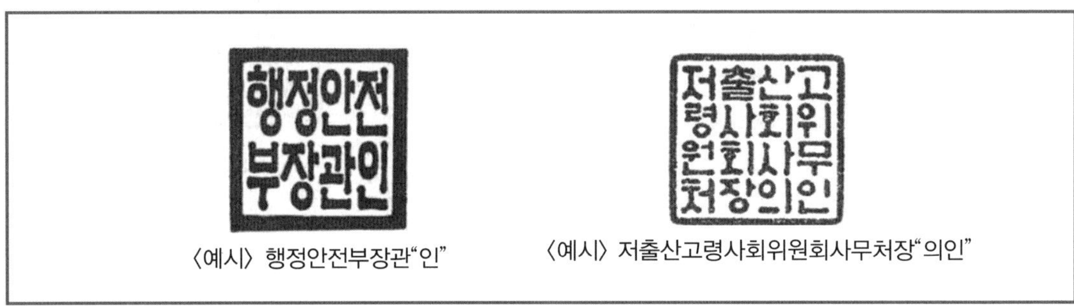

〈예시〉 행정안전부장관"인" 　　　〈예시〉 저출산고령사회위원회사무처장"의인"

(2) 특수한 업무처리에 사용하는 관인은 그 업무의 집행 목적에만 사용되는 것임을 그 관인의 인면(관인 중 글자가 새겨져 있는 부분을 의미)에 표시하여야 한다.

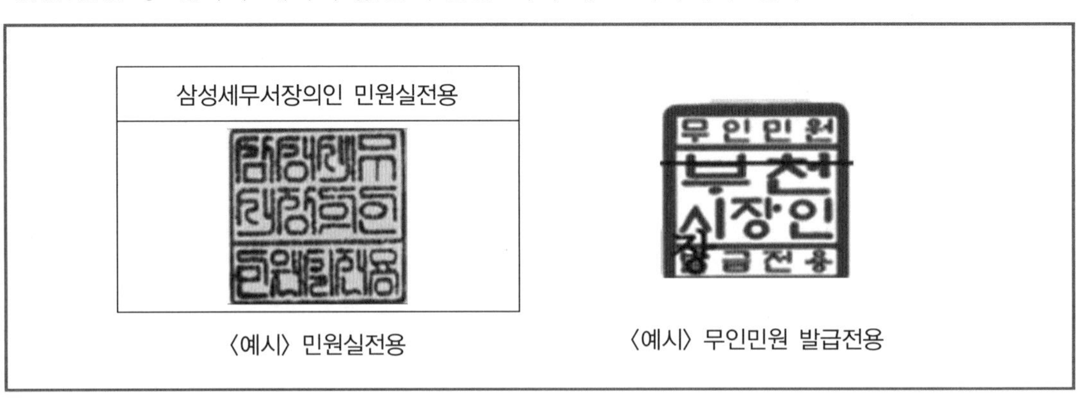

〈예시〉 민원실전용 　　　　　〈예시〉 무인민원 발급전용

3. 인영의 색깔(「행정업무규정 시행규칙」 제26조 제2항)

관인의 인영 색깔은 빨간색으로 한다. 다만, 문서를 출력 또는 복사하여 시행하거나 팩스를 통하여 문서를 접수하는 경우에는 검정색으로 할 수 있다.

4. 관인을 찍는 위치(「행정업무규정 시행규칙」 제11조 제1항)

관인을 찍는 경우에는 발신명의 표시의 마지막 글자가 인영(印影, 도장을 찍은 모양)의 가운데에 오도록 한다. 다만, 등본·초본 등 민원서류를 발급할 때 사용하는 직인은 발신명의 표시의 오른쪽에 찍을 수 있다.

〈예시〉 마지막 글자가 인영의 가운데인 경우

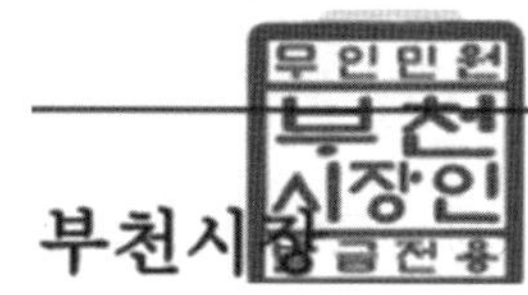

〈예시〉 인영이 발신명의 표시의 오른쪽인 경우

5. 관인의 관리

행정기관의 장은 관인을 위조·변조하거나 부정하게 사용하지 못하도록 필요한 조치를 하여야 한다. 전자이미지관인의 경우에도 그러하다.

6. 전자이미지관인의 제출 및 관리(「행정업무규정」 제38조)

(1) 둘 이상의 행정기관이 공동으로 사용하는 행정정보시스템을 구축·운영하는 행정기관의 장은 그 행정정보시스템에 전자이미지관인을 전자입력하기 위하여 그 행정정보시스템을 사용하는 행정기관의 장에게 전자이미지관인을 제출하게 할 수 있다. 예컨대 행정정보시스템 중 하나인 정부24는 중앙 및 지방자치단체가 공동으로 사용하고, 행정안전부에서 구축·운영하고 있다.

(2) 전자이미지관인을 제출한 행정기관의 장이 전자이미지관인을 재등록하거나 폐기하려는 경우에는 그 사실을 지체 없이 행정정보시스템 운영기관장에게 통보하여야 한다.

(3) 전자이미지관인을 재등록하거나 폐기한 행정기관의 장은 공동으로 사용하는 행정정보시스템에 재등록한 전자이미지관인을 전자입력하거나 폐기한 전자이미지관인을 삭제하여야 한다. 다만, 직접 전자이미지관인을 전자입력하거나 삭제할 수 없는 경우에는 행정정보시스템 운영기관장이 재등록된 전자이미지관인을 제출받아 전자입력하거나 폐기된 전자이미지관인을 삭제할 수 있다.

(4) 행정정보시스템 운영기관장이 다른 행정기관으로부터 전자이미지관인을 제출받은 경우에는 전자이미지관인 관리대장(규칙 별지 제10호 서식)에 다른 행정기관으로부터 제출받은 전자이미지관인의 인영을 등재하여 관리하여야 한다.

◈ **별지 제10호 서식**

<table>
<tr><th colspan="6" align="center">전자이미지관인 관리대장(○○○○○○○시스템)</th></tr>
<tr><th>연번</th><th colspan="2">최초 등재</th><th colspan="2">재등록 · 폐기에 따른 등재</th><th>비고</th></tr>
<tr><td rowspan="6" align="center">1</td><td>행정기관(부서)</td><td rowspan="6" align="center">전자이미지관인
인영</td><td>행정기관(부서)</td><td rowspan="6" align="center">전자이미지관인
인영</td><td rowspan="6"></td></tr>
<tr><td>전자이미지관인
파일 수령일</td><td>전자이미지관인 파일
수령일</td></tr>
<tr><td>시스템 등재일</td><td>시스템 등재일</td></tr>
<tr><td>사용 개시일</td><td>사용 개시일</td></tr>
<tr><td>폐기 통보서 수령일</td><td>재등록 · 폐기 통보서
수령일</td></tr>
<tr><td>전자이미지관인
파일 삭제일</td><td>전자이미지관인 파일
삭제일</td></tr>
</table>

05 관인의 등록 및 재등록

1. 등록(재등록) 기관(「행정업무규정」 제36조 및 제37조 제1항)

행정기관은 행정안전부령으로 정하는 바에 따라 관인의 인영을 그 행정기관의 관인대장에 등록하여야 하며, 전자이미지관인의 인영은 그 행정기관의 전자이미지관인대장에 등록(재등록)하여야 한다. 다만, 부득이한 경우에는 그 행정기관의 바로 위 상급기관에 등록(재등록)할 수 있다.

2. 등록(재등록) 사유

관인은 등록하지 않으면 사용할 수 없다. 관인을 등록(재등록)해야 하는 사유로는 ① 행정기관이 신설 또는 분리된 경우, ② 기존 기관의 명칭이 변경된 경우, ③ 관인이 분실되거나 마멸된 경우, ④ 법령에 따라 권한을 위임받은 경우, ⑤ 그 밖에 관인을 다시 새길 필요가 있는 경우 등을 들 수 있다.

3. 등록(재등록) 방법(「행정업무규정 시행규칙」 제30조 제1항)

⑴ 관인

① **행정기관이 직접 등록(재등록)하는 경우**：해당 행정기관의 관인대장(규칙 별지 제7호 서식)에 관인을 등록(재등록)하여 보존한다. 이 경우 내부결재를 받아 등록(재등록)한다.

② **바로 위 상급기관에 등록(재등록)하는 경우**：바로 위 상급기관에 관인등록(재등록)을 신청(규칙 별지 제9호 서식)하여 바로 위 상급기관에서 그 상급기관의 관인대장에 등록(재등록)한다.

> ○ 바로 위 상급기관이 하급기관으로부터 등록(재등록) 신청서를 접수한 때에는 등록(재등록) 대상 기관인지의 여부와 관인의 종류 및 규격 등을 심사한 후 등록(재등록)하되, 그 인영을 관인대장에 등록(재등록)하여 보존한다.

⑵ 전자이미지관인

① 전자이미지관인은 관인의 인영을 컴퓨터 등 정보처리능력을 가진 장치에 전자적인 이미지 형태로 입력하여 사용하여야 한다.

② 전자이미지관인은 문서과에서 관리하는 전자이미지관인대장(규칙 별지 제8호 서식)에 등록(재등록)하고, 전자이미지관인 컴퓨터 파일은 정보화 담당 부서에서 관리하여야 한다.

③ 바로 위 상급기관에 전자이미지관인을 등록(재등록)하고자 하는 때에는 규칙 별지 제9호 서식으로 신청하여야 한다.

④ 전자이미지관인을 등록하는 때에는 문서과에서 관인의 인영을 전자이미지관인대장의 해당란에 찍고, 정보화 담당 부서에서 그 찍은 인영을 전자적인 이미지 형태로 컴퓨터 파일에 입력한 후 이를 출력하여 전자이미지관인대장의 해당란에 붙여야 한다.

⑤ 전자이미지관인을 사용하는 기관은 관인을 폐기하거나 재등록한 경우 즉시 사용 중인 전자이미지관인을 삭제하고, 재등록한 관인의 인영을 전자이미지관인으로 재등록하여 사용한다. 또한, 사용 중인 전자이미지관인의 인영의 원형이 제대로 표시되지 아니하는 경우에도 전자이미지관인을 재등록하여 사용하여야 한다.

관인대장

관인 명칭			
종류	[ ] 청인 [ ] 직인 [ ] 특수관인		관리부서
[ ] 등록 [ ] 재등록	*(인영)*	등록일(재등록일)	년 월 일
		새긴 날짜	년 월 일
		새긴 사람	주소: 성명 및 상호: 생년월일
		최초 사용일	년 월 일
		재료	
		등록(재등록) 사유	
		관보 공고	년 월 일 공고 제 – 호
		비고	

별지 제7호 서식

전자이미지관인대장

관인 명칭					
종류	[ ] 청인 [ ] 직인 [ ] 특수관인				
[ ] 등록 [ ] 재등록	전자 이미지 관인 인영	등록일(재등록일)			년 월 일
		등록(재등록) 사유			
		관리부서			
	전자 이미지 관인 등록 당시 관인의 인영	전자이미지관인 사용 기관(부서) 현황			
		사용 기관 (부서)	시스템 명칭	통보일	최초 사용일
		비고			

별지 제8호 서식

행정기관명

수신
(경유)

제목	[ ] 관인 등록(재등록) 신청 [ ] 관인(전자이미지관인) 폐기 신고 [ ] 전자이미지관인 등록(재등록) 신청

「행정 효율과 협업 촉진에 관한 규정 시행규칙」 제29조제3항. 제30조제3항에 따라 [ ] 관인 등록(재등록) 신청 [ ] 관인(전자이미지관인) 폐기 신고 [ ] 전자이미지관인 등록(재등록) 신청합니다.

관인 명칭		
종류	[ ] 청인 [ ] 직인 [ ] 특수관인	
등록(재등록, 폐기) 사유		
폐기 대상 관인 처리	폐기 예정일 (분실일)	년 월 일
	폐기 방법	[ ] 이관 [ ] 기타( )
	폐기한 사람 (분실한 사람)	소속: 직급 : 성명:
비고		

별지 제9호 서식

06 관인의 폐기

1. 폐기 사유

관인 등록기관은 ① 행정기관이 폐지된 경우, ② 기관 명칭이 변경된 경우, ③ 관인이 분실 또는 마멸된 경우, ④ 그 밖에 관인을 폐기할 필요가 있는 경우에는 해당 관인을 폐기하여야 한다.

2. 폐기 방법

(1) 관인을 폐기할 때에는 관인 등록기관이 관인대장에 관인 폐기일과 폐기사유 등의 내역을 기재한 후 그 관인의 인영을 등록하여 보존하고, 그 관인은 관인폐기 공고문과 함께 「공공기록물 관리에 관한 법률」에 따른 영구기록물관리기관(국가기록원 또는 지방기록물관리기관)에 이관하여야 한다. 바로 위 상급기관이 하급기관으로부터 관인폐기 신고를 받은 경우에도 또한 같다.

(2) 바로 위 상급기관에 등록된 하급기관의 관인을 폐기하고자 하는 경우에는 별지 제9호 서식에 폐기 대상 관인을 첨부하여 관인 등록기관(바로 위 상급기관)에 신고하여야 한다.

(3) 영구기록물관리기관은 폐기된 관인이 사용되거나 유출되지 아니하도록 하여야 한다.

> **◈ 관인 또는 전자이미지관인의 폐기 시 그 대장의 관리**
>
> 관인 또는 전자이미지관인을 폐기한 경우 관인대장 또는 전자이미지관인대장을 영구기록물관리기관에 이관하지 않고 해당 행정기관에서 계속 보존·관리한다. 다만, 행정기관의 폐지로 관인 등을 폐기하는 경우에는 영구기록물관리기관으로 이관한다.

07 관인의 공고

1. 공고 사유

「행정업무규정」 제39조에 따라 등록기관은 관인을 등록 또는 재등록하거나 폐기하였을 때에
는 행정안전부령으로 정하는 바에 따라 그 사실을 관보에 공고하여야 한다. 다음 예시는 대한
민국 전자관보에 공고된 관인 및 전자이미지관인의 등록·재등록·폐기 사례이다.

◆ 〈예시〉 대한민국 전자관보에 공고된 관인

관◉보 대한민국 전자관보	
공고 총 5527건 더보기 >	
· 저출산고령사회위원회공고제2024-01호(관인 및 전자이미지관인 등록 및 폐기)	2024.04.12
· 정읍우체국공고제2023-7호(관인(전자이미지관인) 폐기 신고)	2023.11.30
· 공주대학교공고제2023-1호(관인(공인)등록)	2023.09.20
· 충북대학교공고제2023-0312호(관인 등록)	2023.09.05
· 행정안전부공고제2022-1192호(관인 및 전자이미지관인 등록)	2022.12.19

2. 공고 방법

관인 등록기관은 공고 사유가 발생한 때에는 행정안전부장관에게 관보게재를 의뢰하여 공고
하여야 한다. 다만, 지방자치단체는 조례가 정하는 바(시·도보, 시·군·구보 공고 등)에 따
른다.

ㅇ 관인을 폐기하고 재등록할 경우에는 재등록 공고와 함께 폐기 공고를 할 수 있다.

3. 공고의 내용

「행정업무규정 시행규칙」 제32조에 따라 관인 등록기관이 관인을 공고할 때에는 다음 사항
을 포함하여야 한다.

> 1. 관인의 등록·재등록 또는 폐기 사유
> 2. 등록·재등록 관인의 최초 사용 연월일 또는 폐기 관인의 폐기 연월일
> 3. 등록·재등록 또는 폐기 관인의 이름 및 인영
> 4. 공고 기관의 장

다음 예시는 저출산고령사회위원회의 사무개편으로 인하여 저출산고령사회위원회'사무국장'에서
저출산고령사회위원회'사무처장'으로 변경되었다. 이에 따라 기존 관인은 폐기하고 새로운 관인
을 등록하여 공고한 경우이다.

◆ 〈예시〉 저출산고령사회위원회사무국장에서 저출산고령사회위원회사무처장으로의 변경

◉ **저출산고령사회위원회공고 제2024-01호**

「행정업무의 운영 및 혁신에 관한 규정」 제36조(등록) 및 제37조(재등록 및 폐기)에 따라 관인 및 전자이미지관인 대장에 등록 및 폐기하고, 같은 규정 제39조(공고)에 따라 다음과 같이 공고합니다.

2024년 04월 12일

저출산고령사회위원회위원장

관인 및 전자이미지관인 등록 및 폐기

☐ 관인 등록 사유 : 저출산고령사회위원회 사무기구 개편에 따른 명칭 변경
☐ 최초 사용 연월일 : 2024년 4월 12일

저출산고령사회위원회사무처장의인 (관인)	저출산고령사회위원회사무청장의인 (전자이미지관인)

☐ 관인 폐기 사유 : 저출산고령사회위원회 사무기구 개편에 따른 명칭 변경
☐ 폐기 연월일 : 2024년 4월 12일

저출산고령사회위원회사무국장의인 (관인)	저출산고령사회위원회사무국장의인 (전자이미지관인)

행정업무의 효율적 수행

Chapter 03

제1절 │ 행정협업의 촉진

01 행정업무 혁신(「행정업무규정」 제41조)

1. 행정업무 혁신의 의미

행정기관의 장은 업무의 효율성을 높이고 행정서비스에 대한 국민의 만족도를 높이기 위하여 해당 행정기관의 업무수행 방식을 지속적으로 혁신해야 한다.

❍ 행정업무 혁신에 관한 내용은 2023년 신설되어, 2020 행정업무운영 편람에는 포함되어 있지 않다.

2. 행정업무 혁신 대상사업

(1) 행정협업과제의 발굴·수행 등 행정협업 촉진

(2) 불필요한 절차 간소화 및 디지털 기술을 활용한 업무처리 자동화 등 업무절차 개선

(3) 불합리한 관행 타파 및 구성원 간 이해·소통을 위한 조직문화 개선

(4) 사무공간, 회의공간, 휴게공간, 민원공간 등 업무공간 혁신

(5) 지식행정 활성화

(6) 그 밖에 행정업무 혁신을 위하여 추진이 필요한 사항

3. 행정업무 혁신을 위한 계획 수립 등

(1) 행정안전부장관은 행정업무 혁신을 위한 계획을 수립·시행할 수 있다.

(2) 행정안전부장관은 필요하다고 인정하는 경우 관계 행정기관의 장에게 행정업무 혁신에 필요한 지원을 요청할 수 있다.

(3) 행정안전부장관은 행정업무 혁신의 효과적인 추진을 위하여 관계 전문가 등으로 구성된 자문단을 운영할 수 있다.

02 행정협업

1. 행정협업의 의미와 발굴(「행정업무규정」 제42조 제1항)

행정기관의 장은 다른 행정기관과 공동의 목표를 설정하고 해당 행정기관 상호 간의 기능을 연계하거나 시설·장비 및 정보 등을 공동으로 활용하는 방식의 행정기관 간 협업을 촉진하고 이에 적합한 업무과제를 발굴하여야 한다. 이 경우 행정기관의 장은 발굴한 행정협업과제 수행을 위하여 노력하여야 한다.

> ◈ **실무적 의미에서 행정협업**
>
> 박근혜 정부 출범 당시 여러 국정과제 중에서 정부혁신 방안으로 정부3.0을 추진하였다. 정부3.0은 부처 간의 칸막이를 없애 소통·협력하고, 공공정보를 적극 개방하고 공유하는 것을 강조하였다. 대한민국 정부라는 울타리 안에 있지만 각 부처 간에 보이지 않는 칸막이가 존재하여, 타 부처와 협업이 잘 이루어지지 않았기 때문이다. 예컨대 국민건강보험공단 건강보험료를 산정하려면 소득자료가 필요한데, 소득자료는 국세청에서 관리하고 있으므로 두 기관 간에 정보공유와 협조가 필요한 영역이라고 볼 수 있다. 기존에는 국민 개개인이 국세청으로부터 소득자료를 받아서 국민건강보험공단에 다시 제출해야 하는 번거로움과, 건강보험료 산정 시 소득 누락 등의 문제도 발생하였다.

2. 행정협업 대상사업(「행정업무규정」 제42조 제2항)

(1) 다수의 행정기관이 공동으로 수행할 필요가 있는 업무

(2) 다른 행정기관의 행정지원을 필요로 하는 업무

(3) 법령에 따라 다른 행정기관의 인가·승인 등을 거쳐야 하는 업무

(4) 행정기관 간 행정정보의 공유 또는 제46조의4에 따른 행정정보시스템의 상호 연계나 통합이 필요한 업무

(5) 그 밖에 다른 행정기관의 협의·동의 및 의견조회 등이 필요한 업무

참고

행정안전부에서는 2021년 7가지 중점 협업과제를 다음과 같이 발표하였다.

1. 코로나19 치료제, 백신, 진단기기 개발 지원 　→ (협업기관) 과학기술정보통신부, 보건복지부, 질병관리청, 식품의약품안전처 등 9개
2. 전기요금 복지할인 사각지대 해소 　→ (협업기관) 산업통상자원부, 보건복지부, 국가보훈처, 행정안전부, 국토교통부, 교육부, 여성가족부, 한국전력공사 등
3. 실시간 소득파악 시스템 구축을 통한 전국민 고용보험 확대 지원 　→ (협업기관) 국세청, 기획재정부, 고용노동부 등
4. 일자리&복지&그린뉴딜 융합 사회복지서비스형 일자리사업 모델 개발 　→ (협업기관) 강원도, 보건복지부, 공기업 등
5. 최적의 응급환자 이송 등 골든타임 확보를 위한 '응급의료 거버넌스' 구축 　→ (협업기관) 소방안전본부, 종합병원, 보건소 등
6. 발달장애인과 함께하는 도심 속 힐링공간 스마트 케어팜(치유농장) 조성 사업 　→ (협업기관) 전주시 생활복지과, 전북장애인부모회 등
7. 국가자격 서비스의 초연결 플랫폼 구축 　→ (협업기관) 한국산업인력공단, 행정안전부 등

3. 행정협업과제의 등록(「행정업무규정」 제42조의2)

(1) 등록 · 관리

행정기관의 장은 행정협업과제를 행정업무혁신시스템에 등록·관리할 수 있다. 이 경우 행정기관의 장은 등록하려는 행정협업과제를 공동으로 수행할 관련 행정기관의 장과 사전에 협의해야 한다.

(2) 등록 사항

행정기관의 장은 행정협업과제를 행정업무혁신시스템에 등록하려는 경우에는 다음 사항을 포함하여 등록하여야 한다.

① 행정협업과제의 주관부서 및 과제담당자와 협업부서 및 담당자

② 행정협업과제와 관련된 다른 행정기관의 단위과제

③ 행정협업과제의 이력, 내용 및 취지

④ 그 밖에 행정안전부장관이 정하는 사항

4. 행정협업과제의 추가 발굴 등(「행정업무규정」 제43조)

(1) 행정안전부장관은 행정협업을 촉진하기 위하여 행정기관의 장이 발굴한 행정협업과제 외의 행정협업과제를 추가로 발굴할 수 있다.

(2) 행정안전부장관은 행정협업과제를 추가로 발굴하기 위하여 필요한 경우에는 행정기관, 국민, 공공기관, 민간기업 또는 단체 등을 대상으로 다음의 사항과 관련된 행정협업의 수요, 현황 및 애로사항 등을 조사할 수 있다.
   ① 목표달성을 위하여 다수의 행정기관이 함께 협력할 필요가 있고 구심적 역할을 수행하는 행정기관이 필요한 정책 또는 사업
   ② 행정기관 간 협력을 통하여 비용 또는 예산을 절감할 수 있는 정책 또는 사업
   ③ 행정기관 간 이해상충 가능성이 높아 이견에 대한 협의·조정이 필요한 정책 또는 사업
   ④ 그 밖에 관련 행정기관과의 협의 결과 행정협업과제 발굴을 위하여 필요하다고 인정하는 사항

(3) 행정안전부장관은 조사의 전문성 및 효율성을 높이기 위하여 필요한 경우에는 행정안전부장관이 정하는 바에 따라 관련 학회 등 연구단체, 전문기관 또는 민간기업에 조사를 의뢰할 수 있다.

(4) 행정안전부장관은 조사 결과로 발굴된 행정협업과제를 관련 행정기관과의 협의를 통하여 확정한다.

(5) 행정안전부장관은 확정된 행정협업과제를 행정업무혁신시스템에 등록·관리할 수 있다.

03 행정기관의 지식행정 활성화(「행정업무규정」 제43조의2)

1. 지식행정의 의미

행정기관의 장은 해당 기관의 행정정보, 행정업무수행의 경험 및 업무에 관한 지식의 공동이용 등을 통하여 정책과 행정서비스의 질을 높이는 방식의 행정(지식행정)을 활성화하도록 노력하여야 한다. 지식행정과 관련하여 온-나라 시스템에 '지식' 메뉴가 포함되어 있는데, 업무 노하우 등을 공유하는 게시판 형태이다.

2. 지식행정 활성화의 추진

행정기관의 장은 다음의 사항을 포함하여 해당 기관의 지식행정 활성화를 추진할 수 있다.

(1) 업무수행 과정에서 행정지식의 수집·생산, 보관·활용 방안

(2) 연구모임 등을 통한 업무수행 경험 활용 활성화에 관한 사항

(3) 전문가 전문지식의 업무 활용에 관한 사항

(4) 행정지식관리시스템의 운영·관리에 관한 사항

(5) 지식행정 활성화를 위한 지원 사항

(6) 그 밖에 지식행정 활성화를 위하여 필요한 사항

3. 정부통합지식행정시스템

행정기관의 장은 특별한 사유가 없으면 전자문서시스템, 업무관리시스템, 행정지식관리시스템 등 각종 행정정보시스템과 「전자정부법 시행령」 제35조 제3항에 따라 행정안전부장관이 구축·운영하는 행정지식의 공동 활용을 위한 시스템을 연계하여 행정지식이 범정부적으로 활용·관리되도록 하여야 한다.

4. 행정정보의 등록 또는 갱신

행정안전부장관은 정부통합지식행정시스템을 통해 행정지식을 수집하여 관리할 수 있으며, 이를 위하여 필요한 경우 행정기관의 장에게 소관 행정정보의 등록 또는 갱신을 요청할 수 있다. 이 경우 행정기관의 장은 특별한 사유가 없으면 요청에 따라야 한다.

5. 최신 행정정보의 유지

행정기관의 장은 정부통합지식행정시스템상의 소관 행정정보가 최신으로 유지되도록 노력해야 한다.

04 행정업무 혁신의 추진(「행정업무규정」 제44조~제46조)

「행정 효율과 협업 촉진에 관한 규정」이 2023. 6. 개정되면서 「행정업무의 운영 및 혁신에 관한 규정」으로 명칭이 변경되었다. 동 규정의 개정에 따라 기존의 협업책임관은 혁신책임관으로, 행정협업시스템은 행정업무혁신시스템으로 각각 변경되었다. 이는 세부적인 내용의 차이는 있지만 기본적으로 동일한 내용을 담고 있다.

1. 행정업무 혁신의 점검·관리 및 지원

(1) 행정기관의 장은 해당 기관의 행정업무 혁신 추진상황을 지속적으로 점검해야 한다.

(2) 행정기관의 장은 그 행정기관의 행정업무 혁신 성과를 평가·분석하고 체계적으로 관리해야 한다.

(3) 행정안전부장관은 필요하다고 인정하거나 관련 행정기관이 요청한 경우에는 행정업무 혁신을 위하여 필요한 지원을 할 수 있다.

(4) 행정안전부장관은 행정협업과제의 발굴 및 수행 과정에서 관련 행정기관 간 이견이 발생하는 경우 관련 행정기관의 혁신책임관 간의 회의 등을 통하여 원활한 협의가 이루어질 수 있도록 필요한 지원을 할 수 있다.

2. 협의체 구성 및 업무협약 체결

행정기관은 행정업무 혁신의 효율적인 수행을 위하여 필요한 경우 관련 행정기관과 협의체를 구성하거나 행정업무 혁신의 목적, 협력 범위 및 기능 분담 등에 관한 업무협약을 체결할 수 있다.

3. 혁신책임관

(1) 혁신책임관의 임명

행정기관의 장은 소속 기획조정실장 또는 이에 준하는 직위의 공무원을 해당 행정기관의 행정업무 혁신을 총괄하는 책임관(혁신책임관)으로 임명하여야 한다.

(2) 혁신책임관의 업무

① 해당 행정기관의 행정업무 혁신 과제 발굴 및 수행의 총괄
② 해당 행정기관의 행정정보시스템의 다른 행정기관과의 연계 및 효율적 운영에 관한 총괄 관리
③ 해당 행정기관의 행정업무 혁신을 위한 행정업무 절차, 관련 제도 등의 정비·개선
④ 해당 행정기관의 행정업무 혁신과 관련된 다른 행정기관과의 협의·조정
⑤ 해당 행정기관의 공공기관, 기업, 단체 등과의 협업 추진에 관한 업무를 총괄하는 부서의 지정·운영
⑥ 그 밖에 행정업무 혁신을 위하여 필요한 업무

(3) 혁신책임관의 등록

행정기관의 장은 혁신책임관을 임명한 경우에는 그 사실을 행정업무혁신시스템에 등록하여야 한다.

4. 행정업무혁신시스템

(1) 행정업무혁신시스템의 구축 · 운영

① 행정안전부장관은 행정기관이 행정업무 혁신을 원활하게 수행할 수 있도록 전자적 시스템 (행정업무혁신시스템)을 구축할 수 있다.

② 행정기관의 장은 행정업무혁신시스템을 이용하여 행정업무 혁신을 수행하도록 노력해야 한다.

③ 행정업무혁신시스템의 구축 · 운영 등에 필요한 세부 사항은 행정안전부장관이 정한다.

(2) 행정업무혁신시스템의 활용 촉진

① 행정기관의 장은 소관 업무 중 행정업무혁신시스템을 이용하여 업무를 수행한 실적 등 행정업무혁신시스템 활용 실태를 평가 · 분석하고 그 활용을 촉진하여야 한다.

② 행정안전부장관은 각급 행정기관의 행정업무혁신시스템 활용 실태를 점검 · 평가하고 필요한 지원을 할 수 있다.

(3) 행정정보시스템의 상호 연계 및 통합

① 행정기관의 장은 행정업무 혁신의 원활한 추진을 위하여 행정기관 간 행정정보시스템의 상호 연계나 통합을 적극적으로 추진하여야 한다.

② 행정안전부장관은 행정업무 혁신을 위하여 필요하다고 인정되거나 관련 행정기관의 지원 요청이 있는 경우 행정정보시스템의 연계 · 통합에 필요한 지원을 할 수 있다.

5. 행정협업조직의 설치

(1) 행정기관의 장은 다수의 행정기관이 수행하는 사무의 목적, 대상 또는 관할구역 등이 유사하거나 연관성이 높은 경우에는 관련 기능, 업무처리절차 및 정보시스템 등을 연계 · 통합하거나 시설 · 인력 등을 공동으로 활용하는 등 협력하여 업무를 수행하는 조직(행정협업조직)을 설치 · 운영할 수 있다.

(2) 행정협업조직 설치 · 운영에 참여하는 관계 행정기관의 장은 해당 행정협업조직의 운영을 위하여 필요한 공동운영규정을 제정할 수 있다.

6. 행정업무 혁신 관련 시설 등의 확보

(1) 행정기관의 장은 행정업무 혁신을 위하여 필요한 경우 공동시설 · 공간 · 설비 등을 마련하여 다른 행정기관에 제공할 수 있다.

(2) 행정안전부장관은 전자적 행정업무수행을 위하여 정부가 설치한 시설이 행정협업 관련 시설로 활용되거나 연계되도록 노력하여야 한다.

7. 행정업무 혁신문화의 조성 및 국제협력 등

(1) 행정안전부장관은 행정업무 혁신에 대한 인식을 높이고, 행정업무 혁신문화를 조성하기 위하여 다음의 사업을 추진할 수 있다.
  ① 행정업무 혁신 우수사례의 발굴·포상 및 홍보
  ② 행정업무 혁신을 위한 자문 등 전문인력 및 기술지원
  ③ 행정업무 혁신을 위한 포럼 및 세미나 개최
  ④ 행정업무 혁신을 위한 교육콘텐츠의 개발·보급
  ⑤ 행정업무 혁신을 위한 정책연구 및 제도개선 사업
  ⑥ 그 밖에 행정업무 혁신에 필요한 사업

(2) 행정안전부장관은 행정업무 혁신의 참고사례 발굴 및 우수사례의 전파, 전문인력의 양성 및 교류, 관련 전문기술의 확보 등을 위하여 국제협력을 적극적으로 추진하여야 한다.

(3) 행정기관의 장은 행정업무 혁신이 원활하게 수행될 수 있도록 조직 내 활발한 소통을 유도하는 사무공간을 마련하는 데 노력하여야 한다.

8. 행정업무 혁신우수기관 포상 및 홍보 등

(1) 행정안전부장관은 행정업무 혁신의 성과가 우수한 행정기관을 선정하여 포상 또는 홍보할 수 있다.

(2) 행정기관의 장은 행정업무 혁신에 이바지한 공로가 뚜렷한 공무원 등을 포상하고 인사상 우대조치 등을 할 수 있다.

제2절 | 정책연구의 관리

01 정책연구의 개념

1. 정책연구관리의 필요성

정부는 중앙행정기관에서 수행하는 정책연구의 각 단계를 종합적·체계적으로 관리하여 예산낭비 요인을 줄이고 정책연구의 품질과 활용도를 높이고자, 「정책연구용역관리규정(국무총리 훈령)」을 제정(2005. 12.)하고, 정책연구관리시스템(*PRISM) 구축 및 서비스(2006. 1.)를 실시하였다. 신규로 연구를 의뢰하기 위해서는 수억 원의 비용이 발생할 수 있기 때문에 기존과 유사·중복되는 연구의 여부, 연구의 필요성 등을 충분히 검토되어야 한다.

* PRISM : Policy Research Information Service & Management

> ◈ **실무적 의미에서 정책연구**
>
> 정부에서 새로운 도로의 신설을 검토한다고 가정하자. 제한된 예산하에서 새로운 도로의 길이, 폭, 구간, 예상 차량 이용 대수, 지역경제의 파급효과 등이 종합적으로 고려된다. 또한 도로 등 사회기반시설은 수천억 원 이상의 예산이 수반되기 때문에 이에 대한 사전적인 연구가 필요하다. 정부에서는 전문적인 정책연구를 수행할 수 있는 한국개발연구원, 국토연구원, 한국노동연구원 등의 전문연구기관과 계약을 체결하여 연구를 진행한다.

2. 정책연구의 정의

「행정업무규정」 제49조에 따라 중앙행정기관(그 소속기관 포함)의 장은 정책의 개발 또는 주요 정책현안에 대한 조사·연구 등을 목적으로 정책연구를 수행할 자와의 계약을 통하여 정책연구를 하게 할 수 있다. 즉, 정책의 개발 또는 주요 정책현안에 대한 조사·연구 등을 목적으로 정책연구를 수행할 자와의 계약을 통하여 추진하는 사업을 의미한다. 다음 예시는 행정안전부가 국토연구원과 계약을 통해 추진한 정책연구 사례이다.

과제정보	
과제명	인구감소지역 지원을 위한 법제도 개선방안
기관명	행정안전부
과제개요	1. 인구감소 대응을 위한 국내·외 법·제도 등 조사 2. 생활인구 요건, 인구감소지역 추가 특례 사항 등 분석
계약정보	
수행기관	국토연구원
계약방식	제한경쟁입찰에 의한 계약
계약금액	155,454,540원

3. 정책연구 관리 대상기관

정책연구 관리 대상기관은 중앙행정기관(대통령 직속기관과 국무총리 직속기관 포함)과 그 소속기관이다. 지방자치단체의 경우에는 정책연구 결과를 해당 지방자치단체의 조례로 정하는 바에 따라 정책연구관리시스템을 통하여 공개하여야 한다. 또한 관리대상에 포함되지 않더라도 매년 다수의 정책연구를 수행하는 기관으로서 적용 대상기관에 포함하여 관리하는 것이 효율적인 경우에는 해당 기관의 요청에 따라 행정안전부장관이 적용 대상기관으로 지정할 수 있다.

4. 정책연구의 종류

(1) 예산편성 기준

정책연구는 연구개발비 예산편성 내역에 따라, 중앙행정기관의 정책수행을 위하여 포괄적으로 편성된 연구개발비로 추진되는 정책연구와 개별부서 사업예산에 포함된 연구개발비로서 특정사업 수행의 일부로 추진되는 정책연구로 나눌 수 있다. 다만, 1천만 원 이하의 소액 예산이 소요되는 정책연구는 효율성 관점에서 이 규정의 적용 대상에서 제외하고 있으나, 정책연구 종료 후 공동 활용 등을 위해 정책연구관리시스템에 등록하여 관리할 수 있다.

포괄 연구개발비는 기관 전체의 연구비 규모를 국회에서 의결해 주면, 의결 받은 전체 연구비 범위에서 해당 기관이 정책연구과제를 선정하는 형태이다. 예컨대 국토교통부 전체의 포괄 연구개발비로 1,000억 원이 배정되었다면, 그 범위 안에서 국토교통부 내부적으로 심의를 하여 어떤 정책연구과제들을 수행할지 결정하면 된다. 반면에 사업별 연구개발비는 특정 정책연구과제와 이에 수반되는 예산도 국회에서 의결해 주는 형태이다. 예컨대 새로운 고속도로 건설비 990억 원과 고속도로 관련 정책연구과제로 10억 원을 국회에서 의결해 주었다면, 고속도로와 관련된 정책연구과제는 별도의 내부적 심의과정 없이 사업 담당부서에서 진행할 수 있다.

구분	포괄 연구개발비	사업별 연구개발비
국회 의결사항	기관 전체의 연구비 규모	특정 사업에 포함된 연구개발비 규모
정책연구과제 선정방법	• 신청 등에 따라 위원회의 심의를 거쳐 정책연구과제 선정 • 기관이 자율적으로 연구과제당 정책연구비 배정	• 연구개발비가 편성된 특정 사업과 관련 있는 내용의 정책연구과제 선정 • 사업별 연구개발비 규모는 국회 의결 사항이므로 원칙적으로 변경 불가

(2) 수행방식 기준

정책연구는 수행방식에 따라 위탁형, 공동연구형, 자문형으로 구분한다.

① **위탁형** : *연구자가 단독으로 정책연구를 수행하여 그 결과를 종합보고서의 형태로 제출하는 방식

* 연구자 : 「국가계약법」에 의하여 국가와 정책연구에 관한 계약을 체결한 단체 또는 개인

② **공동연구형** : 연구자와 공무원이 공동으로 정책연구를 수행하는 방식

③ **자문형** : 연구자가 담당 공무원에게 특정 정책현안에 대한 의견을 서면으로 제시하는 방식

구분	위탁형	공동연구형	자문형
연구방식	연구자의 단독 연구	연구자와 공무원의 지속적 토론을 통한 공동 연구	연구자의 단독 연구
연구 결과물 형태	각 기관의 서식에 맞춰 작성된 종합 보고서	종합보고서나 업무보고서(업무계획, 진단보고서, 매뉴얼 등)	연구자의 의견·아이디어가 정리된 약식 보고서
대가 지급	인건비, 일반관리비, 경비 등 지급	인건비, 최소한의 경비 지급 ❍ 공무원에게는 지급 불가	인건비, 최소한의 경비 지급

5. 정책연구의 관리원칙

중앙행정기관의 장은 정책연구를 수행하는 과정에서 연구과제 및 연구자 선정의 투명성과 공정성, 전문성을 확보하고, 정책연구 예산을 효율적으로 운용하여야 하며, 정책연구 결과의 품질 및 활용도 제고를 위해 최선을 다하여야 한다.

6. 다른 법령에 따라 관리되는 정책연구 등

「행정업무규정」 제56조에 따라 중앙행정기관이 다음의 어느 하나에 해당하는 연구 또는 조사를 하는 경우에는 「행정업무규정」의 적용을 받지 않는다.

(1) 「과학기술기본법」 제11조에 따른 국가연구개발사업의 연구

(2) 「학술진흥법」에 따른 학술연구

(3) 「국민건강증진법」 제19조에 따른 건강증진사업 관련 조사·연구

(4) 기술·전산·임상 연구, 그 밖의 단순 반복적인 설문조사

(5) 대가로 지급하는 금액이 1천만 원 이하인 조사·연구

(6) 그 밖에 다른 법령에 따라 관리되고 있는 연구로서 행정안전부장관이 정하는 연구

02 정책연구심의위원회

정책연구심의위원회	운영	간사		
위원장: 연구총괄부서 실·국장		총괄부서장		

↓위임　　↑보고　　　　↑신청　　↓총괄·조정

정책연구심의소위원회	운영	과제담당관	협조	계약담당관
위원장: 연구과제 담당부서 실·국장		과제담당 부서장		계약부서

1. 정책연구심의위원회의 설치 및 심의사항

「행정업무규정」 제50조 제1항에 따라, 중앙행정기관의 장은 정책의 개발 또는 주요 정책현안에 대한 조사·연구 등을 목적으로 정책연구를 수행할 자와의 계약을 통한 정책연구에 관한 다음의 사항을 심의하기 위하여 정책연구심의위원회를 둔다.

(1) 연구과제와 연구자의 선정에 관한 사항

(2) 연구 결과의 평가에 관한 사항

(3) 연구 결과의 활용상황 점검 및 공개 등에 관한 사항

(4) 그 밖에 정책연구의 체계적인 관리를 위하여 필요한 사항

2. 정책연구심의위원회의 구성(「행정업무규정 시행규칙」 제35조 제1항~제4항)

(1) 정책연구심의위원회는 위원장 1명을 포함하여 10명 이상 30명 이하의 위원으로 성별을 고려하여 구성하되, 위촉하는 위원의 수가 전체 위원 수의 과반수가 되도록 구성하여야 한다.

(2) 위원회의 위원장은 정책연구에 관한 업무를 총괄하는 실 또는 국(실 또는 국에 상당하는 부서 포함)의 장이 되고, 위원은 해당 중앙행정기관의 장이 지명하는 과장급 이상 공무원과 그 중앙행정기관 소관 업무에 관한 전문적인 지식과 경험이 풍부한 외부 전문가 중에서 해당 중앙행정기관의 장이 위촉하는 사람이 된다.

(3) 위원회의 위원 중 위촉하는 위원의 임기는 2년으로 하되 연임할 수 있다.

(4) 위원장은 다음의 사항을 처리하기 위하여 위원장이 속하는 실 또는 국의 과장급 공무원을 간사로 지정할 수 있다.
　① 위원회의 구성 및 운영에 관한 사무 처리
　② 연구과제 및 연구자 선정에 관한 회의 안건의 준비
　③ 정책연구 결과 평가 및 활용상황 점검에 관한 회의 안건의 준비

3. 정책연구심의위원회의 운영(「행정업무규정 시행규칙」 제35조 제5항~제7항)

(1) 위원회의 회의는 재적위원 과반수의 출석으로 개의(開議)하고, 출석위원 과반수의 찬성으로 의결한다. 이 경우 위촉위원의 과반수가 출석한 경우에만 개의할 수 있다.

(2) 위원회는 다음의 어느 하나에 해당하는 사항을 심의하는 경우 위촉위원의 참여를 배제할 수 있다.
　① 「군사기밀보호법」에 따른 군사기밀 관련 사항
　② 「국가정보원법」에 따른 국가기밀 관련 사항
　③ 그 밖에 보안 관련 법령에 따라 비밀로 관리되는 사항

(3) 「행정업무규정」 및 「행정업무규정 시행규칙」에서 규정한 사항 외에 위원회 운영에 필요한 사항은 위원회의 의결을 거쳐 위원장이 정한다.

4. 소위원회의 설치 및 운영

(1) 「행정업무규정」 제50조 제2항에 따라 정책연구심의위원회는 위원회의 업무를 효율적으로 수행하기 위하여 필요하면 소위원회를 둘 수 있으며, 연구과제의 선정을 제외한 사항에 대한 심의를 소위원회에 위임할 수 있다. 이 경우 위원회는 소위원회의 심의 내용을 확인·점검할 수 있다.

(2) 「행정업무규정」 제50조 제3항에 따라 정책연구심의위원회나 소위원회의 위원은 본인 또는 본인의 배우자, 4촌 이내의 혈족, 2촌 이내의 인척 또는 그 사람이 속한 기관·단체와의 정책연구 계약에 관한 사항의 심의·의결에 관여하지 못한다.

(3) 「행정업무규정 시행규칙」 제36조 제1항에 따라 소위원회는 위원장 1명을 포함하여 4명 이상 10명 이하의 위원으로 성별을 고려하여 구성하되, 위촉하는 위원의 수가 전체 소위원회 위원 수의 과반수가 되도록 구성하여야 한다.

(4) 「행정업무규정 시행규칙」 제36조 제2항에 따라 소위원회의 위원장은 연구과제를 담당하는 실 또는 국의 장이 되고, 위원은 해당 중앙행정기관의 장이 지명하는 과장급 공무원(위원회의 위원인 과장급 공무원 포함)과 그 연구과제에 대한 전문적인 지식과 경험이 풍부한 외부 전문가 중에서 중앙행정기관의 장이 위촉하는 사람이 된다.

◆ **정책연구심의위원회와 소위원회 비교**

구분	정책연구심의위원회	소위원회
구성주체	정책연구 총괄부서	정책연구 담당부서
구성	위원장 1명 포함 10명 이상 30명 이하 (위촉위원 과반수)	위원장 1명 포함 4명 이상 10명 이하 (위촉위원 과반수)
심의내용	• 연구과제 및 연구자의 선정에 관한 사항 • 연구 결과의 평가에 관한 사항 • 연구 결과의 활용상황 점검 및 공개 등에 관한 사항 • 그 밖에 정책연구의 체계적인 관리를 위하여 필요한 사항	• 연구자의 선정에 관한 사항 • 연구 결과의 평가에 관한 사항 • 연구 결과의 활용상황 점검 및 공개 등에 관한 사항 • 그 밖에 정책연구의 체계적인 관리를 위하여 필요한 사항

03 정책연구과제의 선정

1. 정책연구과제의 심의 및 선정

(1) 위원회 심의를 거쳐 선정하는 경우

「행정업무규정」 제51조 제1항에 따라, 중앙행정기관의 장은 공정하고 투명하게 정책연구가 이루어지도록 위원회의 심의를 거쳐 연구과제를 선정하여야 한다. 정책연구를 하려는 부서의 장은 연구과제 선정에 관하여 위원회의 심의를 거치려면 정책연구과제 심의 신청서와 정책연구과제 차별성 검토보고서를 위원회에 제출하여야 한다. 다만, 선정하려는 연구과제와 유사하거나 중복되는 연구과제에 관한 다른 정책연구가 없는 경우에는 정책연구과제 차별성 검토보고서를 제출하지 아니할 수 있다.

> 📦 **포괄 연구개발비**
>
> 정책연구 총괄부서는 필요한 경우 당해연도 예산 범위 내에서 정책연구과제를 공모할 수 있다. 예컨대 A 중앙행정기관 전체의 포괄 연구개발비가 20억 원이라고 하자. A 중앙행정기관 소속의 여러 부서에서 필요한 정책연구과제를 위원회에 신청하였다. 신청한 연구과제들을 모두 수행하기 위해서는 50억 원이 소요된다. 위원회는 신청받은 연구과제들을 심의 및 우선순위를 정한다. 이 과정에서 20억 원 내에서 수행할 수 있는 연구과제들만 선정한다. 우선순위가 밀리거나, 유사·중복되는 연구과제는 선정 대상에서 제외된다.

(2) 위원회 심의를 거치지 않고 선정하는 경우

「행정업무규정」 제51조 제1항 단서에 따라, 다음의 경우 정책연구과제의 심의를 거치지 아니하고, 정책연구를 하려는 부서의 장이 연구과제를 선정하여 정책연구과제 차별성 검토보고서와 정책연구과제 선정 결과보고서를 위원회에 보고하여야 한다. 다만, 선정하려는 연구과제와 유사하거나 중복되는 연구과제에 관한 다른 정책연구가 없는 경우에는 차별성 검토보고서는 보고하지 아니할 수 있다.

① 위원회의 심의를 거치지 아니하고 연구자를 선정하여 정책연구를 하는 경우(일반경쟁 방식으로 연구자를 선정하는 경우, 입찰참가자격 사전심사를 하는 경우, 제안서를 제출받아 평가하는 경우) 중 긴급하게 정책연구를 할 필요가 있어 연구과제를 선정하는 경우
② 예산의 편성에 따라 특정 사업 수행의 일부로 정책연구 사업이 정해진 경우로서 그 사업을 주관하는 부서의 장이 그 사업의 내용에 따라 연구과제를 선정하는 경우

> **◈ 사업별 연구개발비**
>
> 예산의 편성에 따라 특정 사업 수행의 일부로 정책연구 사업이 정해진 경우에는 위원회의 심의를 거치지 않고 연구를 실시하고자 하는 부서의 장이 정해진 사업의 내용에 따라 정책연구과제를 직접 선정한다.

2. 연구과제의 중복 선정 금지(「행정업무규정 시행규칙」 제38조)

중앙행정기관의 장은 다른 행정기관이나 정부의 출연·보조 또는 지원을 받은 연구기관에서 이미 연구가 완료되었거나 연구를 하고 있는 연구과제와 중복되는 연구과제를 선정하여서는 아니 된다. 다만, 다음의 어느 하나에 해당하는 경우에는 그러하지 아니하다.

(1) 행정기관 등에서 유사한 연구가 이미 수행된 경우로서 해당 분야의 이론 및 기술의 발전 등에 따라 새로운 연구가 필요한 경우

(2) 관련 정책의 수행을 위하여 이미 수행된 연구과제 결과와 구분되는 학문적·이론적 체계의 구축이 필요한 경우

(3) 행정기관 등에서 연구를 진행하고 있는 경우로서 관련 사항에 대한 연구가 필요하여 행정기관 등과 공동으로 정책연구를 하려는 경우

3. 연구과제의 변경(「행정업무규정 시행규칙」 제39조)

(1) 포괄 연구개발비

위원회의 심의를 거쳐 변경하여야 한다.

(2) 사업별 연구개발비

그 과제를 선정한 부서의 장의 승인을 얻어 변경할 수 있다.

4. 과제담당관 지정 및 업무(「행정업무규정 시행규칙」 제40조)

(1) 과제담당관 지정

중앙행정기관의 장은 연구과제별로 담당부서의 과장급 공무원을 과제담당관으로 지정하여야 한다.

(2) 과제담당관의 업무

① 해당 정책연구에 관한 추진계획의 수립 및 시행
② 연구 결과의 평가
③ 정책연구의 공개
④ 그 밖에 정책연구 수행에 필요한 업무

04 연구자의 선정

「행정업무규정」 제51조 제2항에 따라 중앙행정기관의 장은 「국가를 당사자로 하는 계약에 관한 법률」(약칭 : 「국가계약법」)에 따른 계약의 방법으로 연구자를 선정한다.

1. 경쟁에 의한 선정

(1) 경쟁계약 예시

「국가를 당사자로 하는 계약에 관한 법률」은 계약의 방법으로 2단계 경쟁 등의 입찰, 제한경쟁입찰, 협상에 의한 계약체결 등을 경쟁계약 방식으로 규정하고 있다.

① **2단계 경쟁 등의 입찰(「국가계약법 시행령」 제18조)** : 미리 적절한 규격 등을 작성하는 것이 곤란하거나 기타 계약의 특성상 필요하다고 인정되는 경우에는 먼저 규격 또는 기술입찰을 실시한 후 가격입찰을 실시할 수 있다. 즉 1단계에서 규격 또는 기술 요건을 충족하는 업체들을 선정하고, 1단계를 통과한 업체 중에서 가격입찰을 실시하는 방법이다.

② **제한경쟁입찰(「국가계약법 시행령」 제21조)** : 시공능력, 실적, 기술의 보유상황 등을 충족하는 참가자만 입찰하도록 하는 방식이다. 즉, 입찰자격요건을 갖춘 업체만 입찰하도록 하는 것이다. 정책연구용역의 경우 연구 실적이나, 관련 전문가 수 등이 입찰자격이 될 수 있다.

③ **협상에 의한 계약(「국가계약법 시행령」 제43조)** : 계약이행의 전문성·기술성·긴급성, 공공시설물의 안전성 및 그 밖에 국가안보목적 등의 이유로 필요하다고 인정되는 경우에는 다수의 공급자들로부터 제안서를 제출받아 평가하여 협상적격자를 선정한 후 협상절차를 통해 국가에 가장 유리하다고 인정되는 자와 계약을 체결하는 방식이다.

⑵ 위원회 심의를 거치지 않는 경우

계약상대자를 결정하기 전에 연구자 선정에 관하여 위원회의 심의를 거쳐야 한다. 다만, 다음의 어느 하나에 해당하는 경우에는 위원회의 심의를 거치지 아니한다.

① 「국가를 당사자로 하는 계약에 관한 법률」 제7조 본문에 따른 일반경쟁 방식으로 연구자를 선정하는 경우

> **국가를 당사자로 하는 계약에 관한 법률**
> 제7조【계약의 방법】① 각 중앙관서의 장 또는 계약담당공무원은 계약을 체결하려면 일반경쟁에 부쳐야 한다.

② 「국가를 당사자로 하는 계약에 관한 법률 시행령」 제13조에 따른 입찰참가자격 사전심사를 하는 경우

> **국가를 당사자로 하는 계약에 관한 법률 시행령**
> 제13조【입찰참가자격 사전심사】① 각 중앙관서의 장 또는 계약담당공무원은 입찰참가자의 자격을 미리 심사하여 경쟁입찰에 참가할 수 있는 적격자를 선정할 수 있으며, 적격자를 선정한 경우에는 선정된 적격자에게 선정결과를 통지해야 한다.

③ 「국가를 당사자로 하는 계약에 관한 법률 시행령」 제43조 제1항에 따라 제안서를 제출받아 평가하는 경우

> **국가를 당사자로 하는 계약에 관한 법률 시행령**
> 제43조【협상에 의한 계약체결】① 각 중앙관서의 장 또는 계약담당공무원은 물품·용역계약을 할 때 계약이행의 전문성·기술성·긴급성, 공공시설물의 안전성 및 그 밖에 국가안보목적등의 이유로 필요하다고 인정되는 경우에는 다수의 공급자들로부터 제안서를 제출받아 평가하여 협상적격자를 선정한 후 협상절차를 통해 국가에 가장 유리하다고 인정되는 자와 계약을 체결할 수 있다. 이 경우 예정가격을 작성한 경우에는 예정가격 이하로 입찰한 자 중에서 협상적격자를 선정해야 한다.

⑶ 선정절차

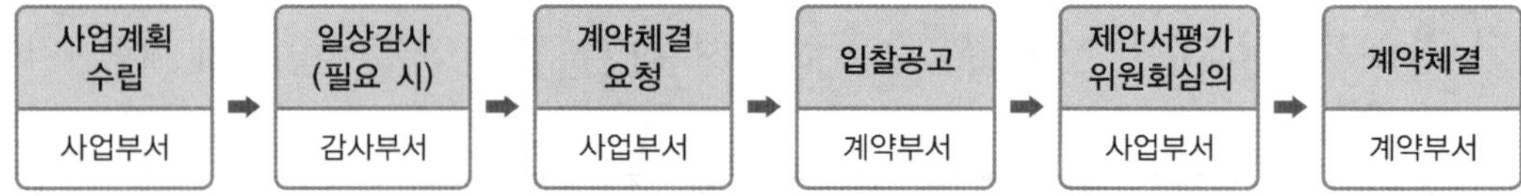

○ "일상감사"란 기관의 주요 정책의 집행업무 등에 대하여 집행부서와 독립된 감사기구에서 최종결재자의 결재에 앞서 그 업무의 적법성과 타당성 등을 점검·심사하는 사전 예방적 감사를 말한다.

① 정책연구과제가 선정되면 과제담당관은 과제에 대한 사업계획서, 제안요청서(과업지시서), 산출내역서 등을 작성한 후 기관별 일상감사 실시지침에 따라 일상감사를 거쳐 계약부서(또는 조달청)에 계약을 요청한다.

② 계약체결 요청을 받은 계약부서는 입찰공고 후 입찰에 응한 자를 상대로 제안서 평가 및 가격평가를 실시한 후 낙찰자를 결정하고 계약을 체결한다.

2. 수의계약에 의한 선정

(1) 수의계약 대상

「국가계약법 시행령」 제26조에 따라 계약의 목적·성질 등에 비추어 경쟁에 따라 계약을 체결하는 것이 비효율적이라고 판단되는 경우로서 추정가격이 2천만 원 이하인 물품의 제조·구매계약 또는 용역계약, 추정가격이 2천만 원 초과 1억 원 이하인 계약 중 학술연구 관련된 계약으로서 특수한 지식·기술 또는 자격을 요구하는 물품의 제조·구매계약 또는 용역계약은 수의계약(隨意契約)을 할 수 있다. 즉, 수의계약은 경쟁입찰 대신에 담당자가 적절한 연구자를 찾아서 계약하는 방식이다. 공공기관의 모든 계약을 경쟁에 의해서 선정하게 되면 시간과 비용이 많이 드는 문제점 등이 발생하기 때문에 제한적으로 수의계약을 허용하고 있다. 일반적으로 예산규모가 작은 경우 수의계약을 체결한다.

(2) 연구자에 대한 위원회 심의

수의계약으로 연구자를 선정할 때에는 수의계약이 적절한지, 그리고 연구자가 전문능력을 갖추고 있는지 등에 대해서, 계약체결 전에 위원회의 심의를 거쳐야 한다.

(3) 계약체결 요청

위원회의 심의결과 연구자가 선정되면, 사업부서는 계약부서에 정책연구과제에 대한 계약체결을 요청한다.

05 정책연구의 진행

1. 정책연구 착수

(1) 착수보고회 개최

과제담당관은 연구자가 선정되면 연구자와 합동으로 착수보고회를 개최하여 과업내용과 추진일정 등을 상호 협의한 후, 연구자로부터 착수보고회 결과를 반영한 수행계획서를 제출받아 연구 진행상황을 관리할 수 있다. 앞선 예시처럼 국토연구원이 연구자로 선정되었다면, 행정안전부의 과제담당관이 착수보고회를 개최하여 국토연구원 소속 연구자들의 보고를 듣게 된다.

(2) 서약서 접수

과제담당관은 정책연구의 위조, 변조, 표절, 부당한 저자 표기 등 부정행위를 사전에 방지하기 위하여 연구자로 하여금 정책연구 윤리 준수 서약서를 제출받아야 한다.

> **참고**

정책연구 윤리 준수 서약서

정책연구 윤리 준수 서약서

　본인은 ○○부 「○○ 정책연구」 과제를 수행하면서 정책연구의 객관성, 효과성과 신뢰성, 연구 결과의 공익성과 진실성을 확보하기 위하여 다음과 같이 연구윤리를 준수할 것을 서약합니다.

　첫째, 정책연구 과정에서 진실하고 객관적인 태도로 정확한 기록을 통해 연구 결과의 검증이 가능하도록 한다.

　둘째, 연구 결과에 직접적 또는 간접적 영향을 미칠 수 있는 모든 형태의 데이터와 분석 결과를 의도적으로 왜곡하거나 조작하거나 은폐하지 않으며 결과를 진실하고 공정하게 발표한다.

　셋째, 유사한 중복 연구를 지양하며 연구자원을 투명하고 효율적으로 사용한다.

　넷째, 타인의 연구개발 과정과 결과를 존중하며, 위조, 변조, 표절 등 타인의 지적재산을 부당하게 도용하거나 자신의 선행연구를 부적절하게 활용하는 연구부정행위를 하지 않는다.

년　　　월　　　일

연구자 소속:　　　　성명:　　　　(서명)

○○부장관 귀중

---

(3) 자가점검표와 점검기준 제공

과제담당관은 연구자에게 정책연구 윤리 자가점검표와 윤리 점검기준을 제공하고, 정책연구 완료 시 정책연구 윤리 자가점검표를 제출하도록 한다.

참고

정책연구 윤리 자가점검표

분류	점검 내용	점검 결과
전반적 사항	• 참여 연구자 전원이 정책연구 수행의 연구윤리 규정을 인지하였는가?	
	• 참여 연구자 전원에게 연구윤리 준수에 대한 확답을 받았는가?	
위조	• 면담이나 설문조사를 실행하지 않고 가상으로 구성하여 연구 결과를 허위로 제시한 경우가 없는가?	
	• 설문조사, 실험, 관찰 등에서 나타나지 않은 데이터를 실재하는 것처럼 제시한 경우가 없는가?	
	• 실험, 조사 등을 통해 얻은 자료의 통계학적인 유효성을 얻기 위해 허구의 자료를 추가한 경우가 없는가?	
	• 연구계획서에 합치한다는 점을 제시하기 위해 연구 기록을 허위로 삽입한 경우가 없는가?	

2. 정책연구 수행

연구자는 정책연구 윤리 자가점검표와 정책연구 윤리 점검기준을 고려하여 연구를 수행한다. 과제담당관은 연구자가 속한 연구기관에게 연구자에 대한 연구윤리 교육을 실시하게 하고, 연구자의 연구윤리 준수 의무를 일차적으로 관리 감독하게 한다.

3. 중간점검

⑴ 중간점검 실시

과제담당관은 정책연구 계약서에서 정한 연구기간 중에 연구 진행상황을 중간 점검하고 연구자와 향후 연구 일정을 협의한 후, 점검결과서를 작성하여 정책연구관리시스템에 등록한다.

⑵ 점검결과 보완 요구

과제담당관은 중간점검 결과, 연구자가 연구계획서상의 연구일정 이행을 태만히 하거나 연구 진행상황이 연구의 목적에 부합하지 아니한다고 판단되는 경우에는 해당 연구자에 대하여 시정 또는 보완을 요구하여야 한다.

⑶ 중간점검 결과 등록

과제담당관은 중간점검이 완료되면 중간점검 결과를 정책연구관리시스템에 등록하여야 한다.

06 정책연구 결과의 평가 및 관리

1. 정책연구 결과의 평가

「행정업무규정」 제52조에 따라 중앙행정기관의 장은 정책연구가 종료된 후 그 정책연구 결과를 평가하여야 하며, 이 경우 위원회의 심의를 거쳐야 한다. 정책연구 결과 평가는 과제담당관과 과제담당관이 지정한 외부 전문가 1명이 공동으로 평가하는 방법이나 외부 전문가가 참석하는 정책연구완료 보고회를 개최하여 평가하는 방법으로 하여야 한다.

2. 정책 윤리 점검 절차 및 방법

(1) 정책연구 결과 평가 시 점검

연구자는 정책연구가 완료되면 정책연구 윤리 자가점검표와 유사도 검사결과서를 발주기관에 제출한다. 유사도 검사는 민간의 유사도 검사시스템을 활용하여 실시한다. 비공개 과제의 경우, 민간의 유사도 검사시스템 활용 시 연구자의 의사에 반하여 연구 결과가 공개될 수 있으므로 유사도 검사결과서 제출을 면제한다. 즉, 다른 정책연구 등을 표절한 것은 없는지 점검한다는 의미이다.

(2) 제보 등에 의한 사후 점검

제보 등에 의한 연구부정행위 점검 필요 시 중앙행정기관 등 발주기관은 연구 기관에 자체 조사를 요구한다. 연구자가 속한 연구기관은 발주기관 요청 시 사후 점검을 실시한다.

(3) 평가 결과에 따른 조치

과제담당관은 정책연구 평가 결과, 연구의 목적에 부합하지 않는 등 연구 결과가 미흡한 경우에는 연구자로 하여금 시정하도록 조치하여야 한다. 또한, 연구 부정행위가 발견된 경우 「국가연구개발혁신법」 제32조에 따라 제재처분할 수 있다.

(4) 정책연구관리시스템 등록사항 점검 및 시정 요구

총괄부서장은 과제담당관이 정책연구과제 진행단계별로 정책연구관리시스템에 등록한 사항을 최종 점검하고, 등록사항이 잘못된 경우 시정조치 후 승인 처리하여야 한다.

(5) 연구 결과물 발간 및 사후관리

행정기관은 정책연구 결과를 「공공기록물 관리에 관한 법률」 제18조에 따라 기록물로 등록하여 관리하여야 하고, 간행물로 발간하려는 경우에는 같은 법 제22조에 따라 관리하여야 한다(간행물 등록은 국가기록원 홈페이지에 신청).

07 정책연구 결과의 활용

1. 연구 결과의 활용상황 점검

「행정업무규정」 제52조에 따라 중앙행정기관의 장은 정책연구 종료일부터 6개월 이내에 정책연구 결과의 활용상황을 점검하여야 한다. 이 경우 활용상황 점검에 관한 사항은 위원회의 심의를 거쳐야 한다.

2. 활용결과의 등록

「행정업무규정」 제54조 제1항 제3호에 따라 중앙행정기관의 장은 정책연구 결과의 활용상황을 정책연구관리시스템을 통하여 공개하여야 한다. 정책연구 활용결과 보고서는 다음과 같다.

> **참고**

정책연구 활용결과 보고서

정책연구 활용결과 보고서			
정책연구과제명		연구기관/책임연구원	
부서/과제담당관		담당공무원	
연구기간	~　　　（　　 개월）		
활용구분	[ ] 법령 제·개정 2. [ ] 제도개선 및 정책반영 3. [ ] 정책참조		
연구목적			
연구 주요내용			
활용목적			
활용결과	• 현 업무와의 연계 타당성 분석 • 정책 활용 결과		

08 정책연구의 공개(「행정업무규정」제54조)

1. 공개 내용

(1) 중앙행정기관의 장은 다음의 사항을 그 공개가 가능한 때에 지체 없이 정책연구관리시스템을 통하여 공개하여야 한다.
① 정책연구의 계약 체결 내용
② 정책연구 결과 및 그 평가 결과
③ 정책연구 결과 활용상황
④ 그 밖에 중앙행정기관의 장이 필요하다고 인정하는 정책연구에 관한 사항

(2) 지방자치단체의 장 및 교육감은 정책연구가 종료된 후 정책연구 결과를 해당 지방자치단체의 조례로 정하는 바에 따라 정책연구관리시스템을 통하여 공개하여야 한다.

2. 비공개 대상

「공공기관의 정보공개에 관한 법률」 제9조에 따른 비공개 대상 정보에 대해서는 제1항 및 제2항을 적용하지 아니한다. 「공공기관의 정보공개에 관한 법률」에 따른 비공개 대상은 다음과 같다.

(1) 법령상의 비밀·비공개 정보

(2) 안보·국방·통일·외교 관련 정보

(3) 국민의 생명·신체·재산 보호 침해 관련 정보

(4) 재판·수사 등 관련 정보

(5) 감사·감독·계약·의사결정 관련 정보 등

(6) 이름·주민등록번호 등 개인정보

(7) 법인의 경영·영업비밀 정보

(8) 부동산 투기·매점매석 등 관련 정보

09 정책연구 성과점검(「행정업무규정」 제55조)

> **참고**

성과점검 흐름도

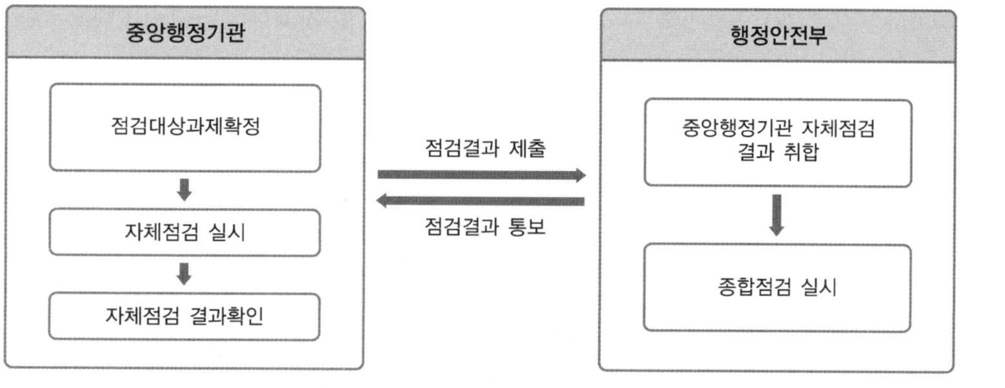

1. 기관별 성과점검

중앙행정기관의 장은 매년 기관의 정책연구 추진과정, 연구 결과의 공개 및 활용상황 등을 점검하여야 한다. 매년 중앙행정기관은 정책연구를 투명하고 공정하게 관리하기 위하여 전년도 정책연구 관리에 대한 성과를 점검하고 있다.

2. 종합 성과점검

행정안전부장관은 기관별 점검사항을 종합하여 정책연구의 성과를 점검할 수 있다.

3. 종합 성과점검 결과 통보

행정안전부장관은 종합 점검 결과를 해당 중앙행정기관의 장, 기획재정부장관 및 감사원장에게 통보해야 한다.

4. 점검 결과 활용

점검 결과를 통보받은 중앙행정기관은 점검 결과 시정조치사항을 처리하고, 기획재정부는 다음 연도 예산 편성 시 점검 결과를 예산에 반영하며, 감사원은 점검 결과를 감사자료로 활용하게 된다. 즉, 점검 결과 우수한 중앙행정기관에 대해서는 다음 해 정책연구 예산을 증액 배정하고, 그렇지 못한 중앙행정기관에 대해서는 다음 해 정책연구 예산을 감액 배정한다.

10 정책연구관리시스템의 구축·운영

1. 구축 목적

「행정업무규정」 제53조에 따라 행정안전부장관은 중앙행정기관이 전자적으로 정책연구과정을 관리하고 정책연구 결과를 공동으로 이용할 수 있도록 정책연구관리시스템을 구축·운영하여야 한다. 앞서 예시로 들었던 행정안전부의 정책연구과제도 아래와 같이 정책연구관리시스템(PRISM)에서 찾아본 과제이다.

> **참고**

정책연구관리시스템 화면

2. 주요 기능

정책연구관리시스템 홈페이지를 통해 관심 있는 국민 누구나 정책연구 내용과 연구보고서(원문) 등 정부의 정책연구 현황과 결과를 활용할 수 있다. 또한 과제담당 공무원이 사업계획, 계약, 연구진행, 연구완료, 활용상황 등 정책연구 전(全) 과정을 체계적으로 관리할 수 있도록 구축되어 있다.

구분	역할	권한
시스템담당자 (행정안전부)	기관별 총괄담당자 등록 및 시스템 관리	사용자 및 시스템·게시판 관리, 과제 진행상황 확인 등
총괄담당자 (중앙행정기관)	소속 과제담당자 등록 및 과제별 등록사항 점검	기관 내 사용자 관리, 기관 과제 진행상황 확인 등
과제담당자 (중앙행정기관)	수행하는 정책연구에 대하여 단계별 진행사항 등록	소관과제 등록·수정

3. 지방자치단체 공무원포털 활용

지방자치단체 총괄담당자와 과제담당자도 중앙행정기관과 동일한 절차로 정책연구관리시스템에 등록한 후 이용할 수 있다. 다음 예시는 울산광역시 기획조정실에서 진행했던 정책연구과제이다.

◈ 〈예시〉 정책연구관리시스템에 등록된 울산광역시 정책연구과제

과제정보			
과제명	울산광역시 균형발전 사업발굴 연구		
기관명	울산광역시	담당부서	울산광역시
전화번호	052-229-2154	연구기간	2018-10-17~2019-01-04
연구분야	지역균형발전		
과제개요	문재인 정부와 울산광역시 균형발전정책을 살펴보고, 국비사업 확보를 위하여 울산광역시 균형발전사업 발굴과 최종사업 제안서를 작성함		

01 영상회의 개요

1. 영상회의의 정의

정보통신기술(ICT)을 기반으로 원거리에 있는 사람들과 일대일 또는 다자간 등 다양한 방식으로 진행하는 실시간 회의로, 참석자의 영상과 음성뿐 아니라 문서, 이미지, 동영상 등의 회의 자료 공유도 가능하다.

2. 영상회의의 방법

(1) 영상회의실

영상회의실은 지리적으로 떨어져 있는 회의실 간에 영상회의시스템을 이용하여 다수의 회의 참석자 모습을 영상 화면으로 보면서, 하나의 회의실에 함께 있는 분위기로 회의를 진행하는 방법이다. 예컨대 정부서울청사와 정부세종청사 영상회의실을 통해 각 부 장관들의 영상회의가 진행되기도 한다. 또한 중앙정부와 지방자치단체 고위직들이 참여하는 각종 대책회의나 설명회, 보고회 등도 영상회의실에서 진행된다.

(2) PC 영상회의실

PC 영상회의는 "온-나라 이음"(정부통합의사소통시스템) 등을 통해서 개인 자리에서 PC 등을 통해 영상회의를 개설하거나 참여하는 방법이다.

참고

회의실에서 진행하는 영상회의

PC 영상회의

3. 정부영상회의실 설치 · 운영

(1) 설치 · 운영 및 지정(「행정업무규정」 제57조)

① 행정기관의 장은 다음의 회의를 개최하기 위하여 영상회의실을 설치 · 운영할 수 있다.
  ㉠ 국무회의 및 차관회의
  ㉡ 장관 · 차관이 참석하는 회의
  ㉢ 둘 이상의 정부청사에 위치한 기관 간에 개최하는 회의
  ㉣ 정부청사에 위치한 기관과 지방자치단체 간에 개최하는 회의
  ㉤ 그 밖에 원격지(遠隔地)에 위치한 기관 간 회의

② 행정안전부장관은 정부영상회의실을 설치 · 운영하거나 행정기관이 공동으로 사용할 수 있는 영상회의실을 지정할 수 있다. 이 경우 행정안전부장관은 원활한 공동사용을 위하여 필요한 지원을 할 수 있다.

③ 행정안전부장관이 지정한 영상회의실을 운영하는 행정기관의 장은 다른 기관이 영상회의실 사용을 요청하면 적극 협조하여야 한다.

(2) 관리 · 운영(「행정업무규정 시행규칙」 제43조)

① 정부청사관리소장은 정부영상회의실의 관리 · 운영을 위하여 다음의 조치를 하여야 한다.
  ㉠ 정부영상회의시스템의 관리책임자 및 운영자 지정
  ㉡ 정부영상회의실 및 정부영상회의시스템 보안대책의 수립
  ㉢ 각종 회의용 기자재의 제공 및 정부영상회의 운영의 지원
  ㉣ 이 외에 정부영상회의실 관리 · 운영에 필요한 사항

② 행정안전부장관은 해당하는 회의를 주관하는 관계 행정기관의 장에게 정부영상회의실을 이용하여 회의를 개최할 것을 요청할 수 있다. 이 경우 행정기관의 장은 특별한 사유가 없으면 요청에 따라야 한다.

③ 영상회의실의 지정, 행정기관의 영상회의실 설치·운영 및 상호 연계에 필요한 세부 사항은 행정안전부장관이 정한다.

⑶ 운영요원(「행정업무규정 시행규칙」 제43조의2)

정부청사관리소장은 다음의 업무를 담당하는 정부영상회의실 운영요원을 정부서울청사, 정부과천청사, 정부대전청사 및 정부세종청사 등에 배치하여야 한다.

① 정부영상회의시스템 및 관련 장비의 운영·관리

② 각종 전용회선의 관리

③ 정부영상회의실의 보안관리

④ 이 외에 정부영상회의 운영을 위하여 필요한 업무

⑷ 사용신청(「행정업무규정 시행규칙」 제44조)

① 정부영상회의실을 사용하려는 기관은 회의 개최일 2일 전까지 정부청사관리소장에게 사용신청을 하여야 하며, 정부청사관리소장은 정부영상회의실의 사용가능 여부를 지체 없이 통보하여야 한다.

② 정부영상회의실 사용신청은 별지 제11호 서식에 따른다. 이 경우 팩스 또는 정보통신망 등을 이용하여 신청할 수 있다.

⑸ 권한위임(「행정업무규정」 제70조)

행정안전부장관은 정부영상회의실의 관리·운영에 관한 권한을 정부청사관리본부장에게 위임한다.

02 영상회의시스템 구축 및 연계·운영

「행정업무규정」이 개정(2024. 5. 21.)되면서 내용이 삭제되었다. 대신 행정업무편람에 소개된 내용만 간략히 정리하였다.

1. 영상회의시스템 구축

행정기관의 장은 영상회의시스템을 구축하는 경우에 특별한 사유가 없으면 행정안전부장관이 정하는 기술규격에 적합하도록 하여 다른 행정기관 등의 영상회의시스템과 연계하여 운영할 수 있도록 하여야 한다.

2. 영상회의 공통기반시스템 운영 및 연계

행정안전부장관은 영상회의실의 연계를 원활히 하고, 이용 편의를 높이기 위하여 공통기반 및 통합 이용 시스템을 구축·운영할 수 있다. 이에 따라 행정안전부는 영상회의 공통기반시스템을 구축하여 중앙부처 및 지자체 등 영상회의시스템을 연계하고, 회의실 관리 및 예약 기능 등을 제공하고 있다.

3. 영상회의시스템 이용 활성화

행정기관의 장은 원격지에 위치한 기관 간에 회의를 개최하는 경우 영상회의를 우선적으로 활용하여야 한다. 행정안전부장관은 영상회의를 활용하여야 하는 주요 회의와 이용 목표를 정하여 행정기관의 장에게 영상회의를 적극 활용할 것을 요청할 수 있다.

행정업무의 관리

01 업무의 분장 및 인계 · 인수

1. 업무의 분장

「행정업무규정」 제60조에 따라 각 처리과의 장은 업무를 효율적으로 처리하고 책임소재를 명확하게 하기 위하여 소관 업무를 단위업무별로 분장하되, 소속 공무원 간의 업무량이 균형을 이룰 수 있도록 하여야 한다.

> **◆ 실무적 의미에서 업무의 분장**
>
> 업무의 분장은 말 그대로 처리과의 장이 소속 공무원들에게 업무를 나누어 맡기는 것이다. 이는 주로 인사이동, 조직개편, 신규업무 발생 등이 있으면 진행된다. 예컨대 신규 공무원이 발령받아서 왔다면 담당 업무를 분장해 주어야 한다. 다음 예시는 「행정업무규정」을 담당하는 행정안전부 행정제도과의 업무분장이다. 「행정업무규정」에서 말하는 처리과의 장은 과장을 의미하는데, 민간기업에서의 과장은 직급으로 사용되는 경우가 많지만 행정기관에서의 과장은 직위로서 ○○과라는 부서의 장을 의미한다. 대개 중앙행정기관의 과장의 직급은 서기관(4급)이나 부이사관(3급)이 받는 보직이다. 과장 아래에 보직이 없는 서기관, 사무관, 주무관 등 10~20명 정도의 소속 공무원이 있다.
>
> **◆ 〈예시〉 행정안전부 행정제도과 담당 업무**
>
> | 성명 | 직급/직위 | 담당 업무 |
> |---|---|---|
> | 김○○ | 과장 | 행정제도과 업무 총괄 |
> | 이○○ | 사무관 | 행정제도 개선 및 행정절차법 운영 |
> | 박○○ | 사무관 | 행정업무 프로세스 재설계 |
> | 황○○ | 주무관 | 정책연구 관리 |
> | ⋮ | ⋮ | ⋮ |

2. 업무의 인계 · 인수

(1) 개요

행정업무의 책임소재를 명확히 하고, 행정지식의 축적 등을 통한 업무의 효율적 관리를 위하여 공무원 인사발령 등의 경우에 인계자가 업무의 진행사항, 예산 · 물품 정보 등을 적어서 후임자에게 전달하는 제도를 말한다. 말 그대로 인사이동이 발생하여 전임 담당자가 후임 담당자에게 업무를 잘 넘겨주어야 한다는 의미이다.

⑵ 업무인계 · 인수서 작성(「행정업무규정」 제61조)

① 공무원이 조직개편, 인사발령 또는 업무분장 조정 등의 사유로 업무를 인계·인수할 때에는 해당 업무에 관한 모든 사항이 구체적으로 나타나도록 행정안전부령으로 정하는 바에 따라 업무관리시스템이나 전자문서시스템을 이용하여 인계·인수하여야 한다. 예컨대 온-나라 시스템상에서 인계·인수와 관련된 사람들이 처리하게 된다.

② 업무관리시스템이나 전자문서시스템을 이용하여 업무를 인계·인수하는 사람은 별지 제12호 서식의 업무인계·인수서를 작성하여야 한다. 아래 입회자에는 직근 상급자 등이 해당되는데, 업무의 인계·인수를 상급자가 확인했다는 의미이다.

참고

별지 제12호 서식

업무인계 · 인수서

1. **업무현황**
   가. 담당 업무
   나. 주요 업무계획 및 진행사항
   다. 현안사항 및 문제점
   라. 주요 미결사항

2. **관련 문서 현황**

3. **주요 물품 및 예산 등 인계·인수가 필요한 사항**

4. **그 밖의 참고사항**

위와 같이 인계·인수합니다.

	년 월 일
인계자	(서명 또는 인)
인수자	(서명 또는 인)
입회자	(서명 또는 인)

(3) 직무대리자에게 인계

「행정업무규정 시행규칙」 제45조 제2항에 따라 후임자가 정해지지 아니한 경우와 그 밖의 특별한 사유로 후임자에게 업무를 인계할 수 없는 경우에는 그 직무를 대리하는 사람에게 인계하고, 그 직무를 대리하는 사람은 후임자가 업무를 인수할 수 있게 되었을 때에 즉시 인계하여야 한다. 예컨대 담당 공무원이 갑작스럽게 휴직하게 된다면 후임자 발령이 있을 때까지 그 직무를 대리하는 사람이 해당 업무를 수행하여야 한다.

(4) 최신정보의 유지

「행정업무규정」 제61조 제2항에 따라 행정기관의 장은 제1항에 따른 인계·인수가 원활하게 이루어질 수 있도록 기능분류시스템의 자료를 최신의 정보로 유지하여야 한다.

02 업무편람의 작성·활용

1. 업무편람의 개념

「행정업무규정」 제62조 제1항은 "행정기관이 상당 기간에 걸쳐 반복적으로 하는 업무는 그 업무의 처리가 표준화·전문화될 수 있도록 업무편람을 작성하여 활용하는 것을 원칙으로 한다."라고 규정하고 있다.

> **◈ 실무적 의미에서 업무편람**
>
> 앞서 살펴본 것처럼 공문서작성 방법, 정책연구관리 등 공무원의 실무적인 업무처리방법은 표준화되어 있다. 신규 공무원의 경우 업무처리방법을 알아야 하고, 기존 공무원도 업무처리방법이 바뀌면 새롭게 익혀야 할 것이다. 행정기관 내의 실무적인 업무처리방법을 만들어 둔 것이 업무편람이다.

2. 업무편람의 종류

「행정업무규정」 제62조 제2항에 따라 업무편람은 행정기관에서 발간·배포하여 활용하는 행정편람과 부서별로 작성·활용하는 직무편람으로 구분한다.

(1) 행정편람

행정편람이란 업무처리의 기준과 절차, 장비 운용 방법, 그 밖의 일상적 근무규칙 등에 관하여 다수의 행정기관이나 업무 담당자에게 필요한 지침·기준·지식 등을 제공하여 공통적으로 활용하는 업무지도서나 업무참고서를 말하며, 행정기관 명의로 발간한다. 예컨대 행정안전부에서 발간하는 행정업무운영 편람은 공문서작성, 정책연구관리 등 공무원들이 준수해야 할 공통적인 업무처리 절차와 기준을 다루고 있다.

① **자문**: 행정편람을 발간하려는 경우 필요하면 해당 기관의 공무원이나 관계 전문가에게 자문할 수 있다.

② **발간 및 수정 · 보완**: 행정편람은 해당 행정기관의 장이 발간한다. 또한 관련 제도의 변경 등으로 행정편람의 내용을 수정 또는 보완하여야 하는 사유가 발생하면 그 내용을 수정 또는 보완하여야 한다.

③ **관리 및 활용**: 행정편람은 개인 소장을 금지하고 서가 또는 책장에 비치하여 관계자가 누구든지 항상 손쉽게 참고 · 활용할 수 있도록 하여야 한다.

(2) 직무편람

직무편람은 분장하는 단위업무에 대한 업무계획, 업무현황 및 그 밖의 참고자료 등을 체계적으로 정리한 업무 자료철 등이다. 직무편람은 단위 부서별 업무에 따라 작성되므로, 행정편람과 같이 공통적인 내용을 담고 있지 않다. 공통적으로 활용하는 자료가 아닌 만큼, 일반적으로 전자파일이나 인쇄본 형태로 존재한다. 공무원은 2~3년마다 전보인사를 통해 담당 업무가 바뀌는데, 새로운 업무를 빠르게 파악하기 위해서 직무편람부터 확인한다.

① **작성 대상**: 특별한 사유가 없으면 행정기관의 직제에 규정된 최하 단위 부서별로 작성하여야 하되, 필요한 경우에는 여러 단위업무에 관한 직무편람을 한 권으로 묶어 부서별로 작성할 수 있다.

② **작성 내용**
  ㉠ 업무 연혁, 관련 업무 현황 및 주요 업무계획
  ㉡ 업무의 처리절차 및 흐름도
  ㉢ 소관 보존문서 현황
  ㉣ 그 밖의 업무처리에 필요한 참고사항

③ **인계 · 인수 및 관리**: 업무 담당 직원의 인사이동 또는 조직개편, 업무의 재분장 등으로 소관 업무를 인계 · 인수하는 때에는 직무편람을 함께 인계 · 인수하여 업무현황 파악이 용이하도록 하고 업무처리 지식 등이 축적될 수 있도록 하여야 하며, 정기 또는 수시로 직무편람의 내용을 점검하고 그 내용을 수정 · 보완하여야 한다.

3. 작성 및 활용 효과

(1) 작성 효과

현재의 업무 상태를 파악하고, 업무의 표준화 · 단순화 · 전문화를 촉진하며, 그 밖에 현재의 불합리한 점을 발견하여 개선할 수 있다.

(2) 활용 효과

업무활동의 목표와 방침의 기준, 업무를 통제하는 데 필요한 적절한 지침이 되고, 업무의 혼란과 불확실 및 중복을 줄이며, 교육훈련을 위한 실효성 있는 교재이며, 관리층과 부하직원 상호 간 또는 각 조직 간의 협력을 증진시키고, 업무 효율성 증진에 대한 관심을 높여줄 수 있다.

03 정책의 실명 관리

1. 정책실명제란?

정책실명제란 행정기관에서 소관 업무와 관련되어 수립·시행되는 주요 정책의 결정 및 집행과정 등에 참여하는 관련자의 실명(實名)과 의견을 기록·관리함으로써 정책의 투명성과 책임성을 높이기 위한 제도를 말한다.

> **⬢ 실무적 의미에서 정책실명제**
>
> 정책실명제는 정책과정에 관련된 공무원들의 실명을 기록함으로써 정책과정의 투명성과 책임성을 높이기 위한 제도이다. 투명성 차원에서 공무원 본인의 실명과 연락처 등을 통해 시민들이 누가 정책과정에 참여했는지 알 수 있고, 책임성 차원에서 정책에 문제가 있을 경우 책임소재도 밝힐 수 있다.

2. 기록·관리 사항(「행정업무규정」 제63조)

(1) 행정기관의 장은 주요 정책의 결정이나 집행과 관련되는 다음의 사항을 종합적으로 기록·관리하여야 한다. 예컨대 문서의 기안·검토·결재권자를 표기하는 것이 해당된다.
  ① 주요 정책의 결정과 집행 과정에 참여한 관련자의 소속, 직급 또는 직위, 성명과 그 의견
  ② 주요 정책의 결정이나 집행과 관련된 각종 계획서, 보고서, 회의·공청회·세미나 관련 자료 및 그 토의내용

> 참고

간이기안문에 기록된 직급·직위 및 성명

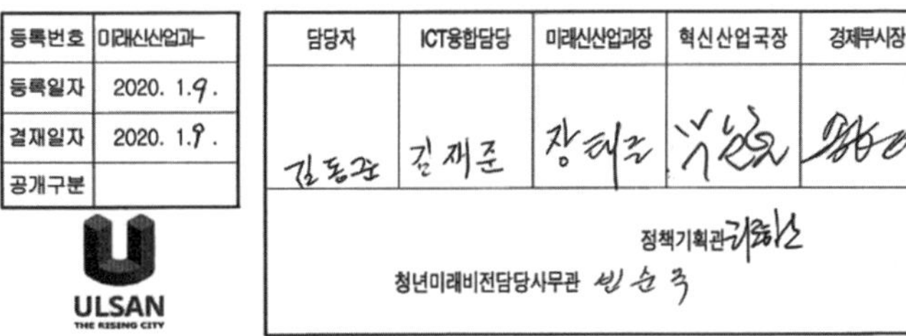

⑵ 행정기관의 장은 주요 정책의 결정을 위하여 회의·공청회·세미나 등을 개최하는 경우에는 일시, 참석자, 발언내용, 결정사항, 표결내용 등을 처리과의 직원으로 하여금 기록하게 하여야 한다. 예컨대 국민 다수의 생명, 안전 및 건강에 큰 영향을 미치는 처분 등에 대해서는 행정절차법에 따라서 공청회를 개최하도록 하고 있다. 속기 공무원들이 녹취록을 작성하거나 녹음 및 녹음 내용을 담당 공무원이 정리해 두기도 한다.

⑶ 행정기관이 언론기관에 보도자료를 제공하는 경우에는 그 보도자료에 담당부서·담당자·연락처 등을 함께 적어야 한다. 행정기관은 주요 정책에 대한 보도자료를 작성하여 언론에 제공하고, 언론에서는 보도자료를 참고하여 기사를 작성한다.

> **참고**
>
> **울산광역시 보도자료**

시민과 함께 다시 뛰는 울산	보 도 자 료 배포 일시 : 2019년 11월 20일(수) 오전 9시			U ULSAN THE RISING CITY
담당부서	정책기획관	부서장	김석명(☎ : 229-2110)	
		담 당	김재준(☎ : 229-2150)	
		주무관	강진아(☎ : 229-2151)	
제공부서	대변인실(박인섭 · 이상홍 : 229-3031~2) / 누리집(www.ulsan.go.kr)			

대한민국시도지사협의회, 지방분권 토론회 개최

21일, 울산시의회 시민홀, 시민 등 200여 명 참석

제2기 울산지방분권협의회 구성도…지방분권 공감대 확산 기대

3. 정책실명제 책임관(「행정업무규정」 제63조의2)

⑴ 정책실명제 책임관의 지정

행정기관의 장은 해당 기관의 정책실명제를 효율적으로 운영하기 위하여 기획조정실장 등 해당 기관의 기획 업무를 총괄하는 직위에 있는 공무원을 정책실명제 책임관으로 지정하여야 한다.

(2) 정책실명제 책임관의 임무

① 해당 기관의 정책실명제 활성화 계획 수립 및 시행
② 해당 기관의 정책실명제 대상사업 선정 및 추진실적 공개
③ 자체 평가 및 교육
④ 그 밖에 해당 기관의 정책실명제 운영을 위하여 필요한 업무

4. 정책실명제 중점관리 대상 선정(「행정업무규정」 제63조의3)

(1) 대상사업

① 주요 국정 현안에 관한 사항
② 대규모 예산이 투입되는 사업
③ 일정 규모 이상의 연구용역
④ 법령 또는 자치법규의 제정·개정 및 폐지
⑤ 행정안전부장관이 정한 절차에 따라 국민이 신청한 사업
⑥ 그 밖에 중점관리가 필요한 사업

(2) 선정절차

행정기관의 장은 정책실명제 중점관리 대상사업 선정을 위하여 자체 세부 기준을 마련하고, 심의위원회를 구성하여 심의를 거친 후 대상사업을 선정하여야 한다.

(3) 공개

행정기관의 장은 정책실명제 중점관리 대상사업의 추진실적을 해당 기관의 인터넷 홈페이지 등을 통하여 공개하여야 한다. 다만, 「공공기관의 정보공개에 관한 법률」 제9조에 따른 비공개 대상 정보에 해당하는 경우에는 그러하지 아니하다.

> **참고**

정책실명제 중점관리 대상사업 사업내역서

정책실명제 중점관리 대상사업 사업내역서

(정책실명제 등록번호 : 2019-49)

① **정책사업명**	울산광역시 지역혁신협의회 운영에 관한 조례		
② **추진배경**	• 새정부의 균형발전정책 추진의 일환 • 균형발전특별법 제28조에 의거, 지역혁신협의회 구성		
③ **사업개요**	• 울산시의 지역발전 정책과 관련하여 심의·협의·조정 기능		
④ **사업부서**	울산광역시 정책기획관	⑤ **담당자**	정책기획관 김석명 주무관 손수민
⑥ **선정기준**	자치법규 제정	⑦ **사업기간**	2018 ~ 계속

〈그간 주요 추진내용〉

추진내용	일자	관련자
• 제3차 울산광역시 지역혁신협의회(서면) 개최계획 ※ 정책기획관-2413	'19.02.19.	김석명 정책기획관 김재준 균형발전담당사무관 손수민 주무관
• 제2차 울산광역시 지역혁신협의회 개최 계획 ※ 정책기획관-2108	'19.02.14.	김하균 실장 김석명 정책기획관 김재준 균형발전담당사무관 김미정 주무관
• 제1차 울산광역시 지역혁신협의회 개최 계획 ※ 정책기획관-12184	'18.09.18.	송철호 시장 허언옥 행정부시장 김선조 실장 이상찬 정책기획관 김재준 균형발전담당사무관 최정수 주무관

5. 정책실명제 평가(「행정업무규정」 제63조의4)

행정안전부장관은 정책실명제의 활성화를 위하여 필요한 경우 각 행정기관의 정책실명제 추진실적 등을 평가할 수 있다.

6. 정책실명제 세부 규정(「행정업무규정」 제63조의5)

(1) 정책실명제 중점관리 대상사업 선정, 심의위원회의 구성, 정책실명제 추진실적 평가기준 및 그 밖에 정책실명제 운영을 위하여 필요한 세부 사항은 행정안전부장관이 정한다.

(2) 「행정업무규정」에서 규정한 사항 외에 지방자치단체에서 운영하는 정책실명제의 대상 및 범위 등에 관하여 필요한 세부 사항은 해당 지방자치단체의 조례로 정할 수 있다. 예컨대 '강원특별자치도 정책실명제 운영 조례'가 제정되어 있다.

04 행정업무개선 및 행정효율성진단

「행정업무규정」이 개정(2023. 6. 27.)되면서 내용이 삭제되었다. 대신 행정업무편람에 소개된 내용만 간략히 정리하였다.

1. 행정업무개선

(1) 지속적 개선 추진

행정기관의 장은 국민에 대한 서비스의 질을 향상시키고 행정의 효율성을 높이기 위하여 지속적으로 소관 행정업무의 수행절차 및 방법을 개선하여야 한다.

(2) 우수사례 경진대회 개최

행정안전부장관은 업무개선을 촉진하기 위하여 행정기관이 참여하는 행정업무 개선 우수사례 경진대회를 개최할 수 있으며 우수사례에 대하여 포상할 수 있다.

2. 행정효율성진단

(1) 행정효율성진단의 의의

행정효율의 향상을 기하고 양질의 행정서비스를 국민에게 제공하기 위하여 행정업무의 흐름을 가시화하여 분석·검토하고, 업무수행 방식을 개선하여 기존의 업무흐름을 재설계하기 위한 과정 내지 활동을 말한다.

(2) 행정효율성진단의 실시

행정안전부장관은 행정기관의 업무개선 지원과 업무의 효율성 향상을 위하여 행정업무의 절차 및 방법, 수행체계 및 관련 제도 등을 분석하고 재설계하는 행정효율성진단을 실시하고 이에 따라 업무개선을 권고할 수 있다.

(3) 행정효율성진단의 활용

행정안전부장관은 다음에 해당하는 진단 등을 실시하는 때에 행정효율성진단 결과를 활용하게 할 수 있다.
① 「전자정부법」 제48조에 따른 행정기관의 업무 재설계
② 「행정기관의 조직과 정원에 관한 통칙」 제27조의2에 따른 조직진단

⑷ 행정효율성진단 전문인력의 활용

행정안전부장관은 행정효율성진단을 실시할 때 해당 분야에 대한 경험이나 전문능력을 가진 각급 행정기관 소속 공무원이나 관계 전문가의 지원을 받아 행정진단에 활용할 수 있다.

05 보칙

보칙은 「행정업무규정」 전반에 관한 내용이지만, 별도의 장으로 구분하지는 않았다.

1. 행정업무운영에 관한 교육

행정기관의 장은 소속 공무원에 대하여 매년 1회 이상 행정업무의 효율성 증진을 위한 교육을 하여야 한다.

2. 업무운영에 관한 감사

행정안전부장관이 필요하다고 인정하면 국무총리의 명을 받아 각급 행정기관에 대하여 이 영에서 규정하는 업무운영에 관한 감사를 할 수 있다.

3. 문서 미등록자 등에 대한 조치

행정기관의 장은 다음의 어느 하나에 해당하는 공무원에게 징계나 그 밖에 필요한 조치를 하여야 한다.

⑴ 결재받은 문서를 등록하지 아니한 사람

⑵ 훈령이나 규칙으로 정한 결재권자를 상향 또는 하향 조정하여 기안하거나 검토·결재를 한 사람

⑶ 관인을 부당하게 사용한 사람

⑷ 업무협조 지연의 책임이 있는 사람

⑸ 공무가 아닌 목적으로 업무관리시스템이나 전자문서시스템을 이용한 사람

4. 대통령 또는 국무총리 명의로 시행하는 문서에 관한 특례

법령에 따라 대통령 또는 국무총리 명의로 시행하여야 하는 문서의 형식 및 처리방법에 관한 사항은 법령에 특별한 규정이 있는 경우를 제외하고는 대통령훈령으로 정한다.

5. 국가정보원의 업무운영에 대한 특례

(1) 국가정보원이 아닌 행정기관에서 문서를 기안할 경우 국가정보원 소관사항은 국가정보원에서 따로 기안할 수 있다.

(2) 국가정보원에서 작성하는 시행문에는 기안자, 검토자, 협조자, 결재권자의 직위 또는 직급과 서명 및 연락처 등을 표시하지 아니할 수 있다.

(3) 국가정보원장은 관인공고의 절차를 생략하거나 보도자료를 비실명으로 제공할 수 있다.

행정사
김재준 사무관리론

02

민원행정 및 민원처리법령

01 개요

1. 어떤 내용을 담고 있을까?

「민원 처리에 관한 법률」(약칭 : 「민원처리법)」, 「민원 처리에 관한 법률 시행령」(약칭 : 「민원처리법 시행령」), 「민원 처리에 관한 법률 시행규칙」(약칭 : 「민원처리법 시행규칙」) 등에는 민원에 관련된 내용을 담고 있다. 에컨대 건축허가를 신청하거나, 행정절차에 관한 질의 등이 민원에 해당한다. 이러한 내용들은 민원이 들어왔을 때 담당 공무원이 처리하는 방법 등 실무적인 내용에 해당한다. 다만, 민원 처리에 관한 법령은 행정업무규정에 관한 법령에 비하여 비교적 이해하기 쉬운 내용이다.

2. 관련 규정

(1) 「민원 처리에 관한 법률」(약칭 : 「민원처리법」)

(2) 「민원 처리에 관한 법률 시행령」(약칭 : 「민원처리법 시행령」)

(3) 「민원 처리에 관한 법률 시행규칙」(약칭 : 「민원처리법 시행규칙」)

3. 주요 내용

(1) **민원행정의 개념과 특징**

(2) **총칙**

민원과 민원인, 행정기관

(3) **민원의 처리**

① 민원의 신청·접수·이송 등
② 민원의 처리기간·처리방법·처리결과의 통지 등
③ 법정민원

(4) **민원행정제도의 개선**

① 민원처리기준표와 민원제도 개선
② 민원에 대한 조사와 점검 등

4. 주요 내용별 세부 주제

▶ 민원행정의 개념과 특징

1. 민원행정의 특징 및 기능
2. 민원행정의 중요성
3. 민원에 관한 근거법령

▶ 총칙

민원과 민원인, 행정기관

1. 민원(민원의 정의, 민원의 종류)
2. 민원인(민원인의 정의, 민원인의 범위)
3. 다른 법률과의 관계(법 제3조 제1항)

민원 처리 담당자와 민원인, 정보 보호 등

1. 민원 처리 담당자의 의무와 보호 등(민원의 신속·공정·친절·적법 처리 의무, 민원 처리 담당자의 보호, 민원 처리의 원칙)
2. 민원인의 권리와 의무 등(민원인의 권리, 민원인의 의무, 민원 정보 보호, 정보 보호를 위한 조치 사항)
3. 민원의 날(민원의 날 지정 및 운영)

▶ 민원의 처리

민원의 신청·접수·이송 등

1. 민원의 신청(구술, 전화, 이메일을 통한 신청)
2. 민원의 접수 등(민원의 접수, 민원문서 표시, 민원 처리부 기록·관리, 접수증의 교부, 민원 접수 시 민원인 등 본인확인)
3. 신청서와 구비서류(불필요한 서류 요구의 금지, 신청서 및 구비서류의 간소화, 증명서류 또는 구비서류의 전자적 확인 등)
4. 다수 민원인 중 대표자의 선정(민원의 대표자가 유사한 내용의 민원을 연명 없이 재신청한 경우, 다수 민원인이 신청한 민원과 다수인관련민원)
5. 신청편의 제공 및 민원실(민원취약계층에 대한 편의 제공, 민원실의 설치, 민원실의 운영, 민원편람의 비치, 민원수수료의 납부방법 다양화)
6. 전자민원창구(전자민원창구의 개념, 전자민원창구의 운영, 전자증명서의 발급)
7. 다른 행정기관 등을 이용한 민원의 접수·교부(어디서나 민원처리제의 개념, 어디서나 민원처리제의 처리절차, 민원을 접수·교부하는 법인 임직원의 지위, 교부 제한, 수수료 외에 업무처리비 등 추가비용 납부, 어디서나 민원처리제 관련 행정안전부장관의 고시, 고유식별정보의 처리, 어디서나 민원처리제 연혁)
8. 민원문서의 이송(민원문서의 이송, 민원문서의 이송방법)

민원의 처리기간 · 처리방법 · 처리결과의 통지 등

1. 민원 종류별 처리기간 등(법정민원의 처리기간 설정 · 공표, 질의민원의 처리기간, 건의민원의 처리기간, 기타민원의 처리기간, 고충민원의 처리기간 등)
2. 민원 처리 과정에 대한 시정 요구(시정 요구사항, 처리절차)
3. 처리기간의 계산(처리기간의 계산, 처리기간에 산입하지 아니하는 기간)
4. 처리기간의 연장 및 처리진행상황과 처리결과의 통지(처리기간의 연장, 처리진행상황 등의 통지, 처리결과의 통지, 전자문서의 출력 사용, 담당자의 명시)
5. 처리상황의 확인 · 점검 등(처리상황의 확인 · 점검, 민원심사관의 지정 및 업무, 처리민원의 사후관리)
6. 관계기관 · 부서 간의 협조
7. 민원 처리의 예외(민원 처리의 예외 사항, 민원인에게 사유 통지)
8. 민원문서의 보완(민원문서의 보완 요구, 민원인의 보완 요구기간 연장 요청, 보완 기간의 계산)
9. 민원문서의 변경 · 취하 및 반려(민원의 변경 · 취하, 민원문서의 반려 등, 민원의 종결)
10. 반복 및 중복 민원의 처리(반복 민원의 처리, 중복 민원의 처리)
11. 다수인관련민원의 처리(다수인관련민원의 처리, 반복 또는 중복되는 다수인관련민원의 처리, 다수인관련민원의 관리)
12. 무인민원발급창구를 이용한 민원문서의 발급(무인민원발급창구의 개념, 무인민원발급창구를 이용한 민원문서의 발급)

법정민원

1. 사전심사청구(사전심사청구의 정의, 사전심사의 청구, 사전심사청구 대상 민원, 사전심사청구 대상 민원의 안내, 사전심사청구의 처리절차)
2. 복합민원의 처리(복합민원의 정의, 복합민원의 처리유형, 복합민원의 처리방법, 복합민원의 게시)
3. 민원 1회방문 처리제(민원 1회방문 처리제의 개념, 실시 배경 및 의의, 민원 1회방문 처리제의 주요 내용)
4. 민원조정위원회의 설치 · 운영(민원조정위원회의 설치 및 심의사항, 민원조정위원회의 구성, 민원조정위원회의 개최 시 민원인의 참여 등, 심의결과에 따른 행정기관의 장의 최종결정, 다수인관련민원 등에 관한 민원조정위원회의 심의)
5. 거부처분에 대한 이의신청(거부처분에 대한 이의신청제도의 도입배경, 민원인의 이의신청 방법, 이의신청의 처리절차)

▶ 민원제도의 개선

민원처리기준표와 민원제도 개선

1. 민원처리기준표(민원처리기준표의 고시, 민원처리기준표의 조정 등)
2. 민원제도 개선 추진(민원행정 및 제도개선 계획 등, 민원제도의 개선 추진, 민원제도개선조정회의)

민원에 대한 조사와 점검 등

1. 실태조사 및 확인 · 점검 · 평가 등(민원의 실태조사 및 간소화, 법정민원 신설 사전진단, 확인 · 점검 · 평가 등, 민원행정에 관한 여론 수집)
2. 국회 등의 특례

02 민원행정이란?

1. 민원행정의 개념

민원행정은 행정기관에 특정한 행위를 요구한 국민의 의사표시에 대응하는 활동을 의미한다. 예 컨대 건축허가를 신청한 국민에 대하여 담당 공무원이 검토하여 허가 여부를 결정하여 회신한다.

2. 민원행정의 특징

(1) 변동성

민원행정은 그 내용이 항상 새로운 조건하에서 결정되어 유동적·변동적이라 할 수 있으며, 처리기관의 성격과 기능, 주민의 구성, 지역의 고유한 특성 등에 따라 그 내용을 달리하는 경우가 많아 다양성을 가진다. 예컨대 관련 법령이 개정되어 건축허가 요건이 변경될 수 있다.

(2) 재정지출의 수반

민원행정은 그것의 처리나 해결을 위해서 거의 대부분이 재정지출을 수반해야 하며, 대부분 고가의 비용을 요구하지는 않지만 그 종류 여하에 따라서 많은 비용을 투입하여 해결될 수 있는 것들도 있다. 예컨대 마을에 불법 주정차 문제가 심각하여 주민들이 불편을 겪고 있다면 이에 대한 단속을 강화해야 하고 단속 인력 확충 등의 비용이 수반될 수 있다.

(3) 양적 팽창 및 질적 복잡성

민원행정은 양적인 팽창뿐만 아니라 질적으로 복잡한 양상을 보이고 있으며, 하나의 민원 해 결은 기대수준의 상승으로 새로운 민원의 충족을 요구하게 되고, 중앙이나 지방을 막론하고 하나의 민원은 또 다른 새로운 민원을 야기하는 경우도 많이 있다.

(4) 전문성과 공동노력

제기된 민원의 처리에 있어서는 고도의 기술성과 전문적 지식을 필요로 하며, 중앙과 지방, 지방 상호 간 그리고 여러 행정기관이 서로 협력하여 공동의 노력을 기울여야 하는 경우 역 시 증대되고 있다.

3. 민원행정의 기능

(1) 행정통제 수단

민원행정제도를 통하여 공무원이 국민에게 봉사하고 행정의 민주화를 실현할 수 있도록 지 속적인 계기와 자극으로 행정 발전을 촉진시킬 뿐만 아니라 행정 관료제에 대한 국민의 통제 를 공식화하는 기능을 수행한다. 예컨대 불친절하거나 인·허가 업무처리를 정당한 사유 없이 미루는 공무원 등에 대하여 민원을 제기할 수 있다.

(2) 행정구제 수단

민원행정은 주로 행정기관에 대하여 일정한 어떤 행위를 요구하는 의사표시가 전제되고, 이러한 의사표시의 내용 중에는 부당한 행정으로 인한 불이익을 시정하고자 하는 의사표시가 포함될 수 있기 때문에 매우 간편한 행정구제 수단으로서의 기능을 수행한다.

(3) 행정의 주민참여적 기능

주민참여는 일반적으로 특정 지역의 주민들이 그들에게 영향을 미치는 정책결정과 집행과정에 참여하는 것을 의미하는바, 민주의식이 보편화되고 지방화·분권화·도시화·전문화가 됨에 따라 주민참여가 매우 활발해지고 이에 대한 요구도 강화된다. 따라서 민원행정은 행정과정에 국민이 참여하여 자신의 의견과 의사를 표출하는 기능을 수행한다. 예컨대 불편을 느끼는 행정제도에 대한 개선요구 등이 해당한다.

(4) 행정의 신뢰성 제고

민원행정은 국민과 정부 간의 대화를 위한 중요한 창구역할을 하기 때문에 행정의 투명성 확보와 국민 간의 신뢰성을 제고시키기 위한 수단으로 이용될 수 있다.

4. 민원행정의 중요성

국민은 민원행정을 통해 행정기관과 직접 접촉하여 그 처리 과정을 눈으로 보고 피부로 느끼게 된다. 따라서 민원행정은 국민에 대한 편의와 봉사를 도모하려는 민주행정에 있어 중요하게 평가받고 있다.

5. 민원에 관한 근거법령

(1) 「민원 처리에 관한 법률」(약칭 : 「민원처리법」)

민원의 정의, 민원의 신청방법·접수·처리, 민원 처리기간 계산, 민원 처리결과 통보 등 민원 처리 전반에 적용될 수 있는 기본적인 기준을 정하고 있다.

(2) 「부패방지 및 국민권익위원회의 설치와 운영에 관한 법률」(약칭 : 「부패방지권익위법」)

정부에 대한 고충민원 접수·상담·조사·처리에 관한 사항을 규정하고 있다.

(3) 「행정절차법」

행정기관에서 민원인에 대한 불이익한 처분을 하기 전 사전예고, 청문, 공청회, 의견제출 등에 관한 사항을 규정하고 있다.

(4) 「전자정부법」

행정정보공동이용 등에 관한 사항을 규정하고 있다.

⑸ 개별법령

민원의 처리방법·처리절차 등 민원(인·허가 등) 설정근거는 각 개별법령에 의하고 있다. 예컨대 건축허가와 관련된 사항은 「건축법」 등에 규정되어 있다.

총칙

01 「민원처리법」의 목적 · 정의, 민원의 종류

1. 「민원처리법」의 목적

이 법은 민원 처리에 관한 기본적인 사항을 규정하여 민원의 공정하고 적법한 처리와 민원행정제도의 합리적 개선을 도모함으로써 국민의 권익을 보호함을 목적으로 한다.

2. 민원의 정의

민원이란 민원인이 행정기관에 대하여 처분 등 특정한 행위를 요구하는 것을 말한다.

3. 민원의 종류

(1) 민원내용에 의한 분류(「민원처리법」 제2조 제1호)

① 일반민원

    ㉠ 법정민원 : 법령 · 훈령 · 예규 · 고시 · 자치법규 등에서 정한 일정 요건에 따라 인가 · 허가 · 승인 · 특허 · 면허 등을 신청(예 건축허가 신청)하거나 장부 · 대장 등에 등록 · 등재를 신청(예 의약품 특허목록 등재신청) 또는 신고하거나 특정한 사실 또는 법률관계에 관한 확인 또는 증명을 신청(예 인감증명서 발급 신청)하는 민원

    ㉡ 질의민원 : 법령 · 제도 · 절차 등 행정업무에 관하여 행정기관의 설명이나 해석을 요구하는 민원

        예 추상적인 법령에 대한 해석 요구

    ㉢ 건의민원 : 행정제도 및 운영의 개선을 요구하는 민원

        예 인 · 허가 절차 개선요구

    ㉣ 기타민원 : 법정민원, 질의민원, 건의민원 및 고충민원 외에 행정기관에 단순한 행정절차 또는 형식요건 등에 대한 상담 · 설명을 요구하거나 일상생활에서 발생하는 불편사항에 대하여 알리는 등 행정기관에 특정한 행위를 요구하는 민원

② **고충민원** : 「부패방지 및 국민권익위원회의 설치와 운영에 관한 법률」 제2조 제5호에 따른 고충민원

> 부패방지 및 국민권익위원회의 설치와 운영에 관한 법률
> 제2조【정의】이 법에서 사용하는 용어의 뜻은 다음과 같다.
> 5. "고충민원"이란 행정기관등의 위법·부당하거나 소극적인 처분(사실행위 및 부작위를 포함한다) 및 불합리한 행정제도로 인하여 국민의 권리를 침해하거나 국민에게 불편 또는 부담을 주는 사항에 관한 민원(현역장병 및 군 관련 의무복무자의 고충민원을 포함한다)을 말한다.
>
> 부패방지 및 국민권익위원회의 설치와 운영에 관한 법률 시행령
> 제2조【정의】「부패방지 및 국민권익위원회의 설치와 운영에 관한 법률」(이하 "법"이라 한다) 제2조 제5호에 따른 "고충민원"이란 다음 각 호의 어느 하나에 해당하는 사항에 관한 민원을 말한다.
> 1. 행정기관등의 위법·부당한 처분(사실행위를 포함한다)이나 부작위 등으로 인하여 권리·이익이 침해되거나 불편 또는 부담이 되는 사항의 해결요구
> 2. 민원사무의 처리기준 및 절차가 불투명하거나 담당 공무원의 처리지연 등 행정기관등의 소극적인 행정행위나 부작위로 인하여 불편 또는 부담이 되는 사항의 해소요청
> 3. 불합리한 행정제도·법령·시책 등으로 인하여 권리·이익이 침해되거나 불편 또는 부담이 되는 사항의 시정요구
> 4. 그 밖에 행정과 관련한 권리·이익의 침해나 부당한 대우에 관한 시정요구

(2) 처리기간에 의한 분류

① **즉시처리민원**: 민원창구에서 민원담당 공무원이 접수하여 즉시(3근무시간 이내) 처리되는 민원

> 📌 주민등록등본·인감증명서·가족관계등록부 등

② **유기한민원**: 창구즉결민원을 제외한 일정기간 이상의 처리기한이 소요되는 민원

> 📌 허가·승인·면허·인가·등록·확인 등

(3) 처리기관(부서)의 수에 의한 분류

① **단순 민원**: 민원인이 한 행정기관으로부터 한 가지의 처분만 받으면 목적이 달성되는 민원

> 📌 증명·확인·신고 등

② **복합민원(「민원처리법」 제2조 제5호)**: 하나의 민원목적을 실현하기 위하여 관계법령 등에 따라 여러 관계기관(민원과 관련된 단체·협회 등을 포함) 또는 관계부서의 인가·허가·승인·추천·협의 또는 확인 등을 거쳐 처리되는 법정민원

> 📌 건축허가를 받기 위해서는 「국토의 계획 및 이용에 관한 법률」에 따른 개발행위허가, 「도로법」에 따른 도로의 점용허가 등을 받아야 한다.

(4) 민원신청 수에 의한 분류

① **반복 민원**: 민원인이 동일한 내용의 질의·건의·고충민원 등에 관한 서류를 정당한 사유 없이 3회 이상 반복하여 제출하는 민원

② **중복 민원**: 민원인이 동일한 내용의 질의·건의·고충민원 등에 관한 서류를 2개 이상의 행정기관에 제기한 민원

(5) 민원인의 수에 의한 분류

① **개별민원**: 민원을 신청하는 민원인이 1인인 경우의 민원

② **집단민원**: 공통의 이해관계를 가지고 있는 사항에 대하여 이해 당사자들이 집단을 이루어 일괄적으로 제출하는 형식의 민원

- 다수인관련민원(「민원처리법」 제2조 제6호): 5세대(世帶) 이상의 공동이해와 관련되어 5명 이상이 연명으로 제출하는 민원을 말한다. 예컨대 공사장 소음에 대하여 5명 이상의 마을 주민들이 공동으로 민원을 제기할 수 있다.

02 민원인 및 행정기관의 정의 등

1. 민원인(「민원처리법」 제2조 제2호)

(1) 정의

"민원인"이란 행정기관에 민원을 제기하는 개인·법인 또는 단체를 말한다.

- 외국인이 민원인에 해당하는지 여부에 대하여 명확히 규정되어 있지 않으나, 외국 법인 또는 단체도 포함된다고 할 수 있다.

(2) 민원인에 해당하지 않는 자

① 행정기관에 처분 등 특정한 행위를 요구하는 행정기관[행정기관이 사경제(私經濟)의 주체로서 요구하는 경우는 제외]

> 행정기관은 민원의 요구주체가 아니라 민원의 상대방인 민원의 처리주체이므로 민원인에서 제외된다. 사경제(私經濟)의 주체는 행정기관이 일반국민과 대등한 지위에서 행정기관에 특정한 행위를 요구하는 경우를 말하는데, 이러한 경우에는 그 주체가 행정기관이라 하더라도 민원인으로 볼 수 있다. 예컨대 하급기관 공무원이 상급기관에 질의를 한 경우 일반인의 지위로서 공무원도 민원인이 될 수 있지만, 하급기관이 기관 명의로 상급기관에 제출하는 질의는 민원이 아니다.

② 행정기관과 사법(私法)상의 계약관계가 있는 자로서 계약관계와 직접 관련하여 행정기관에 처분 등 특정한 행위를 요구하는 자

> 예컨대 행정기관과 물품공급계약·건설공사도급계약 등을 맺은 자가 그 계약내용에 대하여 변경 등을 요구하는 경우가 있으나 일반적으로 계약은 쌍방 간에 합의된 의사표시로서 그 내용에 이의가 있는 경우에는 계약서에서 정한 방법에 따르거나 민사절차에 의하여 해결해야 하기 때문에 이 경우에는 민원인으로 보지 않는다.

③ 행정기관에 처분 등 특정한 행위를 요구하는 자로서 성명·주소(법인 또는 단체의 경우에는 그 명칭, 사무소 또는 사업소의 소재지와 대표자의 성명) 등이 불명확한 자

> 주소는 민원의 처리결과를 통지받을 수 있는 곳이면 가능하고, 반드시 「민법」상 주소만을 의미하는 것은 아니다. 또한 성명·주소 등을 잘못 기재하였으나 보완이 가능할 때는 민원인으로 보아야 한다.

2. 행정기관(「민원처리법」 제2조 제3호)

(1) 국가기관 및 지방자치단체

국회·법원·헌법재판소·중앙선거관리위원회의 행정사무를 처리하는 기관, 중앙행정기관(대통령 소속 기관과 국무총리 소속 기관을 포함)과 그 소속 기관, 지방자치단체와 그 소속 기관

ⓔ 문화체육관광부와 문화체육관광부 소속 국립중앙극장, 서울특별시와 서울특별시 소속 인재개발원

(2) 공공기관

① 「공공기관의 운영에 관한 법률」 제4조에 따른 법인·단체 또는 기관

ⓔ 한국전력공사, 한국석유공사 등

② 「지방공기업법」에 따른 지방공사 및 지방공단

ⓔ 서울특별시 도시공사, 시설관리공단 등

③ 특별법에 따라 설립된 특수법인

ⓔ 「금융위원회의 설치 등에 관한 법률」에 따라 설치된 금융감독원

④ 「초·중등교육법」·「고등교육법」 및 그 밖의 다른 법률에 따라 설치된 각급 학교

⑤ 「정부출연연구기관 등의 설립·운영 및 육성에 관한 법률」 제8조 제1항에 따른 연구기관

ⓔ 한국개발연구원, 한국조세재정연구원 등

⑥ 「과학기술분야 정부출연연구기관 등의 설립·운영 및 육성에 관한 법률」 제8조 제1항에 따른 연구기관

ⓔ 한국과학기술연구원, 한국기초과학지원연구원 등

(3) 행정권한을 위임받은 기관 등

법령 또는 자치법규에 따라 행정권한이 있거나 행정권한을 위임 또는 위탁받은 법인·단체 또는 그 기관이나 개인

3. 기타 사항(「민원처리법」 제2조 및 제3조)

(1) 처분

"처분"이란 「행정절차법」 제2조 제2호의 처분을 말한다.

> **행정절차법**
> 제2조【정의】이 법에서 사용하는 용어의 뜻은 다음과 같다.
> 　2. "처분"이란 행정청이 행하는 구체적 사실에 관한 법 집행으로서의 공권력의 행사 또는 그 거부와 그 밖에 이에 준하는 행정작용(行政作用)을 말한다.

(2) 무인민원발급창구

"무인민원발급창구"란 행정기관의 장이 행정기관 또는 공공장소 등에 설치하여 민원인이 직접 민원문서를 발급받을 수 있도록 하는 전자장비를 말한다.

(3) 다른 법률과의 관계

민원에 관하여 다른 법률에 특별한 규정이 있는 경우를 제외하고는 「민원처리법」에서 정하는 바에 따른다. 즉 다른 법률에서 달리 정하고 있으면 다른 법률을 우선적으로 적용한다. 예컨대 행정심판에 관한 사항은 「행정심판법」을 우선적으로 적용한다.

(4) 적용 범위

「민원처리법」 제2조 제3호 가목의 국회·법원·헌법재판소·중앙선거관리위원회의 행정사무를 처리하는 기관에 대해서는 제36조 제3항(민원처리기준표의 고시 등), 제37조(민원처리기준표의 조정 등), 제38조(민원행정 및 제도개선 계획 등), 제39조 제2항부터 제6항까지(민원제도의 개선) 및 제42조(확인·점검·평가 등)를 적용하지 아니한다.

03 민원 처리 담당자 및 민원인 등

1. 민원 처리 담당자의 의무(「민원처리법」 제4조)

(1) 신속히 처리

민원은 국민의 이해관계와 직결되기 때문에 다른 업무에 우선하여 신속히 처리하여야 하며, 법령이 정한 처리기한이 남아 있다거나 당해 민원과 관련되지 아니하는 공과금 등의 미납을 이유로 처리를 지연시켜서는 아니 된다.

⑵ 공정하게 처리

모든 민원인에게 차별을 두지 않고 법규의 요건에 따라 공평하게 처리하여야 하며 사사로운 조건이나 인정 등으로 처리 과정에 있어서 편견에 사로잡히거나 형평을 잃지 않도록 하여야 한다.

⑶ 친절하게 처리

민원담당직원은 언어, 태도 등에 있어서 민원인에게 친절하고 공손히 대하여야 하며 민원인에게 베풀 수 있는 최대의 편의를 제공하여 안내하여야 한다.

⑷ 적법하게 처리

민원을 처리하는 데 있어서 법규를 그릇되게 적용하거나 불분명한 상태로 처리함으로써 오류를 범하거나 이로 인한 민원이 야기되지 않도록 하여야 한다.

2. 민원 처리 담당자의 보호(「민원처리법 시행령」 제4조)

⑴ 행정기관의 장의 보호조치 의무

① 행정기관의 장은 민원인 등의 폭언·폭행, 목적이 정당하지 아니한 반복 민원 등으로부터 민원 처리 담당자를 보호하기 위하여 민원 처리 담당자의 신체적·정신적 피해의 예방 및 치료 등 대통령령으로 정하는 필요한 조치를 하여야 한다.

② 행정기관의 장은 민원실의 규모, 방문 민원인 수, 위법행위 발생 빈도 등을 고려하여 행정안전부장관이 정하는 인력을 안전요원 등으로 배치할 수 있다.

③ 행정기관의 장은 민원인과 민원 처리 담당자 간에 고소·고발 또는 손해배상 청구 등이 발생한 경우 이에 대응하는 업무를 총괄하는 전담부서를 지정해야 하고, 민원 처리 담당자의 민원 처리 과정에서의 행위와 관련하여 인사상 불이익 조치 등을 하려는 경우에는 그 발생 경위 등을 충분히 고려해야 한다.

⑵ 민원 처리 담당자의 보호조치 요구

민원 처리 담당자는 행정기관의 장에게 보호조치를 요구할 수 있고, 행정기관의 장은 이러한 민원 처리 담당자의 요구를 이유로 해당 민원 처리 담당자에게 불이익을 주면 아니 된다.

3. 민원인의 권리와 의무(「민원처리법」 제5조)

(1) 민원인의 권리

민원인은 행정기관에 민원을 신청하고 신속·공정·친절·적법한 응답을 받을 권리가 있다.

(2) 민원인의 의무

민원인은 민원을 처리하는 담당자의 적법한 민원 처리를 위한 요청에 협조하여야 하고, 행정기관에 부당한 요구를 하거나 다른 민원인에 대한 민원 처리를 지연시키는 등 공무를 방해하는 행위를 하여서는 아니 된다.

4. 민원 처리의 원칙(「민원처리법」 제6조)

(1) 행정기관의 장은 관계법령 등에서 정한 처리기간이 남아 있다거나 그 민원과 관련 없는 공과금 등을 미납하였다는 이유로 민원 처리를 지연시켜서는 아니 된다. 다만, 다른 법령에 특별한 규정이 있는 경우에는 그에 따른다.

(2) 행정기관의 장은 법령의 규정 또는 위임이 있는 경우를 제외하고는 민원 처리의 절차 등을 강화하여서는 아니 된다.

5. 정보 보호

(1) 「민원처리법」 제7조에 따라 행정기관의 장은 민원 처리와 관련하여 알게 된 민원의 내용과 민원인 및 민원의 내용에 포함되어 있는 특정인의 개인정보 등이 누설되지 아니하도록 필요한 조치를 강구하여야 하며, 수집된 정보가 민원 처리의 목적 외의 용도로 사용되지 아니하도록 하여야 한다.

(2) 민원인 등의 정보 보호(「민원처리법 시행령」 제3조)

① 행정기관의 장은 정보 보호의 실태를 확인·점검하고, 민원을 처리하는 담당자에게 연 1회 이상 정보 보호에 필요한 교육을 실시하여야 한다.

② 행정기관의 장은 ①에 따른 확인·점검 결과 법령위반 사실을 발견하거나 정보 보호 조치가 미흡하다고 판단되는 경우에는 지체 없이 이를 시정하고, 담당자에 대하여 징계 또는 그 밖에 필요한 조치를 하여야 한다.

6. 민원의 날(「민원처리법」 제7조의2)

(1) 민원에 대한 이해와 인식 및 민원 처리 담당자의 자긍심을 높이기 위하여 매년 11월 24일을 민원의 날로 정한다.

(2) 국가와 지방자치단체는 민원의 날의 취지에 적합한 기념행사를 할 수 있다.

민원의 처리

Chapter 03

제1절 | 민원의 신청 및 접수 등

01 민원의 신청 등

(1) 「민원처리법」 제8조에 따라 민원의 신청은 문서(「전자정부법」 제2조 제7호에 따른 전자문서를 포함)로 하여야 한다. 다만, 기타민원은 구술(口述) 또는 전화로 할 수 있다.

○ 행정기관의 답변이 법률적 효력이나 구속력이 없고 민원인의 권리·의무에 직접적인 영향이 없기에 민원을 신청한 사실을 문서로 남길 필요가 없는 단순한 질의·상담 등이 구술 또는 전화로 가능하다.

> 전자정부법
> 제2조 【정의】 이 법에서 사용하는 용어의 뜻은 다음과 같다.
> 　7. "전자문서"란 컴퓨터 등 정보처리능력을 지닌 장치에 의하여 전자적인 형태로 작성되어 송수신되거나 저장되는 표준화된 정보를 말한다.
>
> 민원처리법
> 제2조 【정의】 이 법에서 사용하는 용어의 뜻은 다음과 같다.
> 　1. "민원"이란 민원인이 행정기관에 대하여 처분 등 특정한 행위를 요구하는 것을 말하며, 그 종류는 다음 각 목과 같다.
> 　　가. 일반민원
> 　　　4) 기타민원 : 법정민원, 질의민원, 건의민원 및 고충민원 외에 행정기관에 단순한 행정절차 또는 형식요건 등에 대한 상담·설명을 요구하거나 일상생활에서 발생하는 불편사항에 대하여 알리는 등 행정기관에 특정한 행위를 요구하는 민원

(2) 「민원처리법 시행령」 제5조에 따라 민원인 또는 그 위임을 받은 사람이 직접 방문할 필요가 없는 민원은 팩스·인터넷 등 정보통신망(「전자정부법」 제2조 제10호에 따른 정보통신망) 또는 우편 등으로 신청할 수 있다.

> 전자정부법
> 제2조 【정의】 이 법에서 사용하는 용어의 뜻은 다음과 같다.
> 　10. "정보통신망"이란 「전기통신기본법」 제2조 제2호에 따른 전기통신설비를 활용하거나 전기통신설비와 컴퓨터 및 컴퓨터 이용기술을 활용하여 정보를 수집·가공·저장·검색·송신 또는 수신하는 정보통신체제를 말한다.

◈ 〈예시〉 국민신문고를 통한 민원의 신청

민원

국민신문고에서 신청하신 모든 민원에 대한 진행상황 및 처리결과를 확인하실 수 있습니다.

보안 설정된 민원은 조회하기 위해 민원신청번호 또는 본인인증수단(아이핀, 휴대전화, 공인인증서 등)을 통한 인증이 필요합니다.

| ✎ 1 신청·접수 | 🖧 2 실과 분배 | 👤 3 담당자 배정 | ☑ 4 완료 |

신청 정보 ⌄

민원 신청 내용 ⌄

처리기관 정보 ⌃

처리기관	한국산업인력공단 (한국산업인력공단 본부 능력평가이사 전문자격국 인문교육출제부)
처리기관 접수번호	2AA-2410-0738627
접수일시	2024-10-21 10:41:31
담당자(연락처)	
처리예정일	2024-10-29 23:59:59

02 증명서류 또는 구비서류의 전자적 제출

1. 증명서류 또는 구비서류의 전자적 제출 및 예외

(1) 「민원처리법」 제8조의2에 따라 민원인은 민원의 처리에 필요한 증명서류나 구비서류를 전자문서나 전자화문서로 제출할 수 있다. 다만, 다음의 사유가 있는 경우에는 그러하지 아니하다.

　① 행정기관이 전자문서나 전자화문서로 증명서류나 구비서류를 받을 수 있는 정보시스템을 구축하지 않은 경우

　② 정보시스템의 장애로 전자문서나 전자화문서로 증명서류나 구비서류를 받기 어려운 경우

　③ 민원인이 발송한 전자문서나 전자화문서가 정보시스템을 통해 판독할 수 없는 상태로 수신된 경우

　④ 전자문서나 전자화문서의 제출이나 수신 등에 관하여 다른 법령에 별도의 규정이 있는 경우

(2) 행정기관의 장은 민원의 처리에 필요한 증명서류나 구비서류를 전자문서나 전자화문서로 받을 수 없는 경우 그 사실을 민원인에게 지체 없이 알리고, 방문·우편·팩스 등 다른 방법을 활용하여 제출할 수 있도록 안내해야 한다.

2. 증명서류나 구비서류의 진본성(眞本性) 확인 등

(1) 필요사항의 제정

「민원처리법」 제8조의2 제2항에 따라 전자문서 또는 전자화문서로 제출된 증명서류나 구비서류의 진본성(眞本性) 확인 등을 위하여 필요한 사항은 국회규칙, 대법원규칙, 헌법재판소규칙, 중앙선거관리위원회규칙 및 대통령령으로 정한다.

(2) 제출된 전자화문서의 진본성 확인(「민원처리법 시행령」 제5조의3)

① 행정기관의 장은 민원인이 제출한 전자화문서가 다른 행정기관이 발급한 문서와 일치하는지에 대해 다른 행정기관에 그 확인을 요청할 수 있다. 확인을 요청받은 행정기관의 장은 그 진본성을 확인해 주어야 한다.

② 전자화문서의 진본성 확인을 위한 기술적인 대책 마련, 전자화문서의 형태 및 관리시스템의 구축 등에 관하여는 「전자정부법 시행령」 제6조 제2항부터 제4항까지의 규정을 준용한다.

> 전자정부법 시행령
> 제6조【전자화문서의 진본성 확인】② 행정안전부장관은 전자화문서의 진본성 확인 및 위조·변조의 방지를 위한 기술적인 대책을 마련하여야 한다.
> ③ 전자화문서의 형태·규격·해상도 또는 그 밖에 필요한 사항은 관계 법령에서 정한 기준을 따르되, 관계 법령에서 정하지 아니한 사항은 행정안전부장관이 관계 행정기관(국회·법원·헌법재판소 및 중앙선거관리위원회의 행정사무를 처리하는 기관은 제외한다)의 장과 협의하여 따로 정할 수 있다.
> ④ 행정안전부장관은 전자화문서의 보관 및 제1항에 따른 진본성 확인을 효율적으로 수행할 수 있도록 필요한 전자민원서류 관리시스템을 구축하여 운영할 수 있다.

03 민원의 접수 등

1. 민원의 접수(「민원처리법」 제9조 등)

(1) 행정기관의 장은 민원의 신청을 받았을 때에는 다른 법령에 특별한 규정이 있는 경우를 제외하고는 그 접수를 보류하거나 거부할 수 없으며, 접수된 민원문서를 부당하게 되돌려 보내서는 아니 된다.

(2) 민원은 민원실에서 접수한다. 다만, 민원실이 설치되어 있지 아니한 경우에는 문서의 접수·발송을 주관하는 부서 또는 민원을 처리하는 주무부서에서 민원을 접수한다.

(3) 행정기관의 장은 민원을 접수하였을 때에는 구비서류의 완비 여부, 처리 기준과 절차, 예상 처리소요기간, 필요한 현장확인 또는 조사 예정시기 등을 해당 민원인에게 안내하여야 한다.

(4) 행정기관의 장은 5명 이상의 민원인으로부터 동일한 취지의 민원을 접수할 때에는 이를 병합하여 접수할 수 있다.

(5) 행정기관의 장은 전자민원창구를 통하여 민원이 신청된 경우에는 그 민원이 소관 행정기관의 전자민원창구에 도달한 때부터 8근무시간 이내에 접수해야 한다.

2. 민원문서의 표시인(「민원처리법 시행규칙」 제2조 등)

민원문서를 접수할 때에는 그 민원문서의 왼쪽 윗부분에 별표 1의 민원문서 표시인을 찍어야 한다. 다만, 전자문서로 접수하는 경우에는 민원문서 표시인을 전자적 형태로 나타낼 수 있다.

> 참고

「민원처리법 시행규칙」 [별표 1]

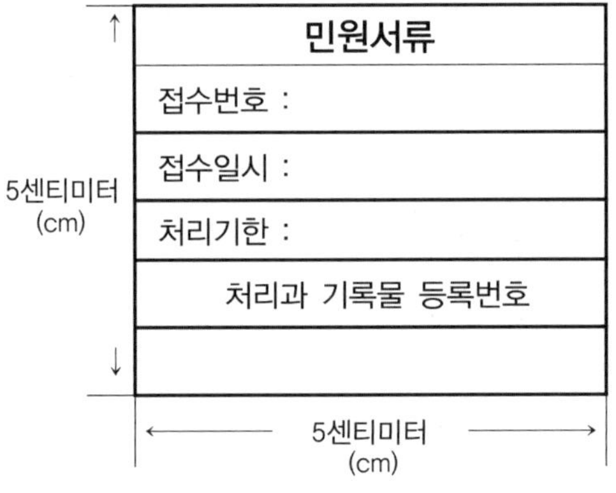

3. 민원 처리부 기록 · 관리

민원실 등에서 민원을 접수하였을 때에는 그 순서에 따라 민원 처리부에 기록하여 관리하여야 한다. 다만, 가족관계등록 · 주민등록 · 병무(兵務) · 인감 · 세무관계 등 취급건수가 많은 민원의 접수는 해당 행정기관의 장이 정하는 서식에 따를 수 있다. 또한 민원의 접수 편의와 효율적인 자료관리 등을 위하여 필요하다고 인정할 때에는 서식을 전자적 시스템으로 작성 · 관리할 수 있다.

「민원처리법 시행규칙」 [별지 제1호 서식]

민원 처리부

접수 번호	접수일	처리 부서	처리 기한	신청 방법	민원 유형	민원인			민원 내용	처분		비고
						이름	전화 번호	주소		내용	처분일	

4. 접수증의 교부

민원인에게 접수증을 발급하여야 한다. 민원실, 문서의 접수·발송을 주관하는 부서 및 민원을 처리하는 주무부서는 2명 이상의 민원인이 대표자를 정하여 신청한 민원을 접수하였을 때에는 그 대표자에게 하나의 접수증을 발급한다. 다만, 다음의 경우에는 접수증 교부를 생략할 수 있다.

(1) 기타민원

(2) 제5조에 따라 민원인이 직접 방문하지 아니하고 신청한 민원

(3) 처리기간이 '즉시'인 민원

(4) 접수증을 갈음하는 문서를 주는 민원

「민원처리법 시행규칙」 [별지 제2호 서식]

접수증

제　호	접수일 :
① 민원명	
② 민원인(대표자 또는 대리인)	
③ 처리완료 예정일	
④ 처리주무부서	(전화번호 :　　　　)
⑤ 안내사항	
민원 접수자:	
(전화번호 :　　　　)	
(기관명)	

5. 민원 접수 시 민원인의 본인확인

행정기관의 장은 민원을 접수할 때 필요하다고 인정되는 경우에는 해당 민원인 본인 또는
그 위임을 받은 사람이 맞는지 확인할 수 있다. 민원인의 위임을 받은 사람이 맞는지 확인할
때에는 그 신원을 확인할 수 있는 신분증명서와 위임장 등으로 확인하여야 한다.

참고

「민원처리법 시행규칙」 [별지 제3호 서식]

<table>
<tr><td colspan="5" align="center">위임장</td></tr>
<tr><td rowspan="2">위임하는
사람</td><td colspan="2">이름</td><td colspan="2">생년월일</td></tr>
<tr><td colspan="2">주소</td><td colspan="2">전화번호</td></tr>
<tr><td rowspan="3">위임받는
사람</td><td colspan="2">이름

(서명 또는 인)</td><td colspan="2">생년월일</td></tr>
<tr><td colspan="2">위임하는 사람과의 관계</td><td colspan="2">전화번호</td></tr>
<tr><td colspan="4">주소</td></tr>
<tr><td rowspan="2">민원사항</td><td>민원명</td><td>발급통수</td><td colspan="2">용도</td></tr>
<tr><td></td><td></td><td colspan="2"></td></tr>
<tr><td colspan="5">위 위임하는 사람은 위 위임받는 사람에게 위 민원사항에 대한 신청 및 교부에 관한 모든 권한
을 위임합니다.

년   월   일

위임하는 사람   (서명 또는 인)</td></tr>
</table>

04 신청서와 구비서류

1. 불필요한 서류 요구의 금지(「민원처리법」 제10조)

⑴ 행정기관의 장은 민원을 접수·처리할 때에 민원인에게 관계법령 등에서 정한 구비서류 외의 서류를 추가로 요구하여서는 아니 된다.

⑵ 행정기관의 장은 동일한 민원서류 또는 구비서류를 복수로 받는 경우에는 특별한 사유가 없으면 원본과 함께 그 사본의 제출을 허용하여야 한다.

  ○ 법제처 법령해석에 따르면 개별 민원의 근거법령에서 명시적으로 사본 제출을 허용하고 있지 않는 이상 구비서류는 원칙적으로 원본을 제출하여야 한다.

⑶ 행정기관의 장은 원래의 민원의 내용 변경 또는 갱신 신청을 받았을 때에는 특별한 사유가 없으면 이미 제출되어 있는 관련 증명서류 또는 구비서류를 다시 요구하여서는 아니 된다.

⑷ 행정기관의 장은 민원을 접수·처리할 때에 다음의 어느 하나에 해당하는 경우에는 민원인에게 관련 증명서류 또는 구비서류의 제출을 요구할 수 없으며, 그 민원을 처리하는 담당자가 직접 이를 확인·처리하여야 한다.

① 민원인이 소지한 주민등록증·여권·자동차운전면허증 등 행정기관이 발급한 증명서로 그 민원의 처리에 필요한 내용을 확인할 수 있는 경우

② 해당 행정기관의 공부(公簿) 또는 행정정보로 그 민원의 처리에 필요한 내용을 확인할 수 있는 경우

  ◍ A 구청 주택과에서 민원을 처리할 때 해당 구청의 지적과에서 관리하는 토지대장, 건축물대장의 내용을 주택과 담당 공무원이 확인할 수 있는 경우, 민원인에게 관련 서류의 제출을 요구할 수 없다.

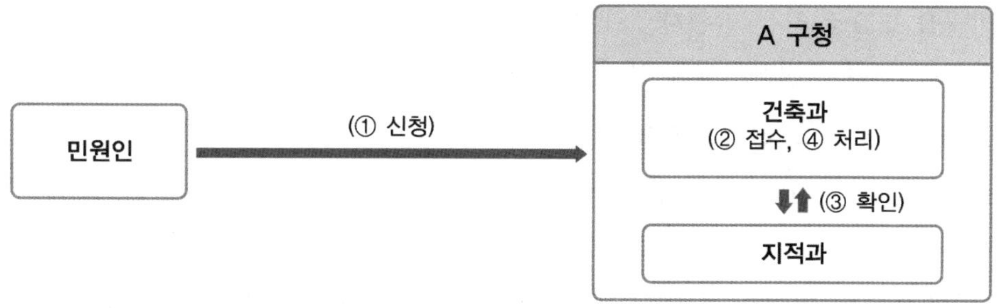

③ 「전자정부법」 제36조 제1항에 따른 행정정보의 공동이용을 통하여 그 민원의 처리에 필요한 내용을 확인할 수 있는 경우

> 전자정부법
> 제36조【행정정보의 효율적 관리 및 이용】① 행정기관등의 장은 수집·보유하고 있는 행정정보를 필요로 하는 다른 행정기관등과 공동으로 이용하여야 하며, 다른 행정기관등으로부터 신뢰할 수 있는 행정정보를 제공받을 수 있는 경우에는 같은 내용의 정보를 따로 수집하여서는 아니 된다.

④ 행정기관이 증명서류나 구비서류를 다른 행정기관으로부터 전자문서로 직접 발급받아 그 민원의 처리에 필요한 내용을 확인할 수 있는 경우로서 민원인이 행정기관에 미리 해당 증명서류 또는 구비서류에 대하여 관계법령 등에서 정한 수수료 등을 납부한 경우

2. 신청서 및 구비서류의 간소화(「민원처리법 시행령」 제7조)

(1) 행정기관의 장은 신청서의 기재사항을 그 민원의 처리에 필요한 최소한의 범위로 한정하여야 하며, 민원인이 신청서를 쉽게 작성할 수 있도록 신청 서식을 명확하게 정하여야 한다.

(2) 행정기관의 장은 민원의 신청과 관련된 구비서류를 정하는 경우에는 신청서의 기재사항이 사실인지 확인하거나 그 민원의 처리에 필요한 최소한의 범위에서 구체적으로 정하여야 한다.

(3) 신청서 및 구비서류의 제출부수는 민원의 처리에 필요한 최소한으로 한정하여야 한다.

3. 증명서류 또는 구비서류의 전자적 확인 등(「민원처리법 시행령」 제7조의2)

(1) 행정정보의 공동이용 및 전자문서를 직접 발급받아서 민원 처리를 원하는 민원인은 증명서류 또는 구비서류 발급기관의 명칭, 증명서류 또는 구비서류의 명칭, 증명서류 또는 구비서류의 발급을 필요로 하는 민원사무의 명칭, 그 밖에 증명서류 또는 구비서류의 발급에 필요한 사항에 관한 문서(전자문서를 포함)를 제출해야 한다.

(2) 행정기관과 증명서류발급기관은 정보시스템 장애로 증명서류 또는 구비서류를 전자문서로 보내거나 받을 수 없는 경우에는 우편 등으로 증명서류 또는 구비서류를 보내거나 받을 수 있다.

(3) 행정기관의 장이 민원을 처리하는 경우에는 그 처리기간에 증명서류 또는 구비서류의 발급 및 확인에 걸리는 기간은 산입하지 않는다.
　　⑩ 특정 민원 처리를 10일 이내에 해야 하는데, 다른 행정기관으로부터 정보를 제공받거나 증명서류를 발급받는 데 5일이 소요되었다면 그 5일은 10일 이내라는 기간에 산입하지 않는다.

⑷ 기타 사항

① 행정기관의 장이 증명서류 또는 구비서류의 발급을 요청하는 경우에는 증명서류발급기관에 민원인이 납부한 수수료를 송금해야 한다. 다만, 증명서류 또는 구비서류의 발급을 요청하는 행정기관과 증명서류발급기관의 수수료가 귀속되는 회계가 같은 경우에는 수수료를 송금하지 않고 그 행정기관의 세입으로 한다.

② 행정기관의 장이 증명서류나 구비서류를 확인·처리한 경우에는 관계법령 등에서 정한 절차에 따라 증명서류나 구비서류를 확인·처리한 것으로 본다.

③ 행정기관의 장이 행정정보의 공동이용을 통하여 민원인의 증명서류 또는 구비서류 제출을 갈음하는 경우에는 증명서류나 구비서류의 발급기관의 장과 협의하여 해당 증명서류나 구비서류에 대한 수수료를 감면할 수 있다.

④ 행정기관의 장은 행정정보의 공동이용을 통하여 그 내용을 확인할 수 있는 민원의 종류·범위와 그 밖에 필요한 사항을 인터넷 홈페이지 등을 통하여 공표하여야 한다.

05 민원인의 본인정보 공동이용 요구

1. 의미

「민원처리법」 제10조의2 제1항에 따라 민원인은 행정기관이 컴퓨터 등 정보처리능력을 지닌 장치에 의하여 처리가 가능한 형태로 본인에 관한 행정정보를 보유하고 있는 경우 민원을 접수·처리하는 기관을 통하여 행정정보 보유기관의 장에게 본인에 관한 증명서류 또는 구비서류 등의 행정정보(법원의 재판사무·조정사무 및 그 밖에 이와 관련된 사무에 관한 정보는 제외)를 본인의 민원 처리에 이용되도록 제공할 것을 요구할 수 있다. 이 경우 민원을 접수·처리하는 기관의 장은 민원인에게 관련 증명서류 또는 구비서류의 제출을 요구할 수 없으며, 행정정보 보유기관의 장으로부터 해당 정보를 제공받아 민원을 처리하여야 한다.

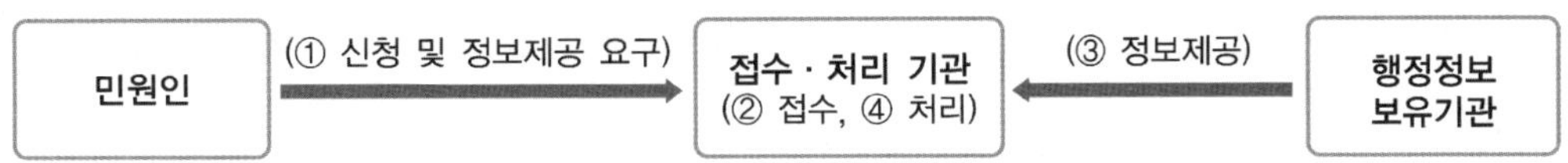

2. 신청 방법

⑴ 민원인은 본인에 관한 행정정보의 제공을 요구하는 경우에는 본인정보의 종류, 접수하려는 민원 및 민원처리기관을 명시하여 민원 접수기관의 장에게 신청해야 한다.

⑵ 신청을 받은 민원 접수기관의 장은 그 내용을 지체 없이 행정정보 보유기관의 장에게 전달해야 한다.

(3) 본인정보 제공 요구를 전달받은 행정정보 보유기관의 장은 해당 민원처리기관에 본인정보를 제공해야 한다.

(4) 행정정보 보유기관의 장은 제한 또는 거절의 사유 등으로 본인정보 제공을 거절한 경우에는 지체 없이 해당 사실 및 그 사유를 민원 접수기관을 통하여 민원인에게 알려야 한다.

(5) 행정정보 보유기관의 장은 전산시스템 장애 등으로 본인정보 제공이 지연되거나 어려운 경우에는 지체 없이 해당 사실 및 그 사유를 민원 접수기관을 통하여 민원인에게 알리고, 그 사유가 해소된 즉시 본인정보를 제공해야 한다.

3. 본인정보 정기적 제공 요구 및 철회

(1) 민원인이 본인정보 제공을 요구할 때에는 행정정보 보유기관의 장에게 본인정보의 정확성 및 최신성이 유지될 수 있도록 정기적으로 같은 내역의 본인정보를 민원처리기관에 제공할 것을 요구할 수 있다.

(2) 정기적인 본인정보 제공을 요구한 민원인은 그 요구를 철회할 수 있다.

(3) 정기적 공동이용 및 철회의 방법·절차에 필요한 사항은 행정안전부장관이 정하여 고시한다.

4. 요구할 수 있는 본인정보의 종류

(1) 행정안전부장관은 민원인이 행정정보 보유기관의 장에게 요구할 수 있는 본인에 관한 행정정보의 종류를 보유기관의 장과 협의하여 정하고, 이를 국민에게 공표하여야 한다.

(2) 행정안전부장관이 행정정보 보유기관의 장과 협의하여 정할 수 있는 본인정보의 종류 및 세부유형은 다음과 같다.
① 주민등록표, 병적증명서 등 개인의 신원에 관한 본인정보
② 등기사항증명서 등 법인 또는 그 밖의 단체의 지위 및 성격을 파악하기 위하여 필요한 본인정보
③ 개인 또는 법인, 그 밖의 단체의 자격의 증명에 관한 본인정보
④ 물건 또는 법률상의 권리에 관한 본인정보
⑤ 토지 등 특정한 물건이나 그 밖의 권리의 소재(所在)·형상 및 그에 대한 평가를 확인하기 위하여 필요한 본인정보
⑥ 개인 등의 행위에 대한 사실을 증명하기 위하여 필요한 본인정보
⑦ 그 밖에 행정기관이 민원 처리 등 소관 업무를 수행하는 데에 반드시 필요한 본인정보

5. 행정정보의 관리

행정안전부장관은 행정정보 공동이용센터를 통하여 안전하고 신뢰할 수 있는 방법으로 정보시스템을 연계하는 등 해당 행정정보의 위조·변조·훼손·유출 또는 오용·남용을 방지하여야 한다.

6. 수수료 감면

행정기관의 장은 컴퓨터 등 정보처리능력을 지닌 장치에 의하여 처리가 가능한 형태로 행정정보를 제공하는 경우에는 다른 법률에도 불구하고 수수료를 감면할 수 있다.

7. 본인 증명

민원인은 본인에 관한 행정정보의 공동이용을 요구하는 경우 다음의 어느 하나에 해당하는 방법으로 해당 행정정보가 본인에 관한 것임을 증명하여야 한다.

(1) 「전자정부법」 제10조에 따른 민원인의 본인확인 방법

(2) 행정기관이 보유하고 있는 지문 등의 생체정보를 이용하는 방법

(3) 「주민등록법」 제35조 제2호, 「도로교통법」 제137조 제5항, 「여권법」 제23조의2 제2항에 따라 신분증명서의 진위를 확인하는 방법

8. 실태점검 등

(1) 다른 기관으로부터 행정정보를 제공받아 이용하는 행정기관의 장은 해당 행정정보가 위조·변조·훼손·유출 또는 오용·남용되지 아니하도록 적절한 보안대책을 마련하여야 하며, 행정안전부장관은 이에 대한 실태를 점검할 수 있다.

(2) 본인정보를 제공받으려는 민원처리기관의 장은 암호화, 전산시스템 접근통제 및 접속기록관리 등의 보안대책을 마련해야 한다.

(3) 행정안전부장관은 보안대책 수립에 필요한 세부 기준을 정할 수 있다.

(4) 행정안전부장관은 실태점검을 하는 경우 민원처리기관의 장에게 점검항목·절차 및 시기 등을 미리 알려야 하고, 필요한 자료의 제출을 요구할 수 있다.

9. 기타 사항

본인정보의 공동이용에 관한 사무를 수행하기 위하여 불가피한 경우 주민등록번호, 여권번호, 운전면허의 면허번호 또는 외국인등록번호가 포함된 자료를 처리할 수 있다.

06 다수 민원인 중 대표자의 선정(「민원처리법 시행령」 제8조)

1. 대표자의 선정

행정기관의 장은 3명 이상의 민원인이 대표자를 정하지 아니하고 같은 민원문서를 연명(連名)으로 제출한 경우에는 일정한 기간을 정하여 민원인 중에서 3명 이내의 대표자를 선정하여 통보할 것을 요청할 수 있다. 이 경우 행정기관의 장은 해당 민원의 성격, 처리절차 및 방법 등을 고려하여 3명 이내의 범위에서 적절한 대표자 수를 민원인에게 제시할 수 있다.

2. 행정기관이 직접 선정

행정기관의 장은 대표자로 선정하여 통보할 것을 요청 받은 3명 이상의 민원인이 정해진 기간 내에 대표자를 선정하여 통보하지 아니한 경우에는 3명 이상의 민원인 중 3명 이내를 대표자로 직접 선정할 수 있다.

3. 민원인으로서 대표자

선정된 대표자는 해당 민원의 민원인으로 보며, 민원문서의 보완, 반려, 처리기간의 연장 통보 및 처리결과통지 등을 할 때에는 대표자에게 하면 된다.

07 민원취약계층에 대한 편의제공 등

1. 민원취약계층에 대한 편의제공(「민원처리법」 제11조)

(1) 행정기관의 장의 노력

행정기관의 장은 민원의 신청 및 접수·처리 과정에서 민원취약계층(장애인, 임산부, 노약자 및 「지능정보화 기본법」 제2조 제13호에 따른 정보격차로 인하여 민원의 신청 등에 제약을 받는 사람)에 대한 편의를 제공하기 위하여 노력하여야 한다.

> 지능정보화 기본법
> 제2조 【정의】 이 법에서 사용하는 용어의 뜻은 다음과 같다.
> 　13. "정보격차"란 사회적·경제적·지역적 또는 신체적 여건 등으로 인하여 지능정보서비스, 그와 관련된 기기·소프트웨어에 접근하거나 이용할 수 있는 기회에 차이가 생기는 것을 말한다.

(2) 민원취약계층

행정기관(지방자치단체와 그 소속기관은 제외)의 장이 편의를 제공하기 위해 노력해야 하는 민원취약계층은 다음의 사람으로 한다.

① 「장애인복지법」 제32조에 따라 등록된 장애인
② 65세 이상인 사람
③ 「국민기초생활 보장법」에 따른 수급자
④ 「재한외국인 처우 기본법」에 따른 결혼이민자
⑤ 「북한이탈주민의 보호 및 정착지원에 관한 법률」에 따른 보호대상자
⑥ 「모자보건법」 제8조 제1항에 따라 임신 또는 분만 사실을 신고한 임산부
⑦ 「영유아보육법」에 따른 영유아를 동반한 보호자
⑧ 위 사람 외에 신체적·정신적·언어적 능력 등에서 어려움이 있어 민원 편의의 제공이 필요하다고 행정기관의 장이 인정하는 사람

(3) 편의제공 사항

행정기관의 장은 민원취약계층에 대해 다음의 편의를 제공할 수 있다.

① 휠체어, 점자 안내책자, 보청기기, 돋보기 등 편의용품 비치
② 민원취약계층 전용 민원창구의 설치 및 운영
③ 정보시스템을 이용한 민원 처리방법 등에 대한 안내 및 교육
④ 위 사항 외에 행정기관의 장이 민원 편의를 위하여 필요하다고 인정하는 사항

2. 수수료 감면

(1) 행정기관의 장은 민원취약계층에 대하여 민원 처리에 따른 수수료를 감면할 수 있다.

(2) 민원취약계층에 대한 행정기관의 장의 민원 처리 수수료의 감면 비율이나 감면 금액은 법 제12조의2 제5항에 따른 감면 비율이나 감면 금액 이상으로 한다. 다만, 다른 법령에 특별한 규정이 있는 경우에는 해당 규정에서 정하는 바에 따른다.

> **민원처리법**
> **제12조의2【전자민원창구 및 통합전자민원창구의 운영 등】** ⑤ 행정기관의 장은 전자민원창구나 통합전자민원창구를 통하여 민원을 처리하는 경우에는 다른 법률에도 불구하고 수수료를 감면할 수 있다.

(3) 행정기관의 장은 민원취약계층에 대한 민원 처리 수수료의 감면 비율이나 감면 금액을 정한 경우 이를 행정기관의 인터넷 홈페이지 등을 통해 공개해야 한다.

3. 민원실의 설치 및 운영(「민원처리법」 제12조)

(1) 민원실의 설치

행정기관의 장은 민원을 신속히 처리하고 민원인에 대한 안내와 상담의 편의를 제공하기 위하여 민원실을 설치할 수 있다.

(2) 민원실의 운영

① 민원실의 1일 운영시간은 오전 9시부터 오후 6시까지로 한다.

② 행정기관의 장은 민원인 접근의 편의를 위하여 행정기관 외의 공공장소 등에 다양한 형태의 민원실을 설치하여 운영할 수 있다.

    📵 주민센터에서 지하철역 등에 설치한 현장민원실

③ 민원실의 운영시간이나 운영방법은 각 행정기관의 특성에 따라 행정안전부령 또는 해당 지방자치단체의 조례로 달리 정할 수 있다.

    📵 여권 야간 민원실 운영(18:00~20:00)

(3) 민원실 관리 기타 사항

① 민원실의 장은 민원이 신속히 처리될 수 있도록 그 처리에 관한 모든 진행과정을 확인·관리하여야 한다.

② 행정기관의 장은 소속 직원 중에서 행정실무경험이 풍부하고 근무태도가 성실한 사람을 민원실에 배치하여야 하며, 필요하다고 인정하는 경우에는 관계기관의 장에게 소속 직원의 파견을 요청할 수 있다.

③ 행정기관의 장은 민원실에 2년 이상 근무한 사람을 전보 시 우대할 수 있다.

④ 행정기관의 장은 민원인에 대한 안내와 상담을 위하여 필요하다고 인정되는 경우에는 행정실무에 관한 지식과 경험이 있는 사람을 민원상담인으로 위촉할 수 있다. 이 경우 민원상담인은 명예직으로 하는 것을 원칙으로 하되, 관계법령 또는 조례로 정하는 바에 따라 수당 또는 실비를 지급할 수 있다.

    ○ 주로 전직 공무원을 명예민원상담관으로 위촉하고 있다.

⑤ 행정기관의 장은 민원인에게 편의를 제공하기 위하여 민원실에 민원을 신청하는 데 필요한 용지·필기구 등을 갖추어 두어야 한다.

⑥ 행정기관의 장은 민원인에게 편의를 제공하고 담당자의 안정적인 근무환경 조성을 위하여 민원실 시설·환경 등의 개선에 노력하여야 한다.

08 전자민원창구 및 통합전자민원창구의 운영 등

1. 전자민원창구(「민원처리법」 제12조의2 제1항 및 제2항)

(1) 행정기관의 장은 민원인이 해당 기관을 직접 방문하지 아니하고도 민원을 처리할 수 있도록 관계법령 등을 개선하고 민원의 전자적 처리를 위한 시설과 정보시스템을 구축하는 등 필요한 조치를 하여야 한다.

(2) 행정기관의 장은 인터넷을 통하여 민원을 신청·접수받아 처리할 수 있는 "전자민원창구"를 구축·운영할 수 있다. 다만, 전자민원창구를 구축하지 아니한 경우에는 통합전자민원창구를 통하여 민원을 신청·접수받아 처리할 수 있다.

① 행정기관의 장은 전자민원창구를 설치하려는 경우에는 특별한 사유가 없으면 하나의 창구로 설치해야 하며, "통합전자민원창구"와 효율적으로 연계될 수 있도록 해야 한다.

② 행정안전부장관은 각 행정기관의 전자민원창구를 효율적으로 연계하기 위하여 필요한 경우에는 국제표준의 범위에서 전자민원창구의 인터넷주소에 관한 세부 기준을 정할 수 있다.

(3) 전자민원창구의 운영 등

① 행정기관의 장은 전자민원창구를 통하여 다음의 사항을 처리할 수 있다.
  ㉠ 민원의 신청·접수, 민원문서의 이송 및 처리결과의 통지
  ㉡ 처리기간 연장의 통지, 처리진행상황과 처리완료예정일 등 민원의 처리상황 안내
  ㉢ 법령, 민원편람 및 민원처리기준표 등 민원 처리와 관련된 정보의 제공

② 행정기관의 장은 민원을 처리할 때에는 개인정보 보호 등을 위하여 보안 강화 및 그 밖에 필요한 조치를 하여야 한다.

③ 행정기관의 장은 전자민원창구를 효율적으로 운영하기 위하여 소속 공무원 중에서 전자민원담당관을 임명해야 한다. 이 경우 업무가 지나치게 많다고 판단되는 경우에는 그 업무의 일부를 분장하게 하기 위하여 분임 전자민원담당관을 둘 수 있다.

④ 행정기관의 장은 민원창구의 단일화와 업무의 효율적 처리를 위하여 민원심사관 또는 분임 민원심사관으로 하여금 전자민원담당관 또는 분임 전자민원담당관을 겸임하게 할 수 있다.

⑤ 행정안전부장관은 통합전자민원창구를 통하여 둘 이상의 민원을 일괄적으로 신청 받아 소관 행정기관에 이송하여 처리하게 할 수 있다.

⑥ 행정기관의 장은 전자민원창구나 통합전자민원창구를 통하여 처리하는 민원에 대한 수수료의 감면 비율이나 감면 금액을 정한 경우에는 행정안전부장관에게 통보해야 한다.

⑦ 행정안전부장관은 통보받은 감면 비율이나 감면 금액을 민원처리기준표에 반영해야 한다. 민원처리기준표는 앞으로 다룰 예정이다.

2. 통합전자민원창구(「민원처리법」 제12조의2 제3항)

행정안전부장관은 전자민원창구의 구축·운영을 지원하고 각 행정기관의 전자민원창구를 연계하기 위하여 통합전자민원창구를 구축·운영할 수 있다.

3. 전자민원창구 등의 이용 제한(「민원처리법 시행령」 제11조의2)

행정기관의 장은 민원인 또는 그 위임을 받은 자가 전자민원창구 또는 통합전자민원창구를 통하여 정당하지 않은 목적으로 비정상적인 전자적 수단 등을 이용하여 동일한 민원을 반복하여 신청함으로써 다른 민원인에 대한 민원 처리를 지연시키는 등 심각하게 공무를 방해하는 경우에는 해당 민원인 또는 그 위임을 받은 자의 전자민원창구 또는 통합전자민원창구의 이용을 제한할 수 있다.

4. 기타 사항(「민원처리법」 제12조의2 제4항~제7항)

(1) 민원인이 전자민원창구나 통합전자민원창구를 통하여 민원을 신청한 경우에는 관계법령 등에 따라 해당 민원을 소관하는 행정기관에 민원을 신청한 것으로 본다.

(2) 행정기관의 장은 전자민원창구나 통합전자민원창구를 통하여 민원을 처리하는 경우에는 다른 법률에도 불구하고 수수료를 감면할 수 있다.

(3) 행정기관의 장은 전자민원창구나 통합전자민원창구를 통하여 민원을 신청한 민원인이 정보통신망을 이용한 전자화폐·전자결제 등의 방법으로 수수료를 납부하는 경우에는 해당 수수료 외에 별도의 업무처리비용을 함께 청구할 수 있다.

(4) 전자민원창구 및 통합전자민원창구의 구축·운영, (2)에 따라 수수료를 감면할 수 있는 민원의 범위 및 감면 비율과 (3)에 따른 업무처리비용의 청구 기준 등에 관하여 필요한 사항은 국회규칙, 대법원규칙, 헌법재판소규칙, 중앙선거관리위원회규칙 및 대통령령으로 정한다.

09 민원신청의 편의 제공

1. 민원신청의 편의 제공(「민원처리법」 제13조)

행정기관의 장은 민원실(민원실이 설치되지 아니한 기관의 경우에는 문서의 접수·발송을 주관하는 부서를 의미)에 민원 관련 법령·편람과 민원의 처리 기준과 절차 등 민원의 신청에 필요한 사항을 게시하고 이를 인터넷 홈페이지를 통하여 제공하는 등 민원인에게 민원신청의 편의를 제공하여야 한다.

◈ 〈예시〉 서울특별시 민원편람

서울특별시 민원편람 목록

1. 경제실

1. 중소기업협동조합 설립인가신청서 ········ 11
2. 정관변경인가신청(중소기업협동조합) ······ 15
3. 중소기업협동조합 검사청구서 ··········· 19
4. 과학관 (변경) 등록 ················· 21
5. 벤처기업집적시설 지정(변경) 신청 ······· 25

2. 균형발전본부

1. 체비지 사실 확인 신청서 ············· 30

3. 기획조정실

1. 행정심판 신청 ··················· 33
2. 집행정지 신청 ··················· 37

17. 환경분쟁조정 참가신청 ············· 125
18. 환경분쟁조정 피신청인 경정신청 ······· 129
19. 환경분쟁조정 대리인선임 허가신청 ····· 131
20. 석면해체작업감리인 등록, 변경등록 신청 133

5. 민생노동국

1. 노동조합설립신고서 ··············· 136
2. 노동조합 설립신고사항 변경신고서 ····· 140
3. 노동조합설립 신고증 재교부신청서 ····· 144
4. 노동조합해산신고서 ··············· 148
5. 단체협약신고서 ················· 150
6. 노동조합 쟁의행위 신고서 ··········· 154
7. 노동관련 비영리민간단체 등록(변경)신청서 ··· 156

2. 민원편람의 비치 등 신청편의의 제공(「민원처리법 시행령」 제10조)

(1) 행정기관의 장은 민원인이 민원편람을 열람(인터넷 등을 통한 열람을 포함)할 수 있도록 민원실(민원실이 설치되지 아니한 기관의 경우에는 문서담당부서를 의미)에 민원편람을 비치하거나 컴퓨터를 설치하는 등 필요한 조치를 하여야 한다.

(2) 행정기관의 장은 민원편람에 민원의 종류별로 신청서식, 구비서류, 처리주무부서, 경유기관·협의기관, 처리절차, 처리기간, 심사기준, 수수료, 그 밖에 민원에 관한 안내에 필요한 사항을 분명히 적어야 한다.

◈ 〈예시〉 민원편람에 수록된 조합 정관변경인가신청서

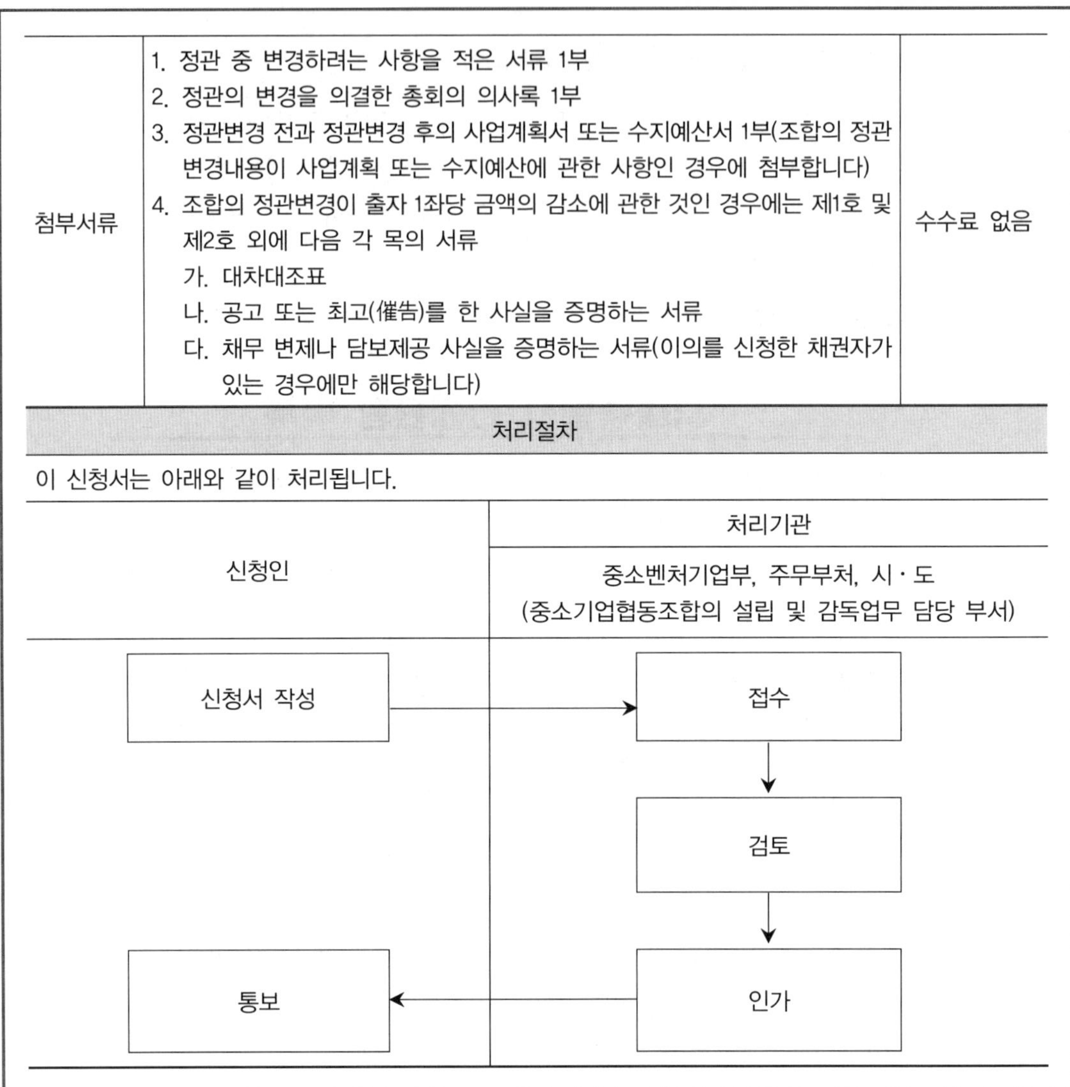

(3) 행정기관의 장은 다음의 어느 하나에 해당하는 민원에 대해서는 그 종류를 정하여 민원실에 게시하거나 민원편람에 게재하여야 한다.

① 무인민원발급창구를 통하여 발급할 수 있는 민원

② 팩스·인터넷 등 정보통신망 또는 우편 등으로 신청할 수 있는 민원

③ 민원인이 구술(口述)하고 담당자가 그 사항을 문서로 작성하여 신청할 수 있는 민원

(4) 행정기관의 장은 문서로 접수하는 민원의 경우 민원인의 편의를 위하여 민원인이 민원신청에 필요한 사항을 담당자에게 구술하고, 담당자가 이를 문서로 작성하여 민원인이 서명한 때에는 이를 민원문서로 접수할 수 있다.

10 다른 행정기관 등을 이용한 민원의 접수·교부 등(어디서나 민원처리제)

1. 개념

「민원처리법」 제14조 제1항에 따라 행정기관의 장은 민원인의 편의를 위하여 그 행정기관이 접수하고 처리결과를 교부하여야 할 민원을 다른 행정기관이나 특별법에 따라 설립되고 전국적 조직을 가진 법인(농협, 새마을금고 등)으로 하여금 접수·교부하게 할 수 있다.

> **◈ 실무적 의미에서 어디서나 민원처리제**
>
> 1. 정부에서는 폐업신고 시 민원인이 인·허가영업관청(시·군·구) 및 사업자등록관청(세무서)을 각각 방문해야 하는 불편을 해소하기 위하여 민원인이 시·군·구 또는 세무서 중 한 곳 방문만으로 인·허가영업 폐업신고와 사업자등록 폐업신고를 동시에 신청할 수 있도록 민원서비스를 개선하였다. 다만, 통합하여 접수한 기관에서 2가지 폐업신고를 일괄 처리(수리)할 수 있는 것은 아니다.
> 2. 정부에서는 시·도 소관 취·창업 관련 자격·면허증 발급(교부)이 주소지 관할 관청 등으로 제한되어 원거리 관청을 방문하거나 우편 등을 이용해야 하는 국민의 불편 해소를 위해 가까운 시·군·구에서 신청·수령할 수 있도록 민원서비스를 개선하였다.

2. 처리절차

(1) 민원을 접수한 다른 행정기관이나 농협 또는 새마을금고는 그 민원을 지체 없이 소관 행정기관에 보내야 한다.

(2) 민원을 받은 소관 행정기관은 그 민원을 처리하면 별표 2의 처리인과 직인을 찍은 후 그 처리 결과를 팩스·인터넷 또는 전자적 시스템을 이용하여 민원인이 교부받으려는 다른 행정기관이나 농협 또는 새마을금고(교부기관)에 보내야 한다. 다만, 인터넷 또는 전자적 시스템을 이용하는 경우에는 별표 2의 처리인과 직인을 갈음하여 전자이미지관인을 찍은 후 처리 주무부서의 전화번호, 담당자의 이름 등을 표시하여 교부기관에 보낼 수 있다.

> **참고**
>
> 「민원처리법 시행규칙」 [별표 2]

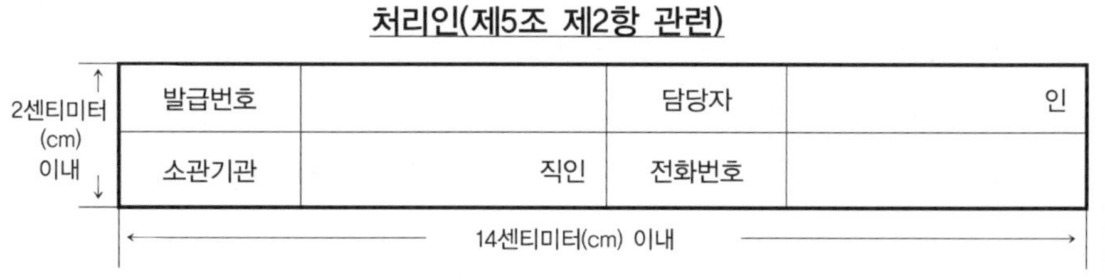

처리인(제5조 제2항 관련)

발급번호		담당자		인
소관기관		직인	전화번호	

2센티미터(cm) 이내 / 14센티미터(cm) 이내

(3) 소관 행정기관은 그 민원을 신속히 처리하고 그 처리결과를 민원인이 교부받으려는 교부기관에 보내야 한다. 이 경우 접수기관이 소관 행정기관으로부터 해당 민원과 관련한 신청서·구비서류 등의 송부를 요청받은 경우에는 지체 없이 이를 송부하여야 한다.

(4) 민원문서를 교부하는 다른 행정기관의 장은 소관 행정기관의 관인(전자이미지관인을 포함)을 생략하고 해당 기관의 관인을 찍어 민원문서를 교부할 수 있다. 다만, 법령상 또는 그 민원의 성질상 소관 행정기관의 관인을 찍을 필요가 있는 민원문서에는 소관 행정기관의 관인을 찍어야 한다.

3. 민원을 접수·교부하는 법인 임직원의 지위

민원을 접수·교부하는 법인의 임직원은 「형법」이나 그 밖의 법률에 따른 벌칙을 적용할 때에는 공무원으로 본다.

4. 교부 제한

민원을 받은 소관 행정기관의 장은 동일한 민원인이 동시(같은 근무일에 여러 번 신청하는 경우를 포함)에 많은 양의 동일한 증명서 등 문서의 교부를 신청하여 처리기간 내에 처리하기 어려운 경우에는 20통마다 처리기간을 1일씩 연장하여 교부할 수 있다.

5. 수수료 외에 업무처리비 등 추가비용 납부

(1) 다른 행정기관 등을 이용하여 민원을 신청하는 경우에는 관계법령 등에서 정한 수수료 외에 업무처리비 등 추가비용을 교부기관에 납부하여야 한다.

(2) 수수료는 관련 법령 또는 교부기관 조례의 규정에서 정한 금액으로 한다. 다만, 교부기관의 조례로 정하지 않은 경우 소재지 자치단체에서 징수하는 수수료를 적용(시·도 민원실의 경우 관할 시·군·구 조례)한다.

6. 어디서나 민원처리제 관련 행정안전부장관의 고시

(1) 다른 행정기관 등을 이용하여 접수·처리할 수 있는 민원

행정안전부장관은 다른 행정기관 등을 이용하여 접수·처리할 수 있는 민원의 종류, 접수·교부 기관 및 추가비용 등을 관계 행정기관의 장과 협의하여 정한 후 고시하여야 한다. 이 경우 농협이 접수·교부할 수 있는 민원은 농업협동조합중앙회장과 협의하고, 새마을금고가 접수·교부할 수 있는 민원은 새마을금고중앙회장과 협의하여야 한다.

◆ **어디서나 민원처리제 대상 사무**

구분	대상 민원	발급기관
제증명민원	129종(졸업증명, 납세증명 등) ○ 농협 및 새마을금고는 18종만 발급	• 시·도 • 시·군·구(일반구), 읍·면·동 • 중앙행정기관(소속기관) • 농협·새마을금고
통합폐업신고	56종(식품위생, 체육시설업 등)	• 관할 시·군·구 • 관할 세무서
자격·면허증 발급	11종(요양보호사, 주택관리사)	주소지 또는 교육이수기관 관할 시·도

⑵ 통합하여 접수·교부할 수 있는 민원

행정기관의 장은 다른 행정기관이 접수·교부하여야 할 민원을 통합하여 신청하였을 때에는 이를 통합하여 접수·교부할 수 있으며, 통합하여 접수된 민원은 그 민원의 소관 법령에 따라 각 소관 행정기관에 접수된 것으로 본다. 이 경우 통합하여 접수한 민원 중 다른 민원의 처리를 위하여 선행적으로 완결되어야 하는 민원이 있는 경우에는 그 선행 민원이 완결되는 데 걸린 기간은 다른 민원의 처리기간에 산입하지 아니한다. 이와 같이 행정기관의 장이 통합하여 접수·교부할 수 있는 민원의 종류, 접수·교부기관 등 필요한 사항은 행정안전부장관이 정하여 고시한다.

⑶ 정보통신망을 이용하여 접수·교부할 수 있는 민원

행정기관의 장은 정보통신망을 이용하여 다른 행정기관 소관의 민원을 접수·교부할 수 있는 경우에는 이를 직접 접수·교부할 수 있고, 이러한 민원의 종류는 행정안전부장관이 관계 중앙행정기관의 장과 협의를 거쳐 결정·고시한다.

7. 고유식별정보의 처리

다른 행정기관 소관의 민원을 접수·교부하는 행정기관(농협 및 새마을금고 포함)의 장은 민원을 접수·교부하기 위하여 불가피한 경우 주민등록번호, 여권번호, 운전면허의 면허번호 또는 외국인등록번호가 포함된 자료를 처리할 수 있다.

11 민원문서의 이송(「민원처리법」 제16조 및 동법 시행령)

1. 이송 사유

행정기관의 장은 접수한 민원이 다른 행정기관의 소관인 경우에는 접수된 민원문서를 지체 없이 소관 기관에 이송하여야 한다.

2. 이송 방법

이송 방법은 다음의 방법에 따른다. 다만, 접수된 민원문서가 전자문서인 경우에는 지체 없이 소관 기관에 전자적 방법으로 이송하여야 한다.

접수 부서 또는 기관	이송 절차	이송 시간
민원실	민원실 → 처리주무부서	1근무시간(특별한 사유가 있으면 3근무시간)
같은 행정기관 내 다른 부서	다른 부서 → 민원실 → 처리주무부서	3근무시간
행정기관	행정기관 → 소관 행정기관	8근무시간

(1) 민원실이 접수하는 경우

민원실에 접수된 민원문서 중 그 처리가 민원실의 주관에 속하지 아니하는 것에 대해서는 1근무시간 이내에 이를 처리주무부서에 이송하여야 한다. 다만, 처리주무부서가 상당히 떨어져 있는 등 특별한 사유가 있어 1근무시간 이내에 이송하기 어려운 경우에는 3근무시간 이내에 이송할 수 있다.

(2) 같은 행정기관 내 다른 부서가 접수하는 경우

같은 행정기관 내에서 소관이 아닌 민원문서를 접수한 경우에는 3근무시간 이내에 민원실을 거쳐 처리주무부서에 이송하여야 한다.

(3) 행정기관이 접수하는 경우

다른 행정기관 소관의 민원문서를 접수한 경우에는 8근무시간 이내에 소관 행정기관에 이송하고, 그 사실을 민원인에게 통지하여야 한다(민원인에게 인터넷 홈페이지 등에 민원문서의 이송 상황이 공개될 것임을 사전에 안내한 경우에는 통지를 생략할 수 있다). 이 경우 민원문서를 이송받은 행정기관은 민원문서를 이송한 행정기관의 요청이 있을 때에는 그 행정기관에 처리결과를 통보하여야 한다.

제2절 | 민원의 처리기간 · 처리방법 등

01 민원 종류별 처리기간 등

◈ **민원종류별 처리기간**

법정민원	법령에 따름
질의민원	법령 관련 → 14일 이내
	단순 질의 → 7일 이내
건의민원	4일 이내
기타민원	즉시(3근무시간 이내)
고충민원	7일 이내

1. 법정민원의 처리기간 설정 · 공표(「민원처리법」 제17조)

(1) 행정기관의 장은 법정민원을 신속히 처리하기 위하여 행정기관에 법정민원의 신청이 접수된 때부터 처리가 완료될 때까지 소요되는 처리기간을 법정민원의 종류별로 미리 정하여 공표하여야 한다.

(2) 처리기간을 정할 때에는 접수기관 · 경유기관 · 협의기관(다른 기관과 사전협의가 필요한 경우만 해당) 및 처분기관 등 각 기관별로 처리기간을 구분하여 정하여야 한다.

　⑩ 처리기간(10일) = 접수(1일) + 경유(2일) + 협의(3일) + 처분(4일)

(3) 처리기간을 설정 · 변경한 경우에는 관계법령 등에 명시하고, 민원편람에 이를 수록하여야 한다.

2. 질의민원의 처리기간(「민원처리법 시행령」 제14조)

(1) 법령에 관하여 설명이나 해석을 요구하는 질의민원 → 14일 이내

(2) 제도 · 절차 등 법령 외의 사항에 관하여 설명이나 해석을 요구하는 질의민원 → 7일 이내

3. 건의민원의 처리기간(「민원처리법 시행령」 제15조)

행정기관의 장은 건의민원을 접수한 경우에는 특별한 사유가 없으면 14일 이내에 처리하여야 한다.

4. 기타민원의 처리기간(「민원처리법 시행령」 제16조)

행정기관의 장은 기타민원을 접수한 경우에는 특별한 사유가 없으면 즉시 처리하여야 한다.

○ 처리기간이 '즉시'라면 정당한 사유가 있는 경우를 제외하고는 3근무시간 이내에 처리하여야 한다.

(1) 행정기관의 장은 구술 또는 전화로 신청한 기타민원을 처리하는 경우에는 민원 처리부에 기록하는 절차를 생략할 수 있다.

(2) 행정기관의 장은 해당 기관의 특성을 고려하여 기타민원의 처리기간 및 처리절차 등을 달리 정하여 운영할 수 있다.

5. 고충민원의 처리기간 등(「민원처리법 시행령」 제17조)

(1) 처리기간

행정기관의 장은 고충민원을 접수한 때에는 특별한 사유가 없으면 7일 이내에 처리하여야 한다.

(2) 현장조사

행정기관의 장은 고충민원의 처리를 위하여 필요한 경우 14일의 범위에서 현장조사 등을 할 수 있다. 다만, 부득이한 사유로 14일 이내에 현장조사 등을 완료하기 어렵다고 인정되는 경우에는 7일의 범위에서 그 기간을 한 차례만 연장할 수 있다. 현장조사 등에 걸린 기간은 처리기간에 산입하지 않는다.

(3) 원 처리부서 · 기관 이송 금지

① **원 처리부서 이송 금지**: 행정기관의 장은 민원인이 동일한 내용의 고충민원을 다시 제출한 경우에는 감사부서 등으로 하여금 이를 조사하도록 하여야 한다.

② **원 처리기관 이송 금지**: 민원인은 감사부서 등의 조사를 거친 경우에는 그 고충민원과 관련한 사무에 대한 지도 · 감독 등의 권한을 가진 감독기관의 장에게 고충민원을 신청할 수 있다.

(4) 조치사항

행정기관의 장은 처리하는 고충민원의 내용이 정당한 사유가 있다고 인정될 때에는 지체 없이 원처분(原處分)의 취소 · 변경 등 적절한 조치를 하고, 이를 민원인에게 통지하여야 한다. 감독기관의 장은 고충민원을 처리하고 그 처리결과를 소관 행정기관의 장에게 통보하여야 하며, 이 경우 소관 행정기관의 장은 특별한 사유가 없으면 그 결과를 존중하여 적절한 조치를 하고 이를 민원인에게 통지하여야 한다.

⑸ 별도 처리체계

민원인은 고충민원을 신청하거나 처리결과를 통보받은 경우에도 국민권익위원회 또는 「부패방지 및 국민권익위원회의 설치와 운영에 관한 법률」 제2조 제9호에 따른 시민고충처리위원회에 고충민원을 신청할 수 있다.

6. 민원 처리 과정에 대한 시정 요구(「민원처리법 시행령」 제18조)

⑴ 시정 요구사항

민원인은 민원 처리 과정에서 다음의 어느 하나에 해당하는 경우에는 그 행정기관의 장 또는 감독기관의 장에게 이를 시정할 것을 요구할 수 있다.

① 행정기관의 장이 민원의 접수를 보류·거부하거나 접수된 민원문서를 부당하게 되돌려보낸 경우

② 행정기관의 장이 관계법령 등에서 정한 구비서류 외의 서류를 추가로 요구하는 경우

③ 민원의 처리기간을 경과한 경우

⑵ 처리절차

① 시정 요구를 받은 행정기관의 장 또는 감독기관의 장은 지체 없이 이를 조사하여 필요한 조치를 하고 그 처리결과를 민원인에게 통지하여야 한다.

② 민원 처리 과정에 대한 시정 요구 시 최초 담당부서가 아닌 부서에서 처리한다.

   ㉠ 1차 시정 요구 시 민원심사관이 확인하여 부기관장에게 보고 후 민원인에게 처리결과 통지

   ㉡ 2차 시정 요구 시 고충민원 처리절차 준용(감사부서 등에서 처리)

7. 민원심사관(「민원처리법」 제25조 및 동법 시행령 제28조)

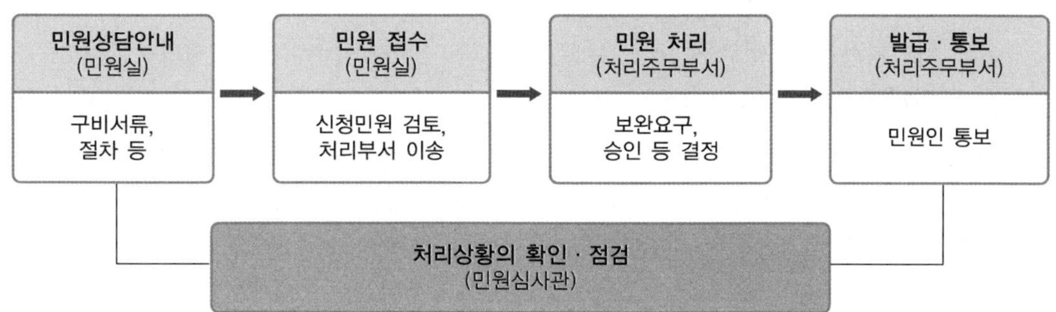

(1) 민원심사관의 지정

행정기관의 장은 민원 처리상황의 확인 · 점검 등을 위하여 소속 직원 중에서 민원심사관을 지정하여야 한다.

(2) 민원심사관의 업무 등(「민원처리법」 제26조)

① 행정기관의 장은 민원심사관의 업무가 지나치게 많거나 특별히 전문성이 필요하다고 판단되는 경우에는 분임 민원심사관을 지정하여 민원심사관의 업무를 나눠 맡도록 할 수 있다.

② 민원심사관(분임 민원심사관을 포함)은 민원의 처리상황을 수시로 확인 · 점검하여 처리기간이 지난 민원을 발견한 경우에는 지체 없이 처리주무부서의 장(민원심사관이 처리주무부서의 장인 경우에는 관계 직원을 의미)에게 독촉장을 발급하여야 한다.

③ 민원심사관은 다수인관련민원의 처리상황을 확인 · 점검하고 그 결과를 소속 행정기관의 장에게 수시로 보고하여야 한다.

8. 처리민원의 사후관리(「민원처리법」 제26조)

행정기관의 장은 처리한 민원에 대하여 민원인의 만족 여부 및 개선사항 등을 조사하여 업무에 반영할 수 있다.

02 민원 처리기간

「민원처리법」과 「민법」에 따른 기간계산의 차이점에 주의해야 한다.

1. 처리기간의 계산(「민원처리법」 제19조 및 동법 시행령 제19조)

(1) 즉시

민원의 처리기간을 '즉시'로 정한 경우에는 정당한 사유가 있는 경우를 제외하고는 3근무시간 이내에 처리하여야 한다.

예 20XX. 5. 1.(월) 10:00에 처리기간이 "즉시"인 민원을 접수하였다면, 14:00 이내에 처리하여야 한다.

09:00~ 10:00	10:00~ 11:00	11:00~ 12:00	12:00~ 13:00	13:00~ 14:00	14:00~ 15:00	15:00~ 16:00	16:00~ 17:00	17:00~ 18:00
			점심					

(2) 5일 이하

민원의 처리기간을 5일 이하로 정한 경우에는 민원의 접수시각부터 "시간" 단위로 계산하되, 공휴일과 토요일은 산입(算入)하지 아니한다. 이 경우 1일은 8시간의 근무시간을 기준으로 한다.

예 20XX. 5. 1.(월) 10:00에 처리기간이 "5일"인 민원을 접수하였다면, 40근무시간인 5. 9.(화) 10:00 이내에 처리하여야 한다.

5. 1.(월)	5. 2.(화)	5. 3.(수)	5. 4.(목)	5. 5.(금)	5. 6.(토)	5. 7.(일)	5. 8.(월)	5. 9.(화)
7시간	8시간	8시간	8시간	공휴일	토요일	공휴일	8시간	1시간

(3) 6일 이상

민원의 처리기간을 6일 이상으로 정한 경우에는 "일" 단위로 계산하고 첫날을 산입하되, 공휴일과 토요일은 산입하지 아니한다.

예 20XX. 5. 1.(월) 10:00에 처리기간이 "7일"인 민원을 접수하였다면, 5. 10.(수) 이내에 처리하여야 한다.

5. 1.(월)	5. 2.(화)	5. 3.(수)	5. 4.(목)	5. 5.(금)	5. 6.(토)	5. 7.(일)	5. 8.(월)	5. 9.(화)	5. 10.(수)
				공휴일	토요일	공휴일			

(4) 주·월·연

민원의 처리기간을 주·월·연으로 정한 경우에는 첫날을 산입하되, 「민법」 제159조부터 제161조까지의 규정을 준용한다.

예 20XX. 5. 1.(월) 10:00에 처리기간이 "1주"인 민원을 접수하였다면, 말일[5. 7.(일)]이 공휴일이므로 그 익일인 5. 8.(월)까지이다.

5. 1.(월)	5. 2.(화)	5. 3.(수)	5. 4.(목)	5. 5.(금)	5. 6.(토)	5. 7.(일)	5. 8.(월)
				공휴일	토요일	공휴일	

예 20XX. 5. 1.(월) 10:00에 처리기간이 "1월"인 민원을 접수하였다면, 첫날[5. 1.(월)]을 산입하면 5. 31.(수)까지이다.

> **민법**
>
> 제159조 【기간의 만료점】 기간을 일, 주, 월 또는 연으로 정한 때에는 기간말일의 종료로 기간이 만료한다.
>
> 제160조 【역에 의한 계산】 ① 기간을 주, 월 또는 연으로 정한 때에는 역에 의하여 계산한다.
> ② 주, 월 또는 연의 처음으로부터 기간을 기산하지 아니하는 때에는 최후의 주, 월 또는 연에서 그 기산일에 해당한 날의 전일로 기간이 만료한다.
> ③ 월 또는 연으로 정한 경우에 최종의 월에 해당일이 없는 때에는 그 월의 말일로 기간이 만료한다.
>
> 제161조 【공휴일 등과 기간의 만료점】 기간의 말일이 토요일 또는 공휴일에 해당한 때에는 기간은 그 익일로 만료한다.

> **참고**
>
> **「민원처리법」과 「민법」의 기간계산 비교**
>
> 1. 일(日) 단위의 계산
>
> | 구분 | | 계산단위 | 초일 산입 | 토요일 산입 | 공휴일 산입 |
> |---|---|---|---|---|---|
> | 「민원처리법」 | 5일 이하 | 8근무시간 | ○ | × | × |
> | | 6일 이상 | 일(日) | ○ | × | × |
> | 「민법」 | | 일(日) (기간말일의 종료로 만료) | × | ○ (기간만료일의 경우 익일) | ○ (기간만료일의 경우 익일) |
>
> 2. 주(週)·월(月)·연(年)
>
> | 구분 | 초일 산입 | 토요일 산입 | 공휴일 산입 | 기간계산 |
> |---|---|---|---|---|
> | 「민원처리법」 | ○ | ○ | ○ | 역(歷)에 의해 계산, 해당한 날의 전일로 만료 |
> | 「민법」 | × | ○ | ○ | |

> **참고**
>
> **민원문서가 변경·이송된 경우 처리기간 산정방법**
>
> 민원내용을 변경하는 경우에는 변경된 민원문서가 접수된 시점부터 처리기간을 계산하고, 다른 행정기관으로부터 민원문서가 이송된 경우에도 적합한 처리기관에서 이송받아 접수한 시점부터 처리기간을 새롭게 계산한다.

2. 처리기간에 산입하지 아니하는 기간(「민원처리법 시행령」 제20조)

민원의 처리기간에 산입하지 아니하는 기간에 관하여는 「행정절차법 시행령」 제11조를 준용한다.

행정절차법 시행령

제11조 【처리기간에 산입하지 아니하는 기간】 법 제19조 제5항의 규정에 의하여 처리기간에 산입하지 아니하는 기간은 다음 각호의 1에 해당하는 기간을 말한다.

1. 신청서의 보완에 소요되는 기간(보완을 위하여 신청서를 신청인에게 발송한 날과 보완되어 행정청에 도달한 날을 포함한다)
2. 접수·경유·협의 및 처리하는 기관이 각각 상당히 떨어져 있는 경우 문서의 이송에 소요되는 기간
3. 법 제11조 제2항의 규정에 의하여 대표자를 선정하는 데 소요되는 기간
4. 당해처분과 관련하여 의견청취가 실시되는 경우 그에 소요되는 기간
5. 실험·검사·감정, 전문적인 기술검토등 특별한 추가절차를 거치기 위하여 부득이하게 소요되는 기간

> 6. *행정안전부령이 정하는 선행사무의 완결을 조건으로 하는 경우 그에 소요되는 기간
> * 행정절차법 시행규칙에 따르면 '국회 또는 지방의회의 동의가 필요한 사항으로서 국회 또는 지방의회의 심의
> 에 소요되는 기간' 등이 해당한다.

3. 처리기간의 연장(「민원처리법 시행령」 제21조)

(1) 행정기관의 장은 부득이한 사유로 처리기간 내에 민원을 처리하기 어렵다고 인정되는 경우에는 그 민원의 처리기간의 범위에서 그 처리기간을 한 차례 연장할 수 있다. 다만, 연장된 처리기간 내에 처리하기 어려운 경우에는 민원인의 동의를 받아 그 민원의 처리기간의 범위에서 처리기간을 한 차례만 다시 연장할 수 있다.

> ○ 부득이한 사유란 통상적으로 민원 처리 과정에서 검토할 사항 등이 많아 당초 정한 처리기간 내에 처리가 어려운 경우 등이 해당된다. 부득이한 사유로 한 차례 연장할 수 있고, 연장된 처리기간 내에서 처리가 어려운 경우에는 민원인의 동의를 얻어 처리기간을 다시 연장할 수 있으므로 총 2회에 걸쳐 연장할 수 있다.

(2) 처리기간을 연장하였을 때에는 처리기간의 연장사유와 처리완료 예정일을 지체 없이 민원인에게 문서로 통지하여야 한다. 다만, 민원인에게 인터넷 홈페이지 등에 민원의 처리진행상황 등이 공개될 것임을 사전에 안내한 경우에는 통지를 생략할 수 있다.

4. 처리상황의 확인·점검(「민원처리법 시행령」 제22조)

(1) 확인·점검

행정기관의 장은 민원의 처리상황과 운영실태를 매월 1회 이상 확인·점검하여야 한다.

(2) 조치 사항

행정기관의 장은 확인·점검 결과 법령 위반 사실을 발견하거나 민원 처리가 미흡하다고 판단되는 경우에는 지체 없이 이를 시정하고, 그 민원 처리와 관련 있는 직원 등에 대하여 징계 또는 그 밖에 필요한 조치를 하여야 한다.

(3) 포상

행정기관의 장은 확인·점검 결과 민원 처리가 우수하다고 판단되는 직원이나 부서에 대하여 포상할 수 있다.

5. 처리진행상황 등의 통지(「민원처리법 시행령」 제23조)

(1) 행정기관의 장은 민원이 접수된 날부터 30일이 지났으나 처리가 완료되지 아니한 경우 또는 민원인의 명시적인 요청이 있는 경우에는 그 처리진행상황과 처리완료 예정일 등을 적은 문서를 민원인에게 교부하거나 정보통신망 또는 우편 등의 방법으로 통지하여야 한다.

(2) 통지는 민원이 접수된 날부터 30일이 지날 때마다 통지하는 것을 원칙으로 한다. 다만, 민원인에게 인터넷 홈페이지 등에 민원의 처리진행상황 등이 공개될 것임을 사전에 안내한 경우에는 통지를 생략할 수 있다.

6. 처리결과의 통지(「민원처리법」 제27조)

(1) 행정기관의 장은 접수된 민원에 대한 처리를 완료한 때에는 그 결과를 민원인에게 문서로 통지하여야 한다. 다만, 기타민원의 경우와 민원인에게 처리결과를 신속하게 통지하여야 하는 경우, 그리고 민원인이 요청 또는 동의하는 경우에는 구술, 전화, 문자메시지, 팩시밀리 또는 전자우편 등으로 통지할 수 있다.

(2) 처리결과를 통지함에 있어서 민원의 내용을 거부하는 경우에는 거부 이유와 구제절차를 함께 통지해야 한다.

(3) 민원의 처리결과를 허가서·신고필증·증명서 등의 문서로 민원인에게 직접 교부할 필요가 있는 때에는 그 민원인 또는 그 위임을 받은 자임을 확인한 후에 이를 교부하여야 한다.

7. 전자문서의 출력 사용(「민원처리법 시행령」 제30조)

행정기관의 장이 다음의 모든 조치를 하여 민원인에게 전자문서로 통지하고 민원인이 그 전자문서를 출력한 경우에는 이를 「행정업무규정」 제3조 제1호에 따른 공문서로 본다.

(1) 위조·변조 방지조치

(2) 출력한 문서의 진위확인조치

(3) 그 밖에 출력한 문서의 위조·변조를 방지하기 위하여 행정안전부장관이 고시한 조치

8. 담당자의 명시(「민원처리법 시행령」 제31조)

행정기관의 장이 민원인에게 처리기간 연장의 통지, 민원문서의 보완 요구, 처리진행상황의 통지, 처리결과의 통지 등을 할 때에는 그 담당자의 소속·성명 및 연락처를 안내하여야 한다.

03 협조 및 민원 처리의 예외

1. 관계기관·부서 간의 협조(「민원처리법」 제20조)

(1) 협조요청

민원을 처리하는 주무부서는 민원을 처리할 때 관계기관·부서의 협조가 필요한 경우에는 민원을 접수한 후 지체 없이 그 민원의 처리기간 내에서 회신기간을 정하여 협조를 요청하여야 하며, 요청받은 기관·부서는 그 회신기간 내에 이를 처리하여야 한다. 관계기관(민원사항과 관련된 단체·협회 등을 포함)·부서에 협조를 요청할 때에는 민원문서의 오른쪽 윗부분에 별표 4의 민원문서 표시인을 찍어야 한다. 이때 전자적 시스템 등으로 협조를 요청하는 경우 민원문서 표시인을 전자적 형태로 나타낼 수 있다.

> **참고**

「민원처리법 시행규칙」 [별표 4]

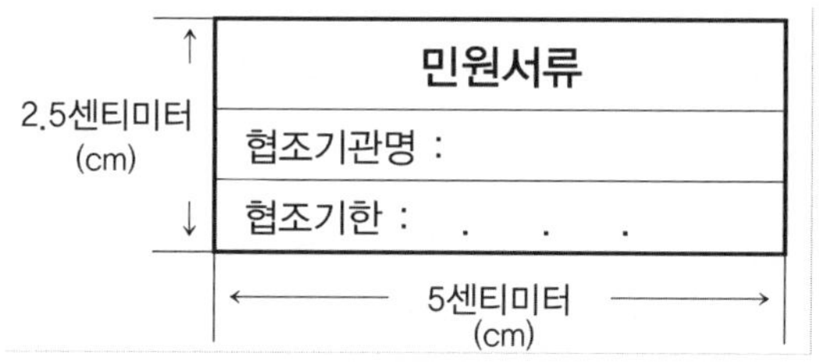

(2) 처리기간의 연장

협조를 요청받은 기관(부서)이 정해진 기간까지 처리할 수 없는 특별한 사정이 있는 경우에는 그 회신기간의 범위 내에서 1회에 한하여 연장할 수 있다. 협조를 요청받은 기관(부서)이 기간을 연장하려는 경우에는 회신기간이 끝나기 전에 그 연장사유·처리진행상황 및 회신예정일 등을 협조를 요청한 민원 처리 주무부서에 통보하여야 한다.

2. 민원 처리의 예외(「민원처리법」 제21조)

(1) 민원 처리의 예외 사항

행정기관의 장은 접수된 민원(법정민원은 제외)이 다음의 어느 하나에 해당하는 경우에는 그 민원을 처리하지 아니할 수 있다.

① 고도의 정치적 판단을 요하거나 국가기밀 또는 공무상 비밀에 관한 사항
② 수사, 재판 및 형집행에 관한 사항 또는 감사원의 감사가 착수된 사항
③ 행정심판, 행정소송, 헌법재판소의 심판, 감사원의 심사청구, 그 밖에 다른 법률에 따라 불복구제절차가 진행 중인 사항

④ 법령에 따라 화해·알선·조정·중재 등 당사자 간의 이해 조정을 목적으로 행하는 절차가 진행 중인 사항

⑤ 판결·결정·재결·화해·조정·중재 등에 따라 확정된 권리관계에 관한 사항

⑥ 감사원이 감사위원회의의 결정을 거쳐 행하는 사항

⑦ 각급 선거관리위원회의 의결을 거쳐 행하는 사항

⑧ 사인 간의 권리관계 또는 개인의 사생활에 관한 사항

⑨ 행정기관의 소속 직원에 대한 인사행정상의 행위에 관한 사항

(2) 민원인에게 사유 통지

민원 처리 예외에 해당하는 민원인의 신청이라도 행정기관의 장은 처리하지 않는 사유를 해당 민원인에게 통지하여야 한다.

04 민원문서의 보완·취하 등

1. 민원문서의 보완(「민원처리법」 제22조 및 동법 시행령 제24조)

(1) 민원문서의 보완 요구

① 행정기관의 장은 접수한 민원문서에 보완이 필요한 경우에는 상당한 기간을 정하여 지체 없이 민원인에게 보완을 요구하여야 한다.

> **◈ 민원문서의 흠결 범위**
>
> 대법원 판례에 따르면 보완 또는 보정할 수 있는 경우여야 하며, 그 내용 또한 형식적·절차적 요건이거나 실질적 요건에 관한 흠이 있는 경우라도 그것이 민원인의 단순 착오나 일시적인 사정 등에 기한 경우여야 한다. 일반적으로 보완의 대상이 되는 흠결에는 신청서 기재내용의 오기 또는 누락, 구비서류의 미제출, 법령에서 정한 기준(시설 및 장비)이나 요건의 미비 등이 있다. 보완이 가능한 경우, 보완을 요구하지 아니한 채 곧바로 거부처분을 한다면 재량권의 범위를 벗어나는 것이다. 다만, 실체적 내용에 대한 사항에 관하여는 사전 보완 요구 없이 신청을 거부하더라도 이를 「행정절차법」의 규정에 반하는 처분이라고 할 수 없다.

② 민원인에게 민원문서의 보완을 요구하는 경우에는 문서 또는 구술 등으로 하되, 민원인이 특별히 요청한 경우에는 문서로 하여야 한다.

③ 보완 요구는 민원문서를 접수한 때부터 8근무시간 이내에 하여야 한다. 다만, 현지조사 등 정당한 사유로 8근무시간이 지난 후 보완하여야 할 사항이 발견된 경우에는 즉시 보완을 요구하여야 한다.

④ 행정기관의 장은 다른 기관을 거쳐 접수된 민원문서 중 보완이 필요한 경우에는 해당 기관을 거치지 아니하고 민원인에게 직접 보완을 요구할 수 있다.

⑤ 행정기관의 보완 요구기간(행정기관의 보완 요구기간 혹은 민원인의 기간연장 요청으로 다시 정한 보완 요구기간) 내 미이행 시 다시 보완을 요청하되, 기간은 10일 이내로 한다.

(2) 민원인의 보완 요구기간 연장 요청

행정기관의 장은 (1)의 ②에 따라 보완 요구를 받은 민원인이 보완 요구를 받은 기간 내에 보완을 할 수 없음을 이유로 보완에 필요한 기간을 분명하게 밝혀 기간 연장을 요청하는 경우에는 이를 고려하여 다시 보완 기간을 정하여야 한다. 이 경우 민원인의 기간 연장 요청은 2회로 한정한다.

(3) 보완 기간의 계산

민원문서의 보완에 필요한 기간의 계산방법에 관하여는 「민법」 제156조, 제157조 및 제159조부터 제161조까지의 규정을 준용한다. 예컨대 2025. 1. 9.(목) 10:00에 민원인에게 보완 기간을 10일로 하여 민원문서의 보완을 요청하였다면, 2025. 1. 10.(금)부터 기산(초일 불산입)하여 2025. 1. 20.(월)이 만료일이 된다. 왜냐하면 10일째 되는 날[(2025. 1. 19.(일)]이 일요일이므로 익일인 월요일이 만료일이 되기 때문이다.

> **민법**
> 제156조【기간의 기산점】기간을 시, 분, 초로 정한 때에는 즉시로부터 기산한다.
> 제157조【기간의 기산점】기간을 일, 주, 월 또는 연으로 정한 때에는 기간의 초일은 산입하지 아니한다. 그러나 그 기간이 오전 영시로부터 시작하는 때에는 그러하지 아니하다.
> 제159조【기간의 만료점】기간을 일, 주, 월 또는 연으로 정한 때에는 기간말일의 종료로 기간이 만료한다.
> 제160조【역에 의한 계산】① 기간을 주, 월 또는 연으로 정한 때에는 역에 의하여 계산한다.
> ② 주, 월 또는 연의 처음으로부터 기간을 기산하지 아니하는 때에는 최후의 주, 월 또는 연에서 그 기산일에 해당한 날의 전일로 기간이 만료한다.
> ③ 월 또는 연으로 정한 경우에 최종의 월에 해당일이 없는 때에는 그 월의 말일로 기간이 만료한다.
> 제161조【공휴일 등과 기간의 만료점】기간의 말일이 토요일 또는 공휴일에 해당한 때에는 기간은 그 익일로 만료한다.

2. 민원문서의 변경·취하 및 반려(「민원처리법 시행령」 제25조)

(1) 민원의 변경·취하

① 민원인은 다른 법률에 특별한 규정이 있거나 그 민원의 성질상 보완·변경 또는 취하할 수 없는 경우가 아니면 해당 민원의 처리가 종결되기 전에는 신청의 내용을 보완하거나 변경 또는 취하할 수 있다.

② 민원내용을 변경한 경우에 처리기간 계산에 있어서는 종전의 민원 처리기간을 변경일로부터 다시 적용하여 처리한다.

(2) 민원문서의 반려 등

① 민원인이 행정기관의 보완 요구기간 내에 보완하지 않은 경우에는 그 이유를 명시하여 접수된 민원문서를 민원인에게 되돌려 보낼 수 있다.

② 민원인이 민원을 취하하여 민원문서의 반환을 요청한 경우에는 다른 법령에 특별한 규정이 있는 경우를 제외하고는 그 민원문서를 민원인에게 돌려주어야 한다.

(3) 민원의 종결

① 민원인의 소재지가 분명하지 아니하여 행정기관의 보완 요구가 2회에 걸쳐 반송된 경우에는 민원을 취하한 것으로 보아 종결처리할 수 있다.

② 민원인에게 직접 교부할 필요가 있는 허가서·신고필증·증명서 등의 문서를 정당한 사유 없이 처리완료 예정일부터 15일이 경과할 때까지 수령하지 않을 경우에는 이를 폐기하고 해당 민원을 종결처리할 수 있다.

> **◈ 취하, 반려, 불가의 구분**
>
> - 취하 : 민원인이 해당 민원의 처리가 종결되기 전 민원신청을 포기하겠다는 의사표시
> - 반려 : ① 보완 미이행(영 제25조 제1항), ② 민원인의 취하(영 제25조 제3항), ③ 필요한 법적 선행적 절차의 미이행, ④ 현실적으로 실현불가능한 사항 등의 이유로 행정기관에서 접수한 민원에 대하여 더 이상 처리를 할 수 없어 행정기관이 민원인에게 민원문서를 되돌려 주는 행위
> - 불가(처분) : 민원인의 신청문서에는 흠이 없지만 민원의 내용을 검토한 결과 법적으로 불가하여 민원신청 사항을 거부하는 행정기관의 의사표시

05 반복 및 중복 민원의 처리(「민원처리법」 제23조)

1. 반복 민원의 처리

(1) 행정기관의 장은 민원인이 동일한 내용의 민원(법정민원은 제외)을 정당한 사유 없이 3회 이상 반복하여 제출한 경우에는 2회 이상 그 처리결과를 통지하고, 그 후에 접수되는 민원에 대하여는 종결처리할 수 있다.

> **◈ 동일한 민원인, 동일한 내용, 정당한 사유**
>
> - 동일한 민원인 : 동일내용에 대하여 여러 사람이 계속하여 민원을 제기하는 경우는 반복 및 중복 민원에 해당되지 않는다.
> - 동일한 내용 : 단순한 문구로서 판단할 사안이 아니고 민원인이 요구하는 취지나 목적이 같으면 동일내용으로 보아 처리할 수 있다. 이러한 동일내용인지 여부는 해당 민원을 처리하는 행정기관에서 판단하여야 한다.
> - 정당한 사유 : 행정기관의 중대한 착오 또는 위법·부당성을 객관적으로 증명할 수 있는 새로운 사유가 있거나 사실 또는 법률관계에 변동이 발생하여 그 처리결과가 달라질 것으로 기대할 수 있는 경우 등 동일한 민원을 반복하는 것에 민원인의 귀책사유가 없어야 한다. 정당한 사유인지 여부 역시 당해 행정기관이 종합적인 상황을 고려해서 판단하여야 한다.

> • 법정민원 : 예컨대 「공유수면 관리 및 매립에 관한 법률」에 따른 공유수면 점용·사용허가 신청은 법정민
> 원으로, 반복 민원을 사유로 종결처리할 수 없다.

(2) 반복 및 중복 민원의 종결처리 시 행정기관의 장의 결재란 기관장의 결재를 받아 종결처리
하되, 기관 실정 및 사안 특성에 따라 기관장의 결재가 어려운 경우 반드시 1·2차 답변의
결재자보다 차상급자 이상의 내부결재를 받아 종결처리하여야 한다.

2. 중복 민원의 처리

동일한 민원인이 동일한 내용의 민원을 2개 이상의 행정기관에 제출하여 이를 다른 행정기관
으로부터 이송받은 경우에도 2회 이상 그 처리결과를 통지하고 그 후에 접수되는 민원에 대
해 종결처리할 수 있다.

06 다수인관련민원의 처리

1. 다수인관련민원의 처리(「민원처리법」 제2조 제6호 및 제24조 제1항)

"다수인관련민원"이란 5세대(世帶) 이상의 공동이해와 관련되어 5명 이상이 연명으로 제출하
는 민원을 말한다. 다수인관련민원을 신청하는 민원인은 연명부(連名簿)를 원본으로 제출하
여야 한다.

2. 반복 또는 중복되는 다수인관련민원의 처리(「민원처리법 시행령」 제26조)

행정기관의 장은 다수인관련민원을 종결처리하려는 경우에는 법 제34조에 따른 민원조정위
원회의 심의를 거쳐야 한다. 민원조정위원회는 앞으로 다룰 예정이다.

3. 다수인관련민원의 관리(「민원처리법 시행령」 제27조)

(1) 행정기관의 장은 다수인관련민원이 발생하지 아니하도록 사전예방대책을 마련하여야 하고,
다수인관련민원이 발생한 경우에는 신속·공정·적법하게 해결될 수 있도록 조치하여야
한다.

(2) 행정기관의 장은 다수인관련민원을 효율적으로 처리하고 관리하기 위하여 다수인관련민원
의 처리상황을 확인·분석하여야 한다.

제3절 무인민원발급

01 무인민원발급창구를 이용한 민원문서의 발급(「민원처리법」 제28조 및 동법 시행령 제32조)

1. 무인민원발급창구의 개념

행정기관의 장은 무인민원발급창구를 통하여 민원문서(다른 행정기관 소관의 민원문서를 포함)를 발급할 수 있다.

⑩ 관공서나 지하철역 등에 설치된 무인민원발급기를 통해서 주민등록표(등본) 등의 증명서를 지문인식을 통해 발급받을 수 있다.

> **민원처리법**
> 제2조【정의】이 법에서 사용하는 용어의 뜻은 다음과 같다.
>   8. "무인민원발급창구"란 행정기관의 장이 행정기관 또는 공공장소 등에 설치하여 민원인이 직접 민원문서를 발급받을 수 있도록 하는 전자장비를 말한다.

2. 무인민원발급창구를 이용한 민원문서의 발급

(1) 행정기관의 장은 무인민원발급창구를 이용하여 민원문서를 발급하는 경우에는 다른 법률의 규정에도 불구하고 수수료를 감면할 수 있다.

(2) 무인민원발급창구를 통하여 발급할 수 있는 민원문서의 종류는 행정안전부장관이 관계 행정기관의 장과의 협의를 거쳐 결정·고시한다.

◈ 〈예시〉 접수·처리할 수 있는 민원사항의 종류

업무	민원증명	종수	본인확인	비고
계		122		
주민등록	주민등록등본 주민등록초본	2	필요	

(3) 행정기관의 장은 무인민원발급창구를 이용하여 민원문서를 발급할 때에는 소관 행정기관의 관인(전자이미지관인을 포함)을 생략하고 해당 기관의 관인을 찍어 발급할 수 있으나, 법령상 또는 그 민원의 성질상 소관 행정기관의 관인을 찍을 필요가 있는 민원문서에는 소관 행정기관의 관인을 찍어야 한다.

(4) 행정기관의 장은 민원문서를 발급할 때 법령에 따라 본인임을 확인하여야 하는 경우에 법령에서 특별히 본인확인 방법을 정하고 있지 아니한 경우에는 행정안전부장관이 정한 전자적 매체를 이용하여 확인할 수 있다.

⑸ 행정안전부장관은 무인민원발급창구를 이용하여 처리할 수 있는 민원의 종류 및 추가비용과 전자적 매체를 이용하여 본인확인을 할 수 있는 민원의 종류 등을 정하여 관보에 고시하고, 인터넷 홈페이지에 게시하여야 한다. 이 경우 소관 민원을 관장하는 중앙행정기관의 장과 미리 협의하여야 한다.

⑹ 그 외 무인민원발급창구의 설치·운영 등에 필요한 사항은 행정안전부장관이 정한다.

02 전자증명서의 발급 등

1. 전자증명서의 발급(「민원처리법」 제28조의2)

⑴ 행정기관의 장은 전자민원창구 또는 통합전자민원창구를 통하여 전자증명서(행정기관의 장이 특정한 사실이나 관계 등을 증명하기 위하여 전자문서 및 전자화문서로 발급하는 민원문서를 의미)를 발급할 수 있다.

⑵ 전자증명서를 발급하는 경우 관계법령 등에 특별한 규정이 있는 경우를 제외하고는 수수료를 감면할 수 있다.

⑶ 발급할 수 있는 전자증명서의 종류는 행정안전부장관이 관계 행정기관의 장과의 협의를 거쳐 결정·고시한다.

2. 민원수수료 등의 납부방법(「민원처리법」 제29조)

행정기관의 장은 민원인의 편의를 위하여 민원인이 현금·수입인지·수입증지 외에 정보통신망을 이용한 전자화폐·전자결제 등 다양한 방법으로 민원 처리에 따른 수수료 등을 납부할 수 있도록 조치하여야 한다.

제4절 ｜ 법정민원

01 사전심사의 청구 등

1. 사전심사청구의 정의

민원인은 법정민원 중 신청에 경제적으로 많은 비용이 수반되는 민원 등 대통령령으로 정하는 민원에 대하여는 행정기관의 장에게 정식으로 민원을 신청하기 전에 미리 약식의 사전심사를 청구할 수 있다.

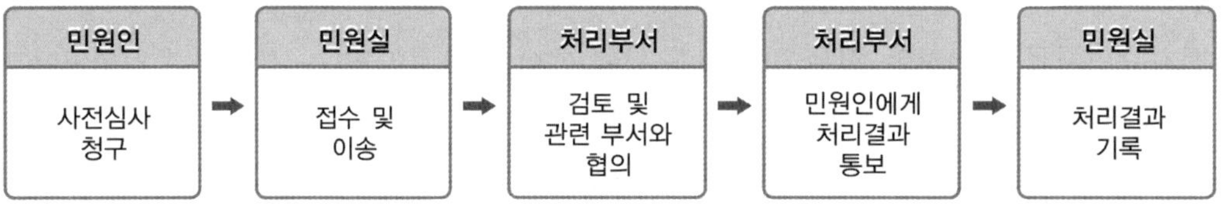

🔷 사전심사청구 절차

사전심사청구는 인·허가 등의 민원을 정식으로 제출하기 전에 소정의 사전심사청구서와 최소한의 구비서류만 제출하고 행정기관에서 민원의 가부, 적부 등을 사전에 심사하여 민원인의 사업수행상 안전성을 보장하고 시간적·경제적 부담을 경감하여 행정서비스의 질적 향상을 도모하기 위한 제도이다.

2. 사전심사의 청구(「민원처리법」 제30조 및 동법 시행령 제33조)

(1) 행정기관의 장은 사전심사가 청구된 법정민원이 다른 행정기관의 장과의 협의를 거쳐야 하는 사항인 경우에는 미리 그 행정기관의 장과 협의하여야 한다.

(2) 행정기관의 장은 사전심사 결과를 민원인에게 문서로 통지하여야 하며, 가능한 것으로 통지한 민원의 내용에 대하여는 민원인이 나중에 정식으로 민원을 신청한 경우에도 동일하게 결정을 내릴 수 있도록 노력하여야 한다. 다만, 민원인의 귀책사유 또는 불가항력이나 그 밖의 정당한 사유로 이를 이행할 수 없는 경우에는 그러하지 아니하다.

> **참고**
>
> **사전심사 결과 통보가 항고소송의 대상이 되는지 여부**
>
> 사전심사결과에 구애되지 않고 민원사항을 처리할 수 있으므로 불가능하다는 통보가 민원인의 권리의무에 직접적 영향을 미친다고 볼 수 없고, 통보로 인하여 민원인에게 어떠한 법적 불이익이 발생할 가능성도 없는점 등 여러 사정을 종합해 보면, 구 민원사무처리법이 규정하는 사전심사결과 통보는 항고소송의 대상이 되는 행정처분에 해당하지 아니한다(대법원 2013두7834).

(3) 행정기관의 장은 사전심사 제도를 효율적으로 운영하기 위하여 필요한 법적·제도적 장치를 마련하여 시행하여야 한다.

참고

사전심사 청구서(시행규칙 별지 제8호 서식) 및 사전심사 결과 통지서 양식(시행규칙 별지 제9호 서식)

■ 민원 처리에 관한 법률 시행규칙 [별지 제8호 서식]
■ 수수료: 없음

사전심사 청구서

제출서류
■ 행정기관의 장이 정한 구비서류

접수번호:	접수일:	처리기간: 행정기관의 장이 정한 기간

1. 청구인 정보

청구인 이름(법인명):   연락처:
주소(소재지):

주소
(법인의 경우
주된 사무소 소재지)

2. 청구내용

민원사항
주된 행위의
목적과 내용

예정 사업기간

그 밖의 주요사항

3. 서명 및 날인

「민원 처리에 관한 법률」 제30조 제1항 및 같은 법 시행령 제34조에 따라 위와 같이 사전심사를 청구합니다.

년   월   일

신청인   (서명 또는 인)

접수기관 귀하

■ 민원 처리에 관한 법률 시행규칙 [별지 제9호 서식]

행정기관명

수신자
(경유)
제 목 사전심사 결과 통지서

「민원 처리에 관한 법률」 제30조 제3항에 따라 귀하께서 신청하신 사전심사청구에 대하여 아래와 (붙임과) 같이 통지합니다.

접수번호		접수일	
민원명	○○○ 민원에 대한 사전심사청구		
심사내용			
관련 규정	검토내용	검토결과	주관부서
○○법(시행령)		가/부/조건부 가	
종합의견 및 대안제시			

※ 본문의 내용이 많으면 별지에 작성할 수 있습니다. 끝.

발 신 명 의 직인

---

3. 사전심사청구 대상 민원(「민원처리법 시행령」 제33조 제1항)

(1) 법정민원 중 정식으로 신청할 경우 토지매입 등이 필요하여 민원인에게 경제적으로 많은 비용이 수반되는 민원

(2) 행정기관의 장이 거부처분을 할 경우 민원인에게 상당한 경제적 손실이 발생하는 민원

4. 사전심사청구 대상 민원의 안내(「민원처리법 시행령」 제33조 제2항)

행정기관의 장은 사전심사청구 대상 민원의 종류 및 민원별 처리기간·구비서류 등을 미리 정하여 민원인이 이를 열람할 수 있도록 게시하고 민원편람에 수록하여야 한다.

◆ 〈예시〉 사전심사청구 대상 민원 목록

민원명	처리기간		사전심사구비서류	처리부서
	법정	사전심사		
가족묘지 설치허가	10일	10일	1. 지적도	사회복지과
농지전용허가	10일	3일	1. 사업계획서 2. 전용예정 구역이 표시된 지적도(건물배치도) 3. 피해방지계획서	건축허가과

5. 사전심사청구의 처리절차(「민원처리법 시행령」 제34조)

(1) 준용 규정

사전심사청구 대상 민원의 접수 및 처리절차에 관하여는 법 제20조(관계기관·부서 간의 협조), 이 영 제6조(민원의 접수), 제24조(민원문서의 보완 절차 및 방법 등) 및 제25조(민원문서의 반려 등)를 준용한다.

(2) 처리기간

사전심사청구 대상 민원의 처리기간은 다음의 범위에서 행정기관의 장이 정한다. 다만, 불가피한 사유로 처리기간 내에 처리하기 어려운 경우에는 처리기간을 연장할 수 있다.
① 처리기간이 30일 미만인 민원 → 처리기간
② 처리기간이 30일 이상인 민원 → 30일 이내

(3) 구비서류의 최소화

행정기관의 장은 사전심사청구 대상 민원의 구비서류를 최소화하여야 하며, 사전심사의 청구 후 정식으로 민원이 접수되었을 때에는 이미 제출된 구비서류를 추가로 요구해서는 아니 된다.

(4) 처리기간의 단축

행정기관의 장은 사전심사를 거친 민원의 경우 특별한 사유가 없으면 처리기간을 단축하여 신속히 처리하여야 한다.

02 복합민원의 처리

1. 복합민원의 정의(「민원처리법」 제2조 제5호)

"복합민원"이란 하나의 민원 목적을 실현하기 위하여 관계법령 등에 따라 여러 관계기관(민원과 관련된 단체·협회 등을 포함) 또는 관계부서의 인가·허가·승인·추천·협의 또는 확인 등을 거쳐 처리되는 법정민원을 말한다.

> **◈ 복합민원 예시**
>
> 공장을 설립하기 위해서는 「산업집적활성화 및 공장설립에 관한 법률」 및 「산업집적활성화 및 공장설립에 관한 법률 시행령」 등에 따라 '공장설립 승인'이라는 민원을 신청하는데, 이 민원을 처리하기 위해서는 「농지법」에 의한 농지전용, 「국토의 계획 및 이용에 관한 법률」에 의한 개발행위, 「건축법」에 의한 건축허가 등 관계부서의 허가·인가·승인 등을 거치도록 되어 있다.

2. 복합민원의 처리유형

복합민원의 처리유형은 법령에 규정되어 있지 않지만, 통상적으로 행정기관에서의 복합민원 처리유형은 다음과 같다.

(1) 의제처리

어떠한 인·허가를 받기 위하여 근거법령이 서로 다른 인·허가를 함께 받아야 할 경우에 그 관련 인·허가가 주된 인·허가와 중복되거나 유사하다면 주된 인·허가만 받으면 관련 인·허가도 함께 받은 것으로 간주하여 처리하는 것이다. 의제처리되는 복합민원의 경우 의제처리의 대상사무에 대해서는 개별법에 구체적으로 명시되어 있다.

> 건축법
> 제11조 【건축허가】 ⑤ 건축허가를 받으면 다음 각 호의 허가 등을 받거나 신고를 한 것으로 보며, 공장 건축물의 경우에는 「산업집적활성화 및 공장설립에 관한 법률」 제13조의2와 제14조에 따라 관련 법률의 인·허가등이나 허가등을 받은 것으로 본다.
> 1. 제20조 제3항에 따른 공사용 가설건축물의 축조신고
> 2. 제83조에 따른 공작물의 축조신고
> (후략)

(2) 창구일원화

주된 인·허가와 관련되어 있는 인·허가의 접수를 모두 받도록 하되, 민원인이 일일이 담당부서별로 직접 찾아다니지 아니하고 주된 인·허가를 제출하면 주된 민원 처리부서에서 책임을 지고 관련 부서와 협의를 거쳐 처리해 주는 제도이다. 주된 인·허가증뿐만 아니라 관련되는 민원의 인·허가증을 모두 교부한다.

⑶ 개별처리

주된 인·허가와 관련되어 있는 인·허가들을 민원인이 각각 신청·접수하여 처리하는 민원이다.

3. 복합민원의 처리방법

⑴ 처리주무부서의 지정(「민원처리법」 제31조 제1항)

행정기관의 장은 복합민원을 처리할 주무부서를 지정하고 그 부서로 하여금 관계기관·부서 간의 협조를 통하여 민원을 한꺼번에 처리하게 할 수 있다.

⑵ 민원서류의 일괄제출(「민원처리법 시행령」 제35조 제1항)

행정기관의 장은 복합민원과 관련된 모든 민원문서를 법 제31조에 따라 지정된 주무부서에 한꺼번에 제출하게 할 수 있다.

4. 복합민원의 게시(「민원처리법 시행령」 제35조 제2항)

행정기관의 장은 관계기관의 장과 협의하여 복합민원의 종류와 접수방법·구비서류·처리기간 및 처리절차 등을 미리 정하여 민원인이 이를 열람할 수 있도록 게시하고, 민원편람에 수록하여야 한다.

5. 참고사항

⑴ 복합민원의 처리기간 산정

복합민원의 경우 모든 민원을 한 번에 처리하는 점을 감안하여 처리기간 산정은 주된 민원과 관련되는 민원 중 처리기간이 가장 긴 것을 처리기간으로 산정한다.

⑵ 주된 민원의 허가가 취소된 경우 의제처리된 민원의 사후관리

복합민원 의제처리의 경우 주된 민원의 인·허가 등이 취소되면 다른 관련 민원도 함께 취소된다. 취소에 따른 원상복구, 사후관리 등은 관련 개별법에 특별한 규정이 없는 경우에는 일반 개별민원의 허가 취소 후 절차와 같이 각각의 처리부서에서 하여야 한다.

03 민원 1회방문 처리제

1. 민원 1회방문 처리제

(1) 민원 1회방문 처리제의 개념

민원 1회방문 처리제는 행정기관에서 복합민원을 처리할 때 내부에서 처리할 수 있는 자료 확인이나 관계부서 또는 기관 간의 협조 등의 일을 가지고 민원인이 두 번 다시 행정기관을 방문하지 않도록 하는 민원 처리제도이다.

(2) 민원 1회방문 처리제의 확립(「민원처리법」 제32조 제1항)

행정기관의 장은 복합민원을 처리할 때에 그 행정기관의 내부에서 할 수 있는 자료의 확인, 관계기관·부서와의 협조 등에 따른 모든 절차를 담당 직원이 직접 진행하도록 하는 민원 1회방문 처리제를 확립함으로써 불필요한 사유로 민원인이 행정기관을 다시 방문하지 아니 하도록 하여야 한다.

2. 실시 배경 및 의의

(1) 공무원과 국민의 의식과 행태 전환

민원업무 자체를 하나의 특권으로 생각하는 등의 잘못된 행태를 근원적으로 제거시키는 한편, 민원인이 민원을 신청한 후 의례적으로 민원처리부서를 찾아다니며 직접 해결하는 것을 당연한 것으로 받아들여 온 생각과 관행을 바꾸게 된다.

(2) 행정문화의 선진화 촉진

민원 1회방문 처리제 시행으로 발생하는 업무부담을 민원 구비서류 감축, 행정규제 완화, 행정전산망 조기구축 등으로 해결하여 행정서비스의 생산력을 높이게 된다. 또한 민원 처리과정에서 민원인과 개별접촉 감소로 부조리 요인이 없어지는 등 민원 처리에 임하는 공무원의 의식과 자세를 근본적으로 혁신시켜 맑고 깨끗한 공직 풍토를 조성하는 등 행정문화의 선진화에 기여하게 된다.

(3) 경제 활성화 유도

민원인의 잦은 행정기관 방문에 따른 불편과 부담을 최소화하여 경제활동의 활성화에 기여하게 된다.

3. 민원 1회방문 처리제의 주요 내용

(1) 민원 1회방문 상담창구의 설치 · 운영(「민원처리법」 제32조 제2항)

행정기관의 장은 민원 1회방문 처리에 관한 안내와 상담의 편의를 제공하기 위하여 민원 1회방문 상담창구를 설치하여야 한다.

(2) 민원 후견인의 지정 · 운영(「민원처리법」 제33조 및 동법 시행령 제37조)

① **민원 후견인의 지정**: 행정기관의 장은 민원 1회방문 처리제의 원활한 운영을 위하여 민원 처리에 경험이 많은 소속 직원을 민원 후견인으로 지정하여 민원인을 안내하거나 민원인과 상담하게 할 수 있다.

② **민원 후견인의 직무**: 행정기관의 장은 소속 직원을 복합민원에 대한 민원 후견인으로 지정하여 다음의 직무를 수행하게 할 수 있다.
　　㉠ 민원 처리방법에 관한 민원인과의 상담
　　㉡ 민원실무심의회 및 법 민원조정위원회에서의 민원인의 진술 등 지원
　　㉢ 민원문서 보완 등의 지원
　　㉣ 민원처리 과정 및 결과의 안내

(3) 민원 1회방문 처리제의 시행 절차(「민원처리법」 제32조 제3항)

① 민원 1회방문 상담창구의 설치 · 운영
② 민원 후견인의 지정 · 운영
③ 복합민원을 심의하기 위한 실무기구의 운영
④ 실무기구의 심의결과에 대한 민원조정위원회의 재심의(再審議)
⑤ 행정기관의 장의 최종 결정

4. 민원실무심의회의 설치 · 운영 등(「민원처리법 시행령」 제36조)

(1) 복합민원을 심의하기 위하여 그 소속으로 민원실무심의회를 설치 · 운영하여야 한다. 이 경우 민원실무심의회의 명칭은 해당 기관의 특성을 고려하여 달리 정할 수 있다. 민원실무심의회의 위원장은 처리주무부서의 장이 되고, 위원은 관계기관 또는 부서의 실무책임자가 된다.

◆ 〈예시〉 민원실무심의회 구성

위원장	건축과장(처리주무부서의 장)
위원	• 건축물의 축조신고 실무책임자 • 개발행위허가 실무책임자 • 외부전문가

(2) 행정기관의 장은 특히 필요하다고 인정하는 경우에는 민원 관련 외부전문가를 민원실무심의회의 위원으로 위촉할 수 있다.

(3) 위원장은 관계기관 또는 부서의 실무책임자에게 회의 참석을 요청할 수 있으며, 그 요청을 받은 사람은 정당한 사유가 없으면 이에 따라야 한다.

(4) 위원장은 심의를 위하여 필요하다고 인정되는 경우에는 관계기관 또는 부서에 현장확인이나 조사 등을 합동으로 실시할 것을 요청할 수 있으며, 그 요청을 받은 관계기관 또는 부서는 특별한 사유가 없으면 이에 따라야 한다.

(5) 위원장은 민원실무심의회의 효율적인 운영을 위하여 필요하다고 인정되는 경우에는 이해관계인·참고인 또는 감정인 등의 의견을 들을 수 있다.

(6) 위원장은 민원실무심의회에 민원인을 참석하게 하는 경우에는 민원인에게 회의일정 등을 미리 통지하여야 한다. 이 경우 민원인이 희망하거나 출석할 수 없는 특별한 사정이 있는 경우에는 서면(전자적 방법에 의한 서면을 포함)으로 의견을 진술하게 할 수 있다.

(7) 행정기관의 장은 창업·공장설립 등 경제적으로 많은 비용이 수반되는 복합민원의 경우에는 신속한 처리를 위하여 민원실무심의회의 심의를 생략하고 민원조정위원회에 직접 상정하여 심의할 수 있다.

04 민원조정위원회의 설치·운영

1. 민원조정위원회의 설치 및 심의사항(「민원처리법」 제34조 및 동법 시행령 제38조)

행정기관의 장은 다음의 사항을 심의하기 위하여 민원조정위원회를 설치·운영하여야 한다.

(1) 장기 미해결 민원, 반복 민원 및 다수인관련민원에 대한 해소·방지 대책

(2) 거부처분에 대한 이의신청

(3) 민원 처리 주무부서의 법규적용의 타당성 여부와 민원실무심의회의 심의결과에 대한 재심의 (민원실무심의회 심의 → 민원조정위원회 재심의)

(4) 소관이 명확하지 아니한 민원의 처리주무부서의 지정

(5) 민원 관련 법령 또는 제도 개선 사항

(6) 창업·공장설립 등 경제적으로 많은 비용이 수반되어 신속한 처리를 위하여 민원실무심의회를 생략하고 민원조정위원회에 직접 상정된 복합민원

(7) 그 밖에 민원의 종합적인 검토·조정 또는 종결처리 등을 위하여 그 기관의 장이 민원조정위원회의 회의에 부치는 사항

2. 민원조정위원회의 심의 생략(「민원처리법 시행령」 제38조 제2항)

(1) 해당 민원을 처리할 때 행정기관의 판단 여지가 없는 경우

(2) 법령에 따라 민원 처리요건이 구체적으로 규정되어 있어 해석의 여지가 없는 경우

(3) 이미 민원조정위원회의 심의를 거쳐 거부된 민원이 같은 사유로 다시 접수된 경우

3. 민원조정위원회의 구성(「민원처리법 시행령」 제38조 제3항)

민원조정위원회의 위원장은 그 행정기관의 장이 소속 국장급 공무원 또는 그에 상당하는 직원 중에서 지명하고, 위원은 처리주무부서의 장, 관계부서의 장, 감사부서의 장, 외부 법률전문가 및 민원과 관련된 외부전문가로 구성하는 것을 원칙으로 한다. 다만, 민원실무심의회에서 관계기관과의 협의를 거쳐 거부하는 것으로 결정된 복합민원을 심의·조정하는 경우에는 그 관계기관의 처리주무부서의 장을 위원으로 할 수 있다.

◈ 〈예시〉 민원조정위원회 구성

위원장	도시교통국장
위원	• 건축과장(처리주무부서의 장) • 도시계획과장(관계부서의 장) • 감사담당관(감사부서의 장) • 변호사, 건축사 등(외부전문가) • 관계기관의 처리주무부서의 장

4. 민원조정위원회의 개최 시 민원인의 참여 등(「민원처리법 시행령」 제38조 제4항 및 제5항)

(1) 위원장은 민원조정위원회의 효율적인 운영을 위하여 필요하다고 인정되는 경우에는 이해관계인·참고인 또는 감정인 등의 의견을 들을 수 있다.

(2) 위원장은 민원조정위원회를 개최할 때에는 민원인 및 이해관계인 등이 참석할 수 있도록 민원인 및 이해관계인 등에게 회의일정 등을 미리 통지하여야 한다. 이 경우 민원인 및 이해관계인 등이 희망하거나 출석할 수 없는 특별한 사정이 있는 경우에는 서면으로 의견을 진술하게 할 수 있다.

5. 행정기관의 장의 최종결정(「민원처리법 시행령」 제39조)

행정기관의 장은 접수된 민원을 처리하려는 경우에는 민원실무심의회 및 민원조정위원회의 심의결과를 존중하여야 한다. 따라서 심의결과의 구속력은 없다.

6. 다수인관련민원 등에 관한 민원조정위원회의 심의(「민원처리법 시행령」 제38조의2)

(1) 민원조정위원회는 다수인관련민원과 법 제23조 제1항에 따라 종결처리된 후 다시 접수된 민원(다수인관련민원등)에 관한 사항을 매년 1회 이상 심의해야 한다.

> **민원처리법**
> **제23조【반복 및 중복 민원의 처리】** ① 행정기관의 장은 민원인이 동일한 내용의 민원(법정민원을 제외한다. 이하 이 조에서 같다)을 정당한 사유 없이 3회 이상 반복하여 제출한 경우에는 2회 이상 그 처리결과를 통지하고, 그 후에 접수되는 민원에 대하여는 종결처리할 수 있다.

(2) 행정기관의 장은 민원인의 권리보호 및 권익구제를 위하여 필요하다고 인정하는 경우에는 다시 접수된 민원(다수인관련민원등)에 관한 사항을 민원조정위원회의 심의에 부칠 수 있다.

(3) 행정기관의 장은 민원조정위원회의 심의를 거쳐 거부된 다수인관련민원등이 같은 사유로 다시 접수된 경우에는 행정기관의 장을 지도·감독하는 행정기관의 장에게 의견 제시를 요청할 수 있다. 다만, 중앙행정기관의 장, 특별시장·광역시장·특별자치시장·도지사·특별자치도지사 또는 특별시·광역시·특별자치시·도·특별자치도의 교육감은 본문에 따라 의견 제시를 요청하지 않고, 3.의 본문에 따라 지명하는 민원조정위원회 위원장의 직급보다 상위 직급의 공무원을 위원장으로 하여 심의하도록 할 수 있다. 의견 제시를 요청받은 행정기관의 장이 의견을 제시하려는 경우에는 민원조정위원회의 심의를 거쳐야 한다.

(4) 행정기관의 장은 의견 제시 및 심의를 거치거나 심의를 거쳐 거부된 다수인관련민원등이 같은 사유로 다시 접수된 경우로서 법 제23조 제1항에 해당하는 경우에는 민원조정위원회의 심의를 생략하고 종결처리할 수 있다.

7. 기타 사항(「민원처리법 시행규칙」 제11조의2)

(1) 행정기관의 장은 민원조정위원회가 심의를 하기 전에 해당 연도에 접수된 다수인관련민원등의 추이(推移), 유형 및 처리현황 등을 분석하여 그 결과를 민원조정위원회에 제출할 수 있다.

(2) 민원조정위원회는 종결처리된 후 다시 접수된 민원(다수인관련민원등)에 관한 사항이 없는 경우에는 장기 미해결 민원, 반복 민원 및 다수인관련민원에 대한 해소·방지 대책을 심의해야 한다.

05 거부처분에 대한 이의신청

1. 거부처분에 대한 이의신청제도의 도입배경

이의신청제도는 행정기관의 거부처분에 대해 행정심판 또는 행정소송과 별개로 행정기관에게 자신이 행한 처분의 적정성을 다시 검토하여 스스로 잘못을 시정할 기회를 부여함으로써, 불필요한 소송을 예방하고 민원인의 시간적·경제적 부담을 줄이기 위한 제도이다.

2. 거부처분에 대한 이의신청 방법(「민원처리법」 제35조)

(1) 법정민원에 대한 행정기관의 장의 거부처분에 불복하는 민원인은 그 거부처분을 받은 날부터 60일 이내에 그 행정기관의 장에게 문서로 이의신청을 할 수 있다. 이의신청은 다음의 사항을 적은 문서로 하여야 한다.
  ① 신청인의 성명 및 주소(법인 또는 단체의 경우에는 그 명칭, 사무소 또는 사업소의 소재지와 대표자의 성명)와 연락처
  ② 이의신청의 대상이 되는 민원
  ③ 이의신청의 취지 및 이유
  ④ 거부처분을 받은 날 및 거부처분의 내용

(2) 민원인은 이의신청 여부와 관계없이 「행정심판법」에 따른 행정심판 또는 「행정소송법」에 따른 행정소송을 제기할 수 있다.

3. 이의신청의 처리절차(「민원처리법 시행령」 제40조)

(1) 행정기관의 장은 이의신청을 받은 날부터 10일 이내에 그 이의신청에 대하여 인용 여부를 결정하고 그 결과를 민원인에게 지체 없이 문서로 통지하여야 한다. 이의신청에 대한 결과를 통지할 때에는 결정 이유, 원래의 거부처분에 대한 불복방법 및 불복절차를 구체적으로 분명하게 밝혀야 한다.

(2) 다만, 부득이한 사유로 정하여진 기간 이내에 인용 여부를 결정할 수 없을 때에는 그 기간의 만료일 다음 날부터 기산(起算)하여 10일 이내의 범위에서 연장할 수 있으며, 연장사유를 민원인에게 통지하여야 한다. 이의신청 결정기간의 연장을 통지할 때에는 통지서에 연장사유 및 기간 등을 구체적으로 적어야 한다.

(3) 행정기관의 장은 이의신청에 대한 처리상황을 이의신청처리대장에 기록·유지하여야 한다.

참고

이의신청처리대장(「민원처리법 시행규칙」 [별지 제12호 서식])

이의신청처리대장

접수번호	접수일	처리부서	민원사항	처리기한	신청인			처분		비고
					이름	전화번호	주소	내용	처분일	

4. 참고 사항

(1) 거부처분에 대한 이의신청에 대한 기각 결정이 행정심판·행정소송이 대상이 되는가?

이의신청을 받아들이지 않는 취지의 기각 결정은 기존의 거부처분을 유지하는 것에 불과하여 민원인의 권리·의무에 새로운 변동을 가져오는 공권력의 행사나 이에 준하는 행정작용이라고 할 수 없다. 따라서 그 결정은 행정심판·소송의 대상이 된다고 볼 수 없다.

(2) 거부처분에 대한 이의신청 제기 시 민원조정위원회 개최 여부

거부처분에 대한 이의신청 제기 시 반드시 민원조정위원회를 거쳐야 하는 것은 아니다.

민원제도의 개선 등

01 민원처리기준표

1. 민원처리기준표의 고시(「민원처리법」 제36조)

(1) 행정안전부장관은 민원인의 편의를 위하여 관계법령 등에 규정되어 있는 민원의 처리기관, 처리기간, 구비서류, 처리절차, 신청방법 등에 관한 사항을 종합한 민원처리기준표를 작성하여 관보에 고시하고 통합전자민원창구(정부24)에 게시하여야 한다.

> **참고**
>
> **대한민국 전자관보에 고시된 민원처리기준표**
>
> ● **행정안전부고시 제2025-3호**
>
> 「민원처리에 관한 법률」 제36조 및 제37조에 따라, 관계 법령의 제(개)정 등에 따른 민원의 처리기간, 신청방법, 구비서류 등의 변경사항을 반영하여 「민원처리기준표」 일부를 다음과 같이 개정합니다.
>
> 2025년 01월 10일
>
> 행정안전부 장관
>
> **민원처리기준표 일부개정고시**

(2) 행정기관의 장은 관계법령 등의 제정·개정 또는 폐지 등으로 제1항에 따라 고시된 민원처리기준표를 변경할 필요가 있으면 즉시 그 내용을 행정안전부장관에게 통보하여야 하며, 행정안전부장관은 그 내용을 관보에 고시하고 통합전자민원창구에 게시한 후 민원처리기준표에 반영하여야 한다.

(3) 행정안전부장관은 민원의 간소화를 위하여 필요하다고 인정하는 경우에는 관계 행정기관의 장에게 관계법령 등에 규정되어 있는 처리기간, 구비서류, 처리절차, 신청방법 등의 개정을 요청할 수 있다.

2. 민원처리기준표의 조정 등(「민원처리법」 제37조)

(1) 행정안전부장관은 민원처리기준표를 작성·고시할 때에 민원의 간소화를 위하여 필요하다고 인정하는 경우에는 관계 행정기관의 장과 협의를 거쳐 관계법령 등이 개정될 때까지 잠정적으로 관계법령 등에 규정되어 있는 처리기간과 구비서류를 줄이거나 처리절차·신청방법을 변경할 수 있다.

  ○ 민원처리기준표 우선 반영 → 관련 법령 개정

(2) 행정기관의 장은 민원처리기준표가 조정·고시된 경우에는 이에 따라 민원을 처리하여야 하며, 중앙행정기관의 장은 민원처리기준표의 조정 또는 변경된 내용에 따라 관계법령 등을 지체 없이 개정·정비하여야 한다.

02 민원행정의 개선

1. 민원행정 및 제도개선 계획 등(「민원처리법」 제38조)

행정안전부장관은 매년 민원행정 및 제도개선에 관한 기본지침을 작성하여 행정기관의 장에게 통보하여야 한다. 각 행정기관의 장은 기본지침에 따라 그 기관의 특성에 맞는 민원행정 및 제도개선 계획을 수립·시행하여야 한다.

2. 민원제도의 개선 추진(「민원처리법」 제39조 제1항~제3항)

(1) 행정기관의 장은 민원제도에 대한 개선안을 발굴·개선하도록 노력하여야 한다.

(2) 행정기관의 장은 민원제도 개선 추진 계획 및 경과, 개선 내용 및 실적, 개선한 내용, 개선에 대한 완료시점 등을 행정안전부장관에게 통보하여야 한다.

(3) 행정기관의 장과 민원을 처리하는 담당자는 민원제도에 대한 개선안을 행정안전부장관 또는 그 민원의 소관 행정기관의 장에게 제출할 수 있다.

3. 민원제도의 개선안의 검토 및 권고(「민원처리법」 제39조 제4항~제6항 및 동법 시행령 제41조 제2항)

(1) 행정안전부장관은 제출받은 개선안을 검토하여 필요한 경우에는 그 소관 행정기관의 장에게 통보하여 검토하도록 하여야 한다.

(2) 개선안을 제출·통보받은 소관 행정기관의 장은 그 수용 여부를 결정하여야 하며, 행정안전부장관은 행정기관의 장이 수용하지 아니하기로 한 사항 중 개선할 필요성이 있다고 인정되는 사항에 대하여는 소관 행정기관의 장에게 개선을 권고할 수 있다.

(3) 행정기관의 장이 행정안전부장관으로부터 권고 받은 사항을 수용하지 아니하는 경우 행정안전부장관은 민원제도개선조정회의에 심의를 요청할 수 있다.

(4) 행정기관의 장은 다음의 어느 하나에 해당하는 경우에는 그 수용 여부를 결정하여 행정안전부장관에게 통보하여야 한다.
   ① 행정안전부장관이 개선안을 통보한 경우
   ② 행정안전부장관이 개선을 권고한 경우
   ③ 민원제도개선조정회의에서 심의·조정한 경우

◆ 민원제도 개선안 검토 과정(「민원처리법」 제39조 제3항~제6항)

진행 단계	절차	조항
① 개선안 제출	행정기관의 장 및 담당자 → 행정안전부장관 또는 소관 행정기관의 장	「민원처리법」 제39조 제3항
② 개선안 검토 요청	행정안전부장관 → 소관 행정기관의 장	「민원처리법」 제39조 제4항
③ 개선안 검토	소관 행정기관의 장(수용 또는 불수용)	
④ 개선권고 (불수용 시)	행정안전부장관 → 소관 행정기관의 장	「민원처리법」 제39조 제5항
⑤ 심의요청 (개선권고 불수용 시)	행정안전부장관 → 민원제도개선조정회의	「민원처리법」 제39조 제6항

03 민원제도개선조정회의

1. 민원제도개선조정회의 설치(「민원처리법」 제40조 제1항)

여러 부처와 관련된 민원제도 개선사항을 심의·조정하기 위하여 국무총리 소속으로 민원제도개선조정회의를 둔다.

2. 민원제도개선조정회의 심의·조정 사항(「민원처리법 시행령」 제42조)

(1) 여러 부처와 관련된 민원제도 개선사항

(2) 행정기관의 미이행 또는 미개선 과제에 대한 심의 및 이행 권고 등에 관한 사항

(3) 민원제도 개선업무의 효율적 추진에 관한 사항

(4) 심의를 요청받은 사항

(5) 그 밖에 조정회의의 위원장이 필요하다고 인정하는 사항

3. 민원제도개선조정회의 구성 등(「민원처리법 시행령」 제43조)

(1) 조정회의는 위원장 1명을 포함하여 10명 이내의 위원으로 구성한다.

(2) 조정회의의 위원장은 국무조정실장으로 하고, 위원은 기획재정부·행정안전부·국무조정실·법제처 및 관련 과제의 소관 행정기관의 부기관장으로 한다. 다만, 민원제도 개선을 위하여 필요한 경우에는 외부전문가를 위원으로 위촉할 수 있다.

> ◆ **조정회의의 위원장**
>
> 1. 조정회의의 위원장은 조정회의를 대표하며 회의를 소집하고 그 의장이 된다.
> 2. 조정회의의 위원장이 조정회의에 참석할 수 없을 때에는 위원장이 미리 지정한 위원의 순서로 그 직무를 대행한다.
> 3. 조정회의의 운영에 필요한 사항은 조정회의의 의결을 거쳐 위원장이 정한다.
> 4. 조정회의의 위원장은 필요하다고 인정하는 경우 관계 행정기관의 장에 대한 설명 또는 자료·서류 등의 제출 요구, 참고인 또는 관계 직원의 출석 및 의견 진술을 요구할 수 있다. 행정기관의 장이 요구를 받은 경우 특별한 사유가 없으면 이에 따라야 한다.

04 민원의 실태조사 등

1. 민원의 실태조사 및 간소화(「민원처리법」 제41조 제1항, 제2항 및 동법 시행령 제48조의2)

(1) 중앙행정기관의 장은 매년 그 기관이 관장하는 민원의 처리 및 운영 실태를 조사하여야 한다.

(2) 중앙행정기관의 장은 소관 민원의 구비서류, 처리절차 등의 간소화 방안을 마련할 때에는 미리 이해관계인, 관련 단체 및 전문가 등의 의견을 수렴하여야 한다.

(3) 중앙행정기관의 장은 소관 민원의 구비서류, 처리절차 등의 간소화 방안을 마련한 경우 그 간소화 방안을 행정안전부장관에게 제출해야 한다. 행정안전부장관은 제출받은 간소화 방안을 점검하고 필요한 경우 개선을 권고할 수 있다.

(4) 중앙행정기관의 장은 행정안전부장관의 권고에 따라 개선하도록 노력해야 한다.

2. 법정민원 신설 사전진단(「민원처리법 시행령」 제48조의3)

(1) 중앙행정기관의 장은 소관 법정민원을 신설하려는 경우에는 그 민원의 처리기간·구비서류·수수료 등의 적정성에 대해 사전진단을 실시해야 한다. 중앙행정기관의 장은 실시한 사전진단의 결과를 행정안전부장관에게 통보해야 한다.

(2) 중앙행정기관의 장은 통보하는 경우 사전진단 대상 민원의 근거가 되는 법령안에 대한 입법예고 또는 훈령·예규·고시안에 대한 행정예고와 동시에 해야 한다. 다만, 「행정절차법」에 따라 입법예고 또는 행정예고를 하지 않는 경우에는 지체 없이 통보해야 한다. 행정안전부장관은 특별한 사정이 없으면 통보를 받은 날부터 15일 이내에 해당 민원의 개선에 필요한 사항을 회신해야 한다.

(3) 행정안전부장관은 통보받은 사전진단의 결과에 대해 소관 중앙행정기관의 장과 그 법정민원의 개선에 필요한 사항을 협의할 수 있다.

3. 확인·점검·평가 등(「민원처리법」 제42조 및 동법 시행령 제49조, 제50조)

(1) 행정안전부장관은 효과적인 민원행정 및 제도의 개선을 위하여 필요하다고 인정할 때에는 행정기관에 대하여 민원의 개선 상황과 운영 실태를 확인·점검·평가하고 그 결과를 해당 행정기관의 장에게 통보할 수 있다. 확인·점검에 관하여는 「지방자치단체에 대한 행정감사 규정」 제11조 및 제12조를 준용한다.

> **지방자치단체에 대한 행정감사규정**
>
> **제11조【자료제출 요구】** ① 주무부장관, 행정안전부장관 또는 시·도지사는 감사활동 수행기간 동안 필요하다고 인정되는 때에는 감사대상 지방자치단체나 그 소속 공무원 또는 그 밖에 감사사항과 관련이 있다고 인정되는 자에게 다음 각 호의 조치를 할 수 있다.
>
> 1. 출석·답변의 요구
>
> (후략)
>
> **제12조【확인서의 요구】** ① 제8조에 따른 감사반에 편성되어 감사활동을 수행하는 사람은 감사와 관련된 사항의 증거를 보강하기 위하여 필요한 경우에는 감사대상 지방자치단체나 그 소속 공무원 또는 그 밖에 감사사항과 관련이 있다고 인정되는 자로부터 사실관계 등을 적은 확인서를 받을 수 있다.

(2) 행정안전부장관은 민원행정 개선을 위하여 필요하다고 인정되는 경우에는 행정기관에 대한 민원행정 및 민원세노 개선의 추진상황에 대한 평가를 할 수 있다.

(3) 행정안전부장관은 평가 결과에 따라 우수 기관 및 직원에 대하여 포상할 수 있다.

(4) 행정기관의 장은 제1항에 따른 확인·점검·평가 결과를 통보받은 경우에는 이를 해당 행정기관의 인터넷 홈페이지에 공개하여야 한다. 행정기관의 장은 평가 결과를 공개하는 경우에는 행정안전부장관이 평가 결과를 통보한 날부터 14일 이내에 해당 행정기관의 인터넷 홈페이지에 1개월 이상 공개해야 한다. 행정기관의 장은 평가 결과를 공개하는 경우에는 그 행정기관의 종합 평가 결과 및 주요 항목별 평가 결과를 공개해야 한다.

(5) 행정안전부장관은 확인·점검·평가 결과 민원의 개선에 소극적이거나 이행 상태가 불량하다고 판단되는 경우 국무총리에게 이를 시정하기 위하여 필요한 조치를 건의할 수 있다. 다만, 행정안전부장관이 시정조치가 필요하다고 판단되는 사항 중 처리기간의 경과, 구비서류의 추가 요구 및 부당한 접수 거부 등 경미한 사항은 직접 관계 행정기관의 장에게 그 시정에 필요한 조치를 요구할 수 있다.

(6) 국무총리로부터 시정 요구를 받거나 행정안전부장관으로부터 시정 요구를 받은 관계 행정기관의 장은 행정안전부장관에게 그 처리결과를 통보하여야 한다.

4. 민원행정에 관한 여론 수집(「민원처리법」 제44조)

(1) 행정안전부장관은 행정기관의 민원 처리에 관하여 필요한 경우 국민들의 여론을 수집하여 민원행정제도 및 그 운영의 개선에 반영할 수 있다.

(2) 행정기관의 민원 처리에 관한 국민들의 여론을 수집하려는 경우 효율적인 여론 수집을 위하여 필요한 경우에는 관련 기관 또는 단체 등에 여론조사를 의뢰할 수 있다.

(3) 행정안전부장관은 국민들의 여론을 수집한 결과 민원행정제도 및 운영의 개선이 필요한 경우 국무총리의 승인을 받아 관계 행정기관의 장에게 시정에 필요한 조치를 요구할 수 있다. 이 경우 관계 행정기관의 장은 적절한 조치를 하고, 그 처리결과를 행정안전부장관에게 통보하여야 한다.

5. 국회 등의 특례(「민원처리법 시행령」 제53조)

국회·법원·헌법재판소·중앙선거관리위원회는 해당 기관의 효율적인 민원 처리를 위하여 필요한 경우에는 다음의 사항에 대해 국회규칙·대법원규칙·헌법재판소규칙 또는 중앙선거관리위원회규칙으로 달리 정할 수 있다.

부록

기출문제 모범답안

사무관리론 모범답안

문 1.	물음 1.

민원인의 요구에 의한 본인정보 공동이용과 관련해 민원인의 권리를 설명하고, 행정안전부장관이 행정정보 보유기관의 장과 협의하여 정할 수 있는 본인정보의 종류 및 세부유형을 기술하시오. (20점)

1. 본인정보 공동이용과 관련한 민원인의 권리

민원인은 행정기관이 컴퓨터 등 정보처리능력을 지닌 장치에 의하여 처리가 가능한 형태로 본인에 관한 행정정보를 보유하고 있는 경우 민원을 접수·처리하는 기관을 통하여 행정정보 보유기관의 장에게 본인에 관한 증명서류 또는 구비서류 등의 행정정보(법원의 재판사무·조정사무 및 그 밖에 이와 관련된 사무에 관한 정보는 제외)를 본인의 민원 처리에 이용되도록 제공할 것을 요구할 수 있다.

2. 공동이용을 요구할 수 있는 본인정보의 종류

(1) 주민등록표, 병적증명서 등 개인의 신원에 관한 본인정보

(2) 등기사항증명서 등 법인 또는 그 밖의 단체의 지위 및 성격을 파악하기 위하여 필요한 본인정보

(3) 개인 또는 법인, 그 밖의 단체의 자격의 증명에 관한 본인정보

(4) 물건 또는 법률상의 권리에 관한 본인정보

(5) 토지 등 특정한 물건이나 그 밖의 권리의 소재·형상 및 그에 대한 평가를
확인하기 위하여 필요한 본인정보

(6) 개인등의 행위에 대한 사실을 증명하기 위하여 필요한 본인정보

(7) 그 밖에 행정기관이 민원 처리 등 소관 업무를 수행하는 데에 반드시 필요
한 본인정보 "끝"

물음 2.

행정기관의 장(지방자치단체와 그 소속기관은 제외)이 편의를 제공하기 위해 노력

해야 하는 민원취약계층의 범위와 제공할 수 있는 편의 및 수수료 감면에 관하여

설명하시오. (20점)

1. 민원취약계층의 범위

(1) 「장애인복지법」 제32조에 따라 등록된 장애인

(2) 65세 이상인 사람

(3) 「국민기초생활 보장법」에 따른 수급자

(4) 「재한외국인 처우 기본법」에 따른 결혼이민자

(5) 「북한이탈주민의 보호 및 정착지원에 관한 법률」에 따른 보호대상자

(6) 「모자보건법」에 따라 임신 또는 분만 사실을 신고한 임산부

(7) 「영유아보육법」에 따른 영유아를 동반한 보호자

(8) 위 사람 외에 신체적·정신적·언어적 능력 등에서 어려움이 있어 민원 편
의의 제공이 필요하다고 행정기관의 장이 인정하는 사람

2. 편의제공 사항

　(1) 휠체어, 점자 안내책자, 보청기기, 돋보기 등 편의용품 비치

　(2) 민원취약계층 전용 민원창구의 설치 및 운영

　(3) 정보시스템을 이용한 민원 처리방법 등에 대한 안내 및 교육

　(4) 위 사항 외에 행정기관의 장이 민원 편의를 위하여 필요하다고 인정하는

　　　사항

3. 수수료 감면

　(1) 행정기관의 장은 민원취약계층에 대하여 민원 처리에 따른 수수료를 감면

　　　할 수 있다.

　(2) 민원취약계층에 대한 민원 처리 수수료의 감면 비율이나 감면 금액은 전자

　　　민원창구나 통합전자민원창구를 통하여 민원을 처리하는 경우의 감면 비율

　　　이나 감면 금액 이상으로 한다.

　(3) 행정기관의 장은 민원취약계층에 대한 민원 처리 수수료의 감면 비율이나

　　　감면 금액을 정한 경우 이를 행정기관의 인터넷 홈페이지 등을 통해 공개해

　　　야 한다. "끝"

문 2. 「행정업무의 운영 및 혁신에 관한 규정」 및 「행정업무의 운영 및 혁신에 관한 규정 시행규칙」상 문서의 발신명의와 발신방법 등에 관하여 설명하시오. (20점)

1. 문서의 발신명의

  (1) 문서의 발신명의는 행정기관의 장으로 한다.

  (2) 합의제기관의 권한에 속하는 문서의 발신명의는 그 합의제기관으로 한다.

  (3) 법령에 의하여 행정권한이 위임·위탁된 경우에는 그 위임 또는 위탁을 받은 자(수임자 또는 수탁자)의 명의로 발신한다.

  (4) 행정기관 내의 보조기관 또는 보좌기관 상호 간에 발신하는 문서는 해당 보조기관 또는 보좌기관의 명의로 한다.

  (5) 발신할 필요가 없는 내부결재문서는 발신명의를 표시하지 아니한다.

2. 문서의 발신방법

  (1) 일반사항

    ① 정보통신망의 이용 : 문서는 업무관리시스템이나 전자문서시스템 등의 정보통신망을 이용하여 발신한다. 이 경우 그 발신 기록을 전자적으로 관리하여야 한다.

    ② 우편·팩스 등 : 업무의 성질상 정보통신망을 이용하지 못할 경우 우편·팩스 등의 방법으로 문서를 발신할 수 있으며, 이 경우 발신 기록을 증명할 수 있는 관계 서류 등을 기안문과 함께 보관하여야 한다.

③ 전자우편주소: 행정기관이 아닌 자에게는 행정기관의 홈페이지나 행정기관이 공무원에게 부여한 전자우편주소 등 공무원임을 확인할 수 있는 전자적인 방법을 이용하여 문서를 발신할 수 있다.

④ 관인을 찍은 후 발송: 문서는 처리과에서 발신하되, 관인을 찍는 문서인 경우로서 전자문서인 경우에는 처리과의 기안자 등이 전자이미지관인을 찍고, 종이문서인 경우에는 관인을 관리하는 사람이 관인을 찍은 후 처리과에서 발송한다.

(2) 특수사항: 암호 또는 음어 송신

① 누설되면 국가안전보장, 질서유지, 경제안정, 그 밖의 국가이익을 해칠 우려가 있는 내용의 문서를 결재할 때 결재권자는 그 문서 내용의 암호화 등 보안 유지가 가능한 발신방법을 지정하여야 한다. 이 경우 본문의 마지막에 "암호" 등으로 발신방법을 표시하여야 한다.

② 암호 등으로 발신할 문서 중 비밀로 분류된 문서는 송수신자 간에 서로 응답이 있는 경우에만 발신하여야 하며, 문서의 제목 다음이나 본문의 "끝" 또는 "이하빈칸" 표시 다음에 따옴표("")를 하고 그 안에 비밀등급을 표시하여 발신하여야 한다. "끝"

문 3. 「행정업무의 운영 및 혁신에 관한 규정」상 관인의 종류 및 비치, 그리고 특수관인

에 관하여 설명하시오. (20점)

1. 관인의 종류 및 비치

   (1) 청인과 직인

   관인은 행정기관의 명의로 발신하거나 교부하는 문서에 사용하는 청인과

   행정기관의 장이나 보조기관의 명의로 발신하거나 교부하는 문서에 사용하

   는 직인으로 구분한다.

   (2) 관인의 구분

   ① 합의제기관은 청인을 가진다. 다만, 행정기관의 소관 사무에 관한 자문

   에 응하기 위하여 설립된 합의제기관은 필요한 경우에만 청인을 가진다.

   ② 합의제기관을 제외한 기관은 그 기관장의 직인을 가진다.

   ③ 보조기관이 위임받은 사무를 행정기관으로서 처리하는 경우에는 그 사

   무 처리를 위하여 직인을 가진다.

   ④ 합의제기관의 장이 법령에 따라 합의제기관의 장으로서 사무를 처리하

   는 경우에는 그 사무 처리를 위하여 직인을 가질 수 있다.

   (3) 전자이미지관인

   각급 행정기관은 전자문서에 사용하기 위하여 전자이미지관인을 가진다.

2. 특수관인

(1) 특별한 용도로 사용하는 관인

행정기관의 장은 유가증권 등 특수한 증표 발행, 민원업무 또는 재무에 관한 업무 등 특수한 업무처리에 사용하는 관인을 따로 가질 수 있다.

(2) 특별한 기관에서 사용하는 관인

세입징수관, 지출관, 회계 등 재무에 관한 업무를 담당하는 공무원의 직인은 기획재정부장관이, 국립의 각급 학교에서 사용하는 관인은 교육부장관이, 외교부와 재외공관에서 외교문서에 사용하는 관인은 외교부장관이, 검찰기관에서 사용하는 관인은 법무부장관이, 군 기관에서 사용하는 관인은 국방부장관이 각각 그 규격과 등록 등 관리에 필요한 사항을 정한다. "끝"

문 4. 「행정업무의 운영 및 혁신에 관한 규정」 및 「행정업무의 운영 및 혁신에 관한 규정 시행규칙」상 업무편람의 작성·활용과 직무편람의 작성·관리 등에 관하여 설명하시오. (20점)

1. 업무편람의 작성·활용

행정기관이 상당 기간에 걸쳐 반복적으로 하는 업무는 그 업무의 처리가 표준화·전문화될 수 있도록 업무편람을 작성하여 활용하는 것을 원칙으로 한다.

업무편람은 행정기관에서 발간·배포하여 활용하는 행정편람과 부서별로 작성·활용하는 직무편람으로 구분한다.

2. 행정편람

행정편람이란 업무처리의 기준과 절차, 장비 운용 방법, 그 밖의 일상적 근무규칙 등에 관하여 다수의 행정기관이나 업무 담당자에게 필요한 지침·기준·지식 등을 제공하여 공통적으로 활용하는 업무지도서나 업무참고서를 말하며, 행정기관 명의로 발간한다.

3. 직무편람의 작성·관리

직무편람은 분장하는 단위업무에 대한 업무계획, 업무현황 및 그 밖의 참고자료 등을 체계적으로 정리한 업무 자료철 등이다.

(1) 작성 대상

특별한 사유가 없으면 행정기관의 직제에 규정된 최하 단위 부서별로 작성하여야 하되, 필요한 경우에는 여러 단위업무에 관한 직무편람을 한 권으로 묶어 부서별로 작성할 수 있다.

(2) 작성 내용

① 업무 연혁, 관련 업무 현황 및 주요업무계획

② 업무의 처리절차 및 흐름도

③ 소관 보존문서 현황

④ 그 밖의 업무처리에 필요한 참고사항

(3) 인계·인수 및 관리

　　업무 담당 직원의 인사이동 또는 조직개편, 업무의 재분장 등으로 소관 업

무를 인계·인수하는 때에는 직무편람을 함께 인계·인수하여 업무현황 파

악이 용이하도록 하고 업무처리 지식 등이 축적될 수 있도록 하여야 하며,

정기 또는 수시로 직무편람의 내용을 점검하고 그 내용을 수정·보완하여

야 한다. "끝"

"이하여백"

문 1.	물음 1.
	법정민원과 고충민원의 개념, 법정민원의 거부처분에 대한 이의신청 기간과 방법
	(내용 포함), 그리고 이의신청 처리절차에 관하여 설명하시오. (20점)
	1. 법정민원과 고충민원의 개념
	(1) 법정민원이란?
	법령·훈령·예규·고시·자치법규 등에서 정한 일정 요건에 따라 인가·
	허가·승인·특허·면허 등을 신청하거나 장부·대장 등에 등록·등재를
	신청 또는 신고하거나 특정한 사실 또는 법률관계에 관한 확인 또는 증명을
	신청하는 민원을 말한다.
	(2) 고충민원이란?
	행정기관 등의 위법·부당하거나 소극적인 처분 및 불합리한 행정제도로
	인하여 국민의 권리를 침해하거나 국민에게 불편 또는 부담을 주는 사항에
	관한 민원을 말한다.
	2. 법정민원의 거부처분에 대한 이의신청 기간과 방법
	(1) 이의신청 기간
	민원인은 그 거부처분을 받은 날부터 60일 이내에 그 행정기관의 장에게
	문서로 이의신청을 할 수 있다.

(2) 이의신청 방법

이의신청은 다음의 사항을 적은 문서로 하여야 한다.

① 신청인의 성명 및 주소(법인 또는 단체의 경우에는 그 명칭, 사무소 또는 사업소의 소재지와 대표자의 성명)와 연락처

② 이의신청의 대상이 되는 민원

③ 이의신청의 취지 및 이유

④ 거부처분을 받은 날 및 거부처분의 내용

3. 이의신청의 처리절차

(1) 행정기관의 장은 이의신청을 받은 날부터 10일 이내에 그 이의신청에 대하여 인용 여부를 결정하고 그 결과를 민원인에게 지체 없이 문서로 통지하여야 한다. 이의신청에 대한 결과를 통지할 때에는 결정 이유, 원래의 거부처분에 대한 불복방법 및 불복절차를 구체적으로 분명하게 밝혀야 한다.

(2) 다만, 부득이한 사유로 정하여진 기간 이내에 인용 여부를 결정할 수 없을 때에는 그 기간의 만료일 다음 날부터 기산(起算)하여 10일 이내의 범위에서 연장할 수 있으며, 연장사유를 민원인에게 통지하여야 한다. 이의신청 결정기간의 연장을 통지할 때에는 통지서에 연장사유 및 기간 등을 구체적으로 적어야 한다.

(3) 행정기관의 장은 이의신청에 대한 처리상황을 이의신청 처리대장에 기록·유지하여야 한다. "끝"

물음 2.

법정민원을 제외한 행정기관의 장이 접수한 민원 중 민원 처리를 하지 않을 수 있는 사항에 관하여 설명하시오. (20점)

1. 민원 처리의 예외 사항

행정기관의 장은 접수된 민원(법정민원은 제외)이 다음의 어느 하나에 해당하는 경우에는 그 민원을 처리하지 아니할 수 있다.

(1) 고도의 정치적 판단을 요하거나 국가기밀 또는 공무상 비밀에 관한 사항

(2) 수사, 재판 및 형집행에 관한 사항 또는 감사원의 감사가 착수된 사항

(3) 행정심판, 행정소송, 헌법재판소의 심판, 감사원의 심사청구, 그 밖에 다른 법률에 따라 불복구제절차가 진행 중인 사항

(4) 법령에 따라 화해·알선·조정·중재 등 당사자 간의 이해 조정을 목적으로 행하는 절차가 진행 중인 사항

(5) 판결·결정·재결·화해·조정·중재 등에 따라 확정된 권리관계에 관한 사항

(6) 감사원이 감사위원회의의 결정을 거쳐 행하는 사항

(7) 각급 선거관리위원회의 의결을 거쳐 행하는 사항

(8) 사인 간의 권리관계 또는 개인의 사생활에 관한 사항

(9) 행정기관의 소속 직원에 대한 인사행정상의 행위에 관한 사항

2. 민원인에게 사유 통지

민원 처리 예외에 해당하는 민원인의 신청이라도 행정기관의 장은 처리하지 않

는 사유를 해당 민원인에게 통지하여야 한다. "끝"

문 2. 문서작성과 문서처리의 원칙에 관하여 각각 설명하시오. (20점)   *불의타 문제

1. 문서작성의 원칙

(1) 정확성의 원칙

문서는 내용이 틀리지 않게, 빠진 내용 없이, 올바른 문장부호를 사용하며,

정확한 용어를 사용하여야 한다.

(2) 명확성의 원칙

문서는 6하원칙에 따라, 애매하거나 과장된 표현은 피하고, 구체적으로 작

성되어야 한다.

(3) 신속성의 원칙

문서는 개조식, 두괄식으로 작성하고, 한 문장에 하나의 뜻을 쓴다.

(4) 용이성의 원칙

문서는 한자나 전문용어 사용을 피하고, 간략한 표현을 사용하여 읽기 쉽고

알기 쉬운 말로 1건에 1매로 쓴다.

(5) 경제성의 원칙

반복적인 문서는 표준 기안문을 사용하고, 용지의 규격 및 지질을 표준화

한다.

(6) 성실성의 원칙

문서는 과장하거나 감정적·강압적인 표현을 사용하지 않고, 성의 있고 진

솔하게 작성하여야 한다.

2. 문서처리의 원칙

(1) 즉일처리의 원칙

문서의 내용에 따라 처리기간이 다를 수 있으나, 가급적 그 날로 처리하는

것이 바람직하다.

(2) 책임처리의 원칙

문서는 해당 업무 담당자가 책임을 가지고 신속·정확하게 처리한다.

(3) 적법성의 원칙

문서는 법령 및 규정에 따라 일정한 형식과 요건을 갖추고, 권한이 있는 사

람에 의해 작성·처리되어야 한다. "끝"

문 3. 사무개선의 개념과 사무개선을 위한 집단아이디어 발상법에 관하여 설명하시오.

(20점) *불의타 문제

1. 사무개선의 개념

"사무개선"이란 현행 사무가 합리적, 경제적인 방법으로 이루어지고 있는지를

조사 및 분석하여 개선하는 것을 말한다.

2. 집단아이디어 발상법

(1) 브레인스토밍

주어진 문제에 대해 집단토론 상황에서 구성원들이 아이디어와 문제해결 대안들을 자유롭게 토론하는 방법이다. 브레인스토밍이 제대로 진행되기 위해서는 개방적이고 자유로운 분위기가 유지되어야 하고, 초기단계에서 타인의 아이디어를 비판하거나 평가하지 말아야 하며, 아이디어 평가는 아이디어가 총망라된 다음에 시작한다.

(2) 고든법

윌리엄 J. 고든(William J. Gordon)이 제안한 방법으로, 브레인스토밍과 달리 참가자들이 문제의 본질을 정확히 제시하지 않고 추상적인 개념을 제시한다. 예컨대 '저장 방법'에 대해서 자유롭게 아이디어를 내도록 한다. 다양한 저장 방법 중 끈에 매달아 저장하는 방법을 자동차 주차장에 적용한다면 타워 주차장을 고안해 낼 수 있다. 즉 일반적인 주차 방법 개선에 대해서 브레인스토밍을 했다면, 주차라는 주제에 매몰되어 생각하기 어려울 수 있다.

(3) 체크리스트법

오스본의 체크리스트법(Osborn's Checklist Method)은 아이디어 도출을 위해 9가지 질문에 따라 개선하는 방법이다. 예컨대 '다른 용도로 쓸 수 있는가?'라는 질문에 따라 종이컵을 꽃병, 연필꽂이, 씨앗 발아 화분으로 활용하는 것을 도출해 볼 수 있다. "끝"

문 4.	「행정업무의 운영 및 혁신에 관한 규정」상 업무관리시스템의 구축·운영 주체에 관하여 설명하고, 업무관리시스템의 일반적인 기대효과에 관하여 설명하시오. (20점)

1. 업무관리시스템의 구축·운영 주체

  (1) 행정기관의 장

    행정기관의 장은 업무처리의 전 과정을 효율적으로 관리하기 위하여 업무관리시스템을 구축·운영하여야 한다.

  (2) 중앙행정기관과 지방자치단체, 지방교육행정기관의 장

    중앙행정기관과 지방자치단체, 지방교육행정기관의 장은 그 소속기관이나 산하기관 등을 포함하여 업무관리시스템을 구축·운영할 수 있다.

  (3) 행정안전부장관

    행정안전부장관은 행정기관의 업무관리시스템 구축·운영을 지원하기 위한 계획을 수립·시행할 수 있다.

2. 업무관리시스템의 일반적인 기대효과

  (1) 일하는 방식의 표준화·시스템화로 신속한 업무처리가 가능하고 업무과정이 표준화되어 시스템에서 관리된다.

  (2) 관련 업무담당자 사이에 업무처리내용이 긴밀하게 공유된다.

  (3) 업무내용은 과제별로 체계적으로 분류·등록되며 추진내용이나 과제수행에 대한 정확한 상황을 실시간으로 확인할 수 있다.

	(4) 추진실적은 자동으로 기록·관리되어 행정의 효율성을 크게 향상시킬 수
	있다. "끝"
	"이하여백"

문 1.	물음 1.
	행정기관에 민원을 제기하는 개인·법인 또는 단체 중 민원인의 범위에서 제외되는 자에 관하여 설명하시오. (20점)
	1. 행정기관에 처분 등 특정한 행위를 요구하는 행정기관
	행정기관은 민원의 요구주체가 아니라 민원의 상대방인 민원의 처리주체이므로 민원인에서 제외된다. 다만, 행정기관이 사경제 주체로서 요구하는 경우는 제외한다.
	2. 행정기관과 사법상의 계약관계에 있는 자
	행정기관과 사법(私法)상의 계약관계가 있는 자로서 계약관계와 직접 관련하여 행정기관에 처분 등 특정한 행위를 요구하는 자는 제외된다. 일반적으로 계약은 계약서에서 정한 방법에 따르거나 민사절차에 의하여 해결해야 하기 때문에 이 경우에는 민원인으로 보지 않는다.
	3. 성명·주소 등이 불명확한 자
	행정기관에 처분 등을 요구하는 자로서 성명·주소(법인 또는 단체의 경우에는 그 명칭, 사무소 또는 사업소의 소재지와 대표자의 성명) 등이 불명확한 자는 제외된다. 다만, 주소는 민원의 처리결과를 통보받을 수 있는 곳이면 가능하고,

반드시 민법상 주소만을 의미하는 것은 아니다. 또한 성명·주소 등을 잘못 기

재하였거나 보완이 가능한 때는 민원인으로 보아야 한다. "끝"

물음 2.

민원인이 민원을 제기하는 행정기관의 종류에 대하여 설명하시오. (20점)

1. 국가기관 및 지방자치단체

　　국회·법원·헌법재판소·중앙선거관리위원회의 행정사무를 처리하는 기관,

　　중앙행정기관(대통령 소속 기관과 국무총리 소속 기관을 포함)과 그 소속 기관,

　　지방자치단체와 그 소속 기관

2. 공공기관

　　(1) 「공공기관의 운영에 관한 법률」 제4조에 따른 법인·단체 또는 기관

　　(2) 「지방공기업법」에 따른 지방공사 및 지방공단

　　(3) 특별법에 따라 설립된 특수법인

　　(4) 「초·중등교육법」·「고등교육법」 및 그 밖의 다른 법률에 따라 설치된 각

　　　　급 학교

　　(5) 「정부출연연구기관 등의 설립·운영 및 육성에 관한 법률」 제8조 제1항에

　　　　따른 연구기관

　　(6) 「과학기술분야 정부출연연구기관 등의 설립·운영 및 육성에 관한 법률」

　　　　제8조 제1항에 따른 연구기관

3. 행정권한을 위임받은 기관 등

법령 또는 자치법규에 따라 행정권한이 있거나 행정권한을 위임 또는 위탁받은 법인·단체 또는 그 기관이나 개인 "끝"

문 2. 「행정업무의 운영 및 혁신에 관한 시행규칙」상 문서의 접수 및 처리과정에서 문서의 반송과 이송(행정기관 간 이송, 보조기관 또는 보좌기관 간 이송)에 관하여 설명하시오. (20점)

1. 문서의 접수

(1) 일반 사항

문서는 처리과에서 접수하며, 접수한 문서에는 접수일시와 접수등록번호를 전자적으로 표시한다. 문서과에서 받은 문서는 접수일시를 전자적으로 표시하거나 적고 지체 없이 처리과에 배분하여야 한다.

(2) 행정기관 외의 자로부터 정보통신망으로 받은 문서

일반적인 접수절차를 거쳐 업무관리시스템 또는 전자문서시스템상에서 처리하되, 발신자의 주소와 성명 등이 불분명하거나 담당 업무와 관련이 없는 사항인 경우에는 접수하지 아니할 수 있다.

(3) 둘 이상의 보조(보좌)기관 관련 문서

둘 이상의 보조기관 또는 보좌기관과 관련 있는 문서의 경우에는 관련성이 가장 높은 보조기관 또는 보좌기관이 처리과로서 문서를 접수한다. 문서를 접수한 처리과는 문서와 관련이 있는 다른 보조기관 또는 보좌기관에 접수

한 문서의 내용을 통보하여야 한다.

(4) 경유문서의 처리

경유문서를 접수한 기관은 해당 기관장의 명의로 다른 경유기관의 장이나 최종 수신자에게 경유문서를 첨부하여 발신하여야 한다. 이 경우 해당 기관의 의견이 있으면 그 의견을 시행문 본문에 표시하거나 첨부하여 보내야 한다.

(5) 당직근무자가 받은 문서

당직근무자가 문서를 받았으면 다음 근무시간 시작 후 지체 없이 문서과에 인계하여야 한다.

(6) 팩스로 받은 문서

감열기록방식의 팩스로 보존기간이 3년 이상인 문서를 수신하였을 때에는 그 문서를 복사하여 접수하여야 한다.

2. 문서의 반송

(1) 행정기관 간의 반송

접수한 문서에 형식상의 흠이 있으면 그 문서의 생산등록번호, 시행일, 제목 및 반송사유를 구체적으로 밝혀 발신한 행정기관의 장에게 반송할 수 있다.

(2) 보조기관 또는 보좌기관 간의 반송

처리과에서 그 소관에 속하지 아니하는 문서를 접수한 때에는 지체 없이 그 문서를 발신한 처리과에 반송하여야 하며, 문서과로부터 배부 받은 문서인 경우에는 문서과에 재배부 요청을 하여야 한다.

3. 문서의 이송

  (1) 행정기관 간의 이송

    행정기관의 장은 접수한 문서가 다른 행정기관의 소관사항인 경우에는 그 문서를 지체 없이 소관 행정기관의 장에게 이송하여야 한다.

  (2) 보조기관 또는 보좌기관 간의 이송

    처리과에서 접수한 문서가 다른 보조기관이나 보좌기관의 소관사항인 경우에는 지체 없이 소관 보조기관 또는 보좌기관에 이송하여야 한다. "끝"

문 3. 「행정업무의 운영 및 혁신에 관한 규정」상 서식이 요구되는 상황, 제정 방법 및 설계의 일반원칙을 기술하고, 날짜 및 시·분의 표기와 용지의 규격과 관련하여 문서 작성의 방법을 설명하시오. (20점)

1. 서식이 요구되는 상황

행정기관에서 장기간에 걸쳐 반복적으로 사용하는 문서로서 정형화할 수 있는 문서는 특별한 사유가 없으면 서식으로 정하여 사용한다.

2. 제정 방법 및 설계의 일반원칙

  (1) 제정 방법

    ① 법령서식

      ㉠ 국민의 권리·의무와 직접 관련되는 사항을 기재사항으로 정하는 서식

               ⓛ 인가, 허가, 승인 등 민원에 관계되는 서식

               ⓒ 행정기관에서 공통적으로 사용하는 서식 중 중요한 서식

           ② 일반서식: 법령서식을 제외한 서식으로, 고시·훈령·예규 등으로 정

           할 수 있다.

     (2) 일반원칙

       ① 민원인의 개인정보를 보호할 수 있도록 설계

       ② 기입항목의 식별이 용이하도록 설계

       ③ 쉬운 용어를 사용하고 필요한 항목만 설계

       ④ 기안(시행)문 겸용 설계

       ⑤ 서명 또는 날인의 선택적 설계

       ⑥ 행정기관의 이미지 제고 노력

       ⑦ 민원서식의 설계

       ⑧ 큰글자 서식의 적용

3. 날짜 및 시·분의 표기와 용지의 규격

     (1) 날짜 및 시·분의 표기

       날짜는 숫자로 표기하되, 연·월·일의 글자는 생략하고 그 자리에 온점을

       찍어 표시한다. 월, 일 표기 시 '0'은 표기하지 않는다. 시·분은 24시각제에

       따라 숫자로 표기하되, 시·분의 글자는 생략하고 그 사이에 쌍점을 찍어

       구분한다.

(2) 용지의 규격

서식에 사용되는 용지의 규격은 A4(210mm×297mm)를 기본으로 하되, 부

득이한 경우에는 한국산업표준(KS)에 따른 A열 또는 B열 용지를 사용한

다. 다만, 증표류 또는 컴퓨터에 의한 기록서식 등 그 밖에 특별한 사유가

있으면 그에 적합한 규격용지를 사용할 수 있다. "끝"

문 4. 「행정업무의 운영 및 혁신에 관한 규정」상 공문서의 종류를 설명하고, 문서 처리

의 기본 원칙과 문서의 성립 및 효력 발생의 조건을 기술하시오. (20점)

1. 공문서의 종류

(1) 법규문서

헌법·법률·대통령령·총리령·부령·조례·규칙 등에 관한 문서이다.

(2) 지시문서

훈령·지시·예규·일일명령 등 행정기관이 그 하급기관이나 소속 공무원

에 대하여 일정한 사항을 지시하는 문서이다.

(3) 공고문서

고시·공고 등 행정기관이 일정한 사항을 일반에게 알리는 문서이다.

(4) 비치문서

행정기관이 일정한 사항을 기록하여 행정기관 내부에 비치하면서 업무에

활용하는 대장, 카드 등의 문서를 말한다.

(5) 민원문서

민원인이 행정기관에 허가, 인가, 그 밖의 처분 등 특정한 행위를 요구하는

문서와 그에 대한 처리문서를 말한다.

2. 문서처리의 기본 원칙 *불의타 문제

(1) 즉일처리의 원칙

문서의 내용에 따라 처리기간이 다를 수 있으나, 가급적 그 날로 처리하는

것이 바람직하다.

(2) 책임처리의 원칙

문서는 해당 업무 담당자가 책임을 가지고 신속·정확하게 처리한다.

(3) 적법성의 원칙

문서는 법령 및 규정에 따라 일정한 형식과 요건을 갖추고, 권한이 있는 사

람에 의해 작성·처리되어야 한다.

3. 문서의 성립 및 효력발생의 조건

(1) 성립조건

① 행정기관의 적법한 권한 범위 내에서 작성되어야 한다.

② 위법·부당하거나 시행 불가능한 내용이 아니어야 한다.

③ 법령에 규정된 절차 및 형식을 갖추어야 한다.

(2) 효력발생의 조건

① 일반원칙 : 「행정업무의 운영 및 혁신에 관한 규정」 제6조 제2항에 따라

문서가 수신자에게 도달됨으로써 그 효력을 발생한다.

② 공고문서의 효력발생 : 고시, 공고 등 공고문서는 그 문서상에 효력발생

시기를 명시하고 있지 않으면 그 고시 또는 공고가 있은 날부터 5일이

경과한 때에 효력이 발생한다.

③ 「행정절차법」에 따른 효력발생 : 「행정절차법」 제14조 제4항에 따르면

송달이 불가능한 경우에 관보, 공보, 게시판, 일간신문 중 하나 이상에

공고하고 인터넷에도 공고하여야 한다. 다른 법령 등에 특별한 규정이

없으면 공고일부터 14일이 경과한 때에 그 효력이 발생한다. "끝"

"이하여백"

사무관리론 모범답안

문 1.	물음 1.

민원 처리결과의 통지 및 통지방법 등에 관하여 설명하시오. (20점)

1. 문서로 통지

행정기관의 장은 접수된 민원에 대한 처리를 완료한 때에는 그 결과를 민원인에게 문서로 통지하여야 한다. 다만, 기타민원의 경우와 민원인에게 처리결과를 신속하게 통지하여야 하는 경우, 그리고 민원인이 요청 또는 동의하는 경우에는 구술, 전화, 문자메시지, 팩시밀리 또는 전자우편 등으로 통지할 수 있다.

2. 거부하는 경우

처리결과를 통지함에 있어서 민원의 내용을 거부하는 경우에는 거부 이유와 구제절차를 함께 통지해야 한다.

3. 직접 교부하는 경우

민원의 처리결과를 허가서·신고필증·증명서 등의 문서로 민원인에게 직접 교부할 필요가 있는 때에는 그 민원인 또는 그 위임을 받은 자임을 확인한 후에 이를 교부하여야 한다. "끝"

물음 2.

무인민원발급창구를 이용한 민원문서의 발급에 관하여 설명하시오. (10점)

1. 행정기관의 장은 무인민원발급창구를 이용하여 민원문서를 발급하는 경우에는 다른 법률의 규정에도 불구하고 수수료를 감면할 수 있다.

2. 무인민원발급창구를 통하여 발급할 수 있는 민원문서의 종류는 행정안전부장관이 관계 행정기관의 장과의 협의를 거쳐 결정·고시한다.

3. 행정기관의 장은 무인민원발급창구를 이용하여 민원문서를 발급할 때에는 소관 행정기관의 관인(전자이미지관인을 포함)을 생략하고 해당 기관의 관인을 찍어 발급할 수 있으나, 법령상 또는 그 민원의 성질상 소관 행정기관의 관인을 찍을 필요가 있는 민원문서에는 소관 행정기관의 관인을 찍어야 한다.

4. 행정기관의 장은 민원문서를 발급할 때 법령에 따라 본인임을 확인하여야 하는 경우에 법령에서 특별히 본인확인 방법을 정하고 있지 아니한 경우에는 행정안전부장관이 정한 전자적 매체를 이용하여 확인할 수 있다. "끝"

물음 3.

전자증명서의 발급과 전자문서의 출력 사용 등에 관하여 설명하시오. (10점)

1. 전자증명서의 발급

(1) 행정기관의 장은 전자민원창구 또는 통합전자민원창구를 통하여 전자증명서를 발급할 수 있다.

(2) 전자증명서를 발급하는 경우 관계법령 등에 특별한 규정이 있는 경우를 제외하고는 수수료를 감면할 수 있다.

(3) 발급할 수 있는 전자증명서의 종류는 행정안전부장관이 관계 행정기관의 장과의 협의를 거쳐 결정·고시한다.

2. 전자문서의 출력 사용

행정기관의 장은 전자문서의 위조·변조 방지조치, 출력한 문서의 진위확인조치 등을 하여 민원인에게 전자문서로 통지하고 민원인이 그 전자문서를 출력한 경우에는 이를 공문서로 본다. "끝"

문 2. 「민원 처리에 관한 법률」 및 같은 법 시행령상 다수인관련민원의 개념을 정의하고 그 처리에 관하여 설명하시오. (20점)

1. 다수인관련민원의 개념

"다수인관련민원"이란 5세대(世帶) 이상의 공동이해와 관련되어 5명 이상이 연명으로 제출하는 민원을 말한다. 다수인관련민원을 신청하는 민원인은 연명부(連名簿)를 원본으로 제출하여야 한다.

2. 반복 또는 중복되는 다수인관련민원의 처리

행정기관의 장은 다수인관련민원을 종결처리하려는 경우에는 민원조정위원회의 심의를 거쳐야 한다.

3. 다수인관련민원의 관리

(1) 행정기관의 장은 다수인관련민원이 발생하지 아니하도록 사전예방대책을 마련하여야 하고, 다수인관련민원이 발생한 경우에는 신속·공정·적법하게 해결될 수 있도록 조치하여야 한다.

(2) 행정기관의 장은 다수인관련민원을 효율적으로 처리하고 관리하기 위하여 다수인관련민원의 처리상황을 확인·분석하여야 한다. "끝"

문 3. 「행정 효율과 협업 촉진에 관한 규정」상 업무의 분장, 업무개선 및 행정효율성진단에 관하여 설명하시오. (20점)

※ 「행정 효율과 협업 촉진에 관한 규정」이 「행정업무의 운영 및 혁신에 관한 규정」으로 개정되면서, 행정업무 개선 및 행정효율성진단은 삭제되었다.

1. 업무의 분장

각 처리과의 장은 업무를 효율적으로 처리하고 책임소재를 명확하게 하기 위하

여 소관 업무를 단위업무별로 분장하되, 소속 공무원 간의 업무량이 균형을 이

룰 수 있도록 하여야 한다.

2. 업무개선

(1) 지속적 개선 추진

행정기관의 장은 국민에 대한 서비스의 질을 향상시키고 행정의 효율성을 높이

기 위하여 지속적으로 소관 행정업무의 수행절차 및 방법을 개선하여야 한다.

(2) 우수사례 경진대회 개최

행정안전부장관은 업무개선을 촉진하기 위하여 행정기관이 참여하는 행정

업무 개선 우수사례 경진대회를 개최할 수 있으며 우수사례에 대하여 포상

할 수 있다.

3. 행정효율성진단

(1) 행정효율성진단의 의의

행정효율의 향상을 기하고 양질의 행정서비스를 국민에게 제공하기 위하여

행정업무의 흐름을 가시화하여 분석·검토하고, 업무수행 방식을 개선하여

기존의 업무흐름을 재설계하기 위한 과정 내지 활동을 말한다.

(2) 행정효율성진단의 실시

행정안전부장관은 행정기관의 업무개선 지원과 업무의 효율성 향상을 위하

여 행정업무의 절차 및 방법, 수행체계 및 관련 제도 등을 분석하고 재설계

하는 행정효율성진단을 실시하고 이에 따라 업무개선을 권고할 수 있다.

(3) 행정효율성진단의 활용

　행정안전부장관은 행정기관의 업무 재설계, 조직진단 등을 실시하는 때에 행정효율성진단 결과를 활용하게 할 수 있다.

(4) 행정효율성진단 전문인력의 활용

　행정안전부장관은 행정효율성진단을 실시할 때 해당 분야에 대한 경험이나 전문능력을 가진 각급 행정기관 소속 공무원이나 관계 전문가의 지원을 받아 행정진단에 활용할 수 있다. "끝"

문 4.　「행정 효율과 협업 촉진에 관한 규정」에 명시되어 있는 '공문서', '전자문자서명', '전자문서시스템', '정책실명제'의 개념을 정의하시오. (20점)

※「행정 효율과 협업 촉진에 관한 규정」은 「행정업무의 운영 및 혁신에 관한 규정」으로 개정되었다.

1. 공문서의 개념

　"공문서"란 행정기관에서 공무상 작성하거나 시행하는 문서(도면 · 사진 · 디스크 · 테이프 · 필름 · 슬라이드 · 전자문서 등의 특수매체기록을 포함)와 행정기관이 접수한 모든 문서를 말한다.

2. 전자문자서명의 개념

　"전자문자서명"이란 기안자 · 검토자 · 협조자 · 결재권자 또는 발신명의인이 전자문서상에 자동 생성된 자기의 성명을 전자적인 문자 형태로 표시하는 것을 말한다.

3. 전자문서시스템의 개념

　"전자문서시스템"이란 문서의 기안·검토·협조·결재·등록·시행·분류·

편철·보관·보존·이관·접수·배부·공람·검색·활용 등 모든 처리절차가

전자적으로 처리되는 시스템을 말한다.

4. 정책실명제의 개념

　"정책실명제"란 정책의 투명성과 책임성을 높이기 위하여 행정기관에서 소관

업무와 관련하여 수립·시행하는 주요 정책의 결정 및 집행과정에 참여하는 관

련자의 실명과 의견을 기록·관리하는 제도를 말한다.　"끝"

"이하여백"

사무관리론 모범답안

문 1.	물음 1.

법정민원의 개념을 쓰고, 민원 1회방문 처리제의 의의 및 절차, 민원 후견인의 지정 및 직무, 그리고 민원조정위원회의 심의사항에 관하여 설명하시오. (20점)

1. 법정민원의 개념

법령·훈령·예규·고시·자치법규 등에서 정한 일정 요건에 따라 인가·허가·승인·특허·면허 등을 신청하거나 장부·대장 등에 등록·등재를 신청 또는 신고하거나 특정한 사실 또는 법률관계에 관한 확인 또는 증명을 신청하는 민원이다.

2. 민원 1회방문 처리제의 의의 및 절차

(1) 민원 1회방문 처리제의 의의

민원 1회방문 처리제는 복합민원을 처리할 때 내부에서 처리할 수 있는 일에 대해서 두 번 다시 행정기관에 방문하지 않도록 하는 제도이다. 이를 통해 공무원과 국민의 의식과 행태를 전환하고, 행정문화의 선진화 촉진, 경제 활성화를 유도할 수 있다.

(2) 민원 1회 방문 처리제의 절차

민원 1회방문 상담창구의 설치·운영, 민원 후견인의 지정·운영, 복합민원을 심의하기 위한 실무기구의 운영, 실무기구의 심의결과에 대한 민원조정위원회의 재심의, 행정기관의 장의 최종 결정 과정을 거친다.

3. 민원 후견인의 지정 및 직무

(1) 민원 후견인의 지정

행정기관의 장은 민원 1회방문 처리제의 원활한 운영을 위하여 민원 처리에 경험이 많은 소속 직원을 민원 후견인으로 지정하여 민원인을 안내하거나 민원인과 상담하게 할 수 있다.

(2) 민원 후견인의 직무

① 민원처리방법에 관한 민원인과의 상담

② 민원실무심의회 및 법 민원조정위원회에서의 민원인의 진술 등 지원

③ 민원문서 보완 등의 지원

④ 민원처리 과정 및 결과의 안내

4. 민원조정위원회의 심의사항

(1) 장기 미해결 민원, 반복 민원 및 다수인관련민원에 대한 해소·방지 대책

(2) 거부처분에 대한 이의신청

(3) 민원처리 주무부서의 법규적용의 타당성 여부와 민원실무심의회의 심의결과에 대한 재심의

(4) 소관이 명확하지 아니한 민원의 처리주무부서의 지정

(5) 민원 관련 법령 또는 제도 개선 사항

(6) 창업·공장설립 등 경제적으로 많은 비용이 수반되어 신속한 처리를 위하여 민원실무심의회를 생략하고 민원조정위원회에 직접 상정된 복합민원

(7) 그 밖에 민원의 종합적인 검토·조정 또는 종결처리 등을 위하여 그 기관의 장이 민원조정위원회의 회의에 부치는 사항 "끝"

물음 2.

민원사무 처리 제도로서 민원심사관의 목적과 업무, 그리고 민원실무심의회의 목적과 운영방식을 설명하시오. (20점)

1. 민원심사관의 목적과 업무

(1) 민원심사관의 목적

행정기관의 장은 민원 처리상황의 확인·점검 등을 위하여 소속 직원 중에서 민원심사관을 지정하여야 한다.

(2) 민원심사관의 업무

① 민원심사관은 민원의 처리상황을 수시로 확인·점검하여 처리기간이 지난 민원을 발견한 경우에는 지체 없이 처리주무부서의 장에게 독촉장을 발급하여야 한다.

② 민원심사관은 다수인관련민원의 처리상황을 확인·점검하고 그 결과를 소속 행정기관의 장에게 수시로 보고하여야 한다.

2. 민원실무심의회의 목적과 운영방식

(1) 민원실무심의회의 목적

복합민원을 심의하기 위하여 행정기관의 장 소속으로 민원실무심의회를 설치·운영하여야 한다.

(2) 민원실무심의회의 운영방식

① 민원실무심의회의 위원장은 처리주무부서의 장이 되고, 위원은 관계기관 또는 부서의 실무책임자가 된다.

② 행정기관의 장은 특히 필요하다고 인정하는 경우에는 민원 관련 외부전문가를 민원실무심의회의 위원으로 위촉할 수 있다.

③ 위원장은 관계기관 또는 부서의 실무책임자에게 회의 참석을 요청할 수 있다.

④ 위원장은 심의를 위하여 필요하다고 인정되는 경우에는 관계기관 또는 부서에 현장확인이나 조사 등을 합동으로 실시할 것을 요청할 수 있다.

⑤ 위원장은 민원실무심의회의 효율적인 운영을 위하여 필요하다고 인정되는 경우에는 이해관계인·참고인 또는 감정인 등의 의견을 들을 수 있다.

⑥ 위원장은 민원실무심의회에 민원인을 참석하게 하는 경우에는 민원인에게 회의일정 등을 미리 통지하여야 한다.

⑦ 행정기관의 장은 창업·공장설립 등 경제적으로 많은 비용이 수반되는 복합민원의 경우에는 신속한 처리를 위하여 민원실무심의회의 심의를 생략하고 민원조정위원회에 직접 상정하여 심의할 수 있다. "끝"

문 2. 문서의 시행에 있어서 관인 또는 서명의 표시 및 생략 방법에 관하여 약술하시오.

(20점)

1. 관인 또는 서명의 표시 방법

   (1) 행정기관의 장 또는 합의제기관의 명의로 발신하는 문서

   관인은 발신 명의 표시의 마지막 글자가 인영의 가운데에 오도록 찍는다.

   다만, 등·초본 등 민원서류를 발급할 때 사용하는 직인은 발신명의 표시의

   오른쪽에 찍을 수 있다. 이때 행정기관의 장의 명의로 발신하는 문서의 발

   신명의에는 행정기관의 장이 관인의 날인을 갈음하여 서명(전자문자서명

   과 행정전자서명은 제외)을 할 수도 있다.

   (2) 보조기관 또는 보좌기관의 명의로 발신하는 문서

   보조기관 또는 보좌기관이 서명(전자이미지서명, 전자문자서명 및 행정전

   자서명 포함)하여 시행하되, 전자이미지서명, 전자문자서명, 행정전자서명

   은 전자적으로 자동 생성되도록 하여야 한다. 다만, 직무를 대리하는 사람

   이 서명을 하는 경우에는 서명 앞에 "직무대리"의 표시를 하여야 한다.

2. 관인 날인 또는 서명을 생략하는 문서

   (1) 생략 표시를 하지 않는 문서

   특정한 기관에 발송하는 문서와 달리 관보나 신문 등에 실리는 문서에는

   관인을 찍거나 서명하지 않는다.

(2) 생략 표시를 해야 하는 문서

① 대상문서

㉠ 일일명령 등 단순 업무처리에 관한 지시문서

㉡ 행정기관 또는 보조(보좌)기관 간의 단순한 자료요구, 업무연락, 통

보 등을 위한 문서

② 표시위치 : 발신명의 표시의 오른쪽

㉠ 관인날인 생략의 표시 : 행정기관장 및 합의제기관 명의의 발신문서

㉡ 서명 생략의 표시 : 보조(보좌)기관 상호 간 발신문서 "끝"

문 3. 「행정효율과 협업촉진에 관한 규정」상 영상회의실을 설치·운영할 수 있는 회의

유형을 제시하고, 정부영상회의실 관리·운영을 위한 정부관리소장의 조치사항과

해당 시설의 사용신청에 관하여 약술하시오. (20점)

※「행정 효율과 협업 촉진에 관한 규정」은 「행정업무의 운영 및 혁신에 관한 규정」으로 개정되었다.

1. 영상회의실을 설치·운영할 수 있는 회의 유형

(1) 국무회의 및 차관회의

(2) 장관·차관이 참석하는 회의

(3) 둘 이상의 정부청사에 위치한 기관 간에 개최하는 회의

(4) 정부청사에 위치한 기관과 지방자치단체 간에 개최하는 회의

(5) 그 밖에 원격지(遠隔地)에 위치한 기관 간 회의

2. 관리소장의 조치사항

　　(1) 정부영상회의시스템의 관리책임자 및 운영자 지정

　　(2) 정부영상회의실 및 정부영상회의시스템 보안대책의 수립

　　(3) 각종 회의용 기자재의 제공 및 정부영상회의 운영의 지원

3. 정부영상회의실의 사용신청

　정부영상회의실을 사용하려는 기관은 회의 개최일 2일 전까지 정부청사관리소장에게 사용신청을 하여야 하며, 정부청사관리소장은 정부영상회의실의 사용 가능 여부를 지체 없이 통보하여야 한다. "끝"

문 4.　행정업무 인계·인수의 절차 및 인계·인수서의 작성내용에 관하여 약술하시오.

(20점)

1. 행정업무의 인계·인수의 의미

　행정업무의 책임소재를 명확히 하고, 행정지식의 축적 등을 통한 업무의 효율적 관리를 위하여 공무원 인사발령 등의 경우에 인계자가 업무의 진행사항, 예산·물품 정보 등을 적어서 후임자에게 전달하는 제도를 말한다.

2. 인계·인수서 작성

　(1) 공무원이 조직개편, 인사발령 또는 업무분장 조정 등의 사유로 업무를 인계· 인수할 때에는 해당 업무에 관한 모든 사항이 구체적으로 나타나도록 행정

안전부령으로 정하는 바에 따라 업무관리시스템이나 전자문서시스템을 이용하여 인계·인수하여야 한다.

(2) 업무관리시스템이나 전자문서시스템을 이용하여 업무를 인계·인수하는 사람은 업무인계·인수서를 작성하여야 한다.

3. 직무대리자에게 인계

후임자가 정해지지 아니한 경우와 그 밖의 특별한 사유로 후임자에게 업무를 인계할 수 없는 경우에는 그 직무를 대리하는 사람에게 인계하고, 그 직무를 대리하는 사람은 후임자가 업무를 인수할 수 있게 되었을 때에 즉시 인계하여야 한다.

4. 최신정보의 유지

행정기관의 장은 인계·인수가 원활하게 이루어질 수 있도록 기능분류시스템의 자료를 최신의 정보로 유지하여야 한다. "끝"

"이하여백"

문 1.	물음 1.

문서의 효력발생 시기에 대한 입법주의에 관하여 설명하시오. (20점)

1. 표백주의

문서가 성립한 때, 즉 결재로써 문서의 작성이 끝난 때에 효력이 발생한다는 견해이다. 이는 내부결재문서와 같이 상대방이 없는 문서의 경우에는 합당하나, 상대방이 있는 경우에는 그 상대방이 해당 문서의 작성에 관해 전혀 알지 못하는데도 효력이 생기게 되어 문서발신 지연 등 발신자의 귀책사유로 인한 불이익을 상대방이 감수해야 하는 부당함이 발생한다.

2. 발신주의

성립한 문서가 상대방에게 발신된 때 효력이 발생한다는 견해이다. 이는 신속한 거래에 적합하며, 특히 다수의 자에게 동일한 통지를 해야 할 경우에 획일적으로 효력을 발생하게 할 수 있다는 장점이 있지만, 문서의 효력발생 시기가 발신자의 의사에 좌우되고, 상대방이 아직 알지 못하는 상황에서 효력이 발생한다는 단점이 있다.

3. 도달주의

문서가 상대방에게 도달해야 효력이 생긴다는 견해이다. 여기서 도달이라 함은 문서가 상대방의 지배범위 내에 들어가 사회통념상 그 문서의 내용을 알 수 있는 상태가 되었다고 인정되는 것을 의미한다.

4. 요지주의

상대방이 문서의 내용을 안 때에 효력이 발생한다는 견해이다. 이는 상대방의 부주의나 고의 등으로 인한 부지의 경우 발신자가 불이익을 감수해야 한다.

물음 2.

「행정 효율과 협업 촉진에 관한 규정」상 문서(전자문서, 공고문서 포함)의 효력발생 시기에 관하여 설명하시오. (20점)

※ 「행정 효율과 협업 촉진에 관한 규정」은 「행정업무의 운영 및 혁신에 관한 규정」으로 개정되었다.

1. 일반원칙

문서가 수신자에게 도달됨으로써 그 효력을 발생하되, 전자문서는 수신자가 관리하거나 지정한 전자적 시스템 등에 입력됨으로써 그 효력을 발생한다.

2. 공고문서의 효력발생

고시, 공고 등 공고문서는 그 문서상에 효력발생 시기를 명시하고 있지 않으면 그 고시 또는 공고가 있은 날부터 5일이 경과한 때에 효력이 발생한다.

3. 「행정절차법」에 따른 효력발생

　　송달받을 자의 주소 등을 통상적인 방법으로 확인할 수 없는 경우, 송달이 불가

　　능한 경우에 관보, 공보, 게시판, 일간신문 중 하나 이상에 공고하고 인터넷에도

　　공고하여야 한다. 다른 법령 등에 특별한 규정이 없으면 공고일부터 14일이 경

　　과한 때에 그 효력이 발생한다."라고 규정하고 있다. "끝"

문 2.　지식행정의 의의 및 추진배경을 서술하고, 온-나라 지식(GKMC, Government Knowledge Management Center)의 개념과 주요기능에 관하여 설명하시오. (20점)

※ 지식행정에 관한 세부적인 내용은 2018 행정업무편람에 기술되었으나, 2020년 행정업무편람에서 세부적인 내용은 삭제되었다.

1. 지식행정의 의의

　　"지식행정"이란 정책의 품질 및 행정서비스의 향상을 추구하는 일련의 활동을

　　말하는데, 지식의 창출·공유·활용 과정을 조직 차원에서 체계적으로 관리하

　　는 것을 포괄한다.

2. 추진배경

　　(1) 지식정보화사회로의 패러다임 변화로 인하여 행정기관의 지식 창출과 관리

　　　　능력은 조직의 생존과 발전을 좌우한다.

　　(2) 업무지식의 입수·활용 경로를 획기적으로 개선하고, 신속한 문제해결을

　　　　가능하게 하며 행정의 생산성, 전문성 및 창의성을 높인다.

3. 온-나라 지식의 개념

기관단위로 분산되어 있는 행정지식을 통합·연계하여 모든 공무원이 다양한 행정지식을 상호 공유·활용하고 정책의견을 교환할 수 있는 정부 내 '단일 지식창구'로서의 지식관리시스템을 의미한다.

4. 주요 기능

(1) 지식

정부 내 업무지식을 통합적으로 공유·활용할 수 있도록 온-나라 문서, 표준 KMS 등 172종의 시스템과 연계되어 있는 지식통합저장소이다.

(2) 일정

구성원이 등록한 업무·행사 등의 계획표를 날짜와 시간 순서에 따라 보여주는 것은 물론, 등록 시 조회범위를 설정하여 해당 범위에 속한 사람들만 볼 수 있게 할 수 있는 등의 기능을 제공하는 사용자 맞춤형 서비스이다.

(3) 커뮤니티

특정 주제에 관심 있는 사람들이 모여 각종 지식활동을 통해 생산되는 지식을 공유·활용하는 공간이다.

(4) 게시판

다양한 의사소통과 각 기관 간의 정책자료 공유 등을 위한 공간이며 '공지사항', '통합 온-나라 사용법', '질의응답', '제안과 토론', '올바른 공공언어 사용 안내' 등으로 구성되어 있다. "끝"

문 3.	업무편람의 개념, 종류, 작성효과와 활용효과에 관하여 설명하시오. (20점)

1. 업무편람의 개념

행정기관이 상당 기간에 걸쳐 반복적으로 하는 업무는 그 업무의 처리가 표준화·전문화될 수 있도록 업무편람을 작성하여 활용한다.

2. 업무편람의 종류

(1) 행정편람

행정편람이란 업무처리의 기준과 절차, 장비 운용 방법, 그 밖의 일상적 근무규칙 등에 관하여 다수의 행정기관이나 업무 담당자에게 필요한 지침·기준·지식 등을 제공하여 공통적으로 활용하는 업무지도서나 업무참고서를 말하며, 행정기관 명의로 발간한다.

(2) 직무편람

직무편람은 분장하는 단위업무에 대한 업무계획, 업무현황 및 그 밖의 참고 자료 등을 체계적으로 정리한 업무 자료철 등이다.

3. 작성 효과

현재의 업무 상태를 파악하고, 업무의 표준화·단순화·전문화를 촉진하며, 그 밖에 현재의 불합리한 점을 발견하여 개선할 수 있다.

4. 활용 효과

업무활동의 목표와 방침의 기준, 업무를 통제하는 데 필요한 적절한 지침이 되고, 업무의 혼란과 불확실 및 중복을 줄이며, 교육훈련을 위한 실효성 있는 교재이며, 관리층과 부하직원 상호 간 또는 각 조직 간의 협력을 증진시키고, 그 밖에 업무 효율성 증진에 대한 관심을 높여줄 수 있다. "끝"

문 4. 민원 처리에 관한 법령상 고충민원의 개념과 그 처리절차에 관하여 설명하시오.
(20점)

1. 고충민원의 개념

"고충민원"이란 행정기관 등의 위법·부당하거나 소극적인 처분(사실행위 및 부작위를 포함) 및 불합리한 행정제도로 인하여 국민의 권리를 침해하거나 국민에게 불편 또는 부담을 주는 사항에 관한 민원을 말한다.

2. 처리절차

(1) 처리기간

행정기관의 장은 고충민원을 접수한 때에는 특별한 사유가 없으면 7일 이내에 처리하여야 한다.

(2) 현장조사

행정기관의 장은 고충민원의 처리를 위하여 필요한 경우 14일의 범위에서 현장조사 등을 할 수 있다. 다만, 부득이한 경우 7일의 범위에서 그 기간을 한 차례만 연장할 수 있다.

(3) 원 처리부서·기관 이송 금지

 ① 원 처리부서 이송 금지 : 행정기관의 장은 민원인이 동일한 내용의 고충

  민원을 다시 제출한 경우에는 감사부서 등으로 하여금 이를 조사하도록

  하여야 한다.

 ② 원 처리기관 이송 금지 : 민원인은 감사부서 등의 조사를 거친 경우에는

  그 고충민원과 관련한 사무에 대한 지도·감독 등의 권한을 가진 감독

  기관의 장에게 고충민원을 신청할 수 있다.

(4) 조치사항

행정기관의 장은 처리하는 고충민원의 내용이 정당한 사유가 있다고 인정

될 때에는 지체 없이 원처분(原處分)의 취소·변경 등 적절한 조치를 하고,

이를 민원인에게 통지하여야 한다. 감독기관의 장은 고충민원을 처리하고

그 처리결과를 소관 행정기관의 장에게 통보하여야 하며, 이 경우 소관 행

정기관의 장은 특별한 사유가 없으면 그 결과를 존중하여 적절한 조치를

하고 이를 민원인에게 통지하여야 한다.

(5) 별도 처리체계

민원인은 고충민원을 신청하거나 처리결과를 통보받은 경우에도 시민고충

처리위원회에 고충민원을 신청할 수 있다. "끝"

"이하여백"

문 1.	물음 1.

민원인 편의를 위해 법령에 규정된 '신청서 및 구비서류'의 원칙과 행정기관의 불필요한 서류 요구 금지사항을 기술하시오. (20점)

1. '신청서 및 구비서류'의 원칙

　(1) 행정기관의 장은 신청서의 기재사항을 그 민원의 처리에 필요한 최소한의 범위로 한정하여야 하며, 민원인이 신청서를 쉽게 작성할 수 있도록 신청서식을 명확하게 정하여야 한다.

　(2) 행정기관의 장은 민원의 신청과 관련된 구비서류를 정하는 경우에는 신청서의 기재사항이 사실인지 확인하거나 그 민원의 처리에 필요한 최소한의 범위에서 구체적으로 정하여야 한다.

　(3) 신청서 및 구비서류의 제출부수는 민원의 처리에 필요한 최소한으로 한정하여야 한다.

2. 불필요한 서류 요구의 금지

　(1) 행정기관의 장은 민원을 접수·처리할 때에 민원인에게 관계법령 등에서 정한 구비서류 외의 서류를 추가로 요구하여서는 아니 된다.

　(2) 행정기관의 장은 동일한 민원서류 또는 구비서류를 복수로 받는 경우에는 특별한 사유가 없으면 원본과 함께 그 사본의 제출을 허용하여야 한다.

(3) 행정기관의 장은 원래의 민원의 내용 변경 또는 갱신 신청을 받았을 때에는 특별한 사유가 없으면 이미 제출되어 있는 관련 증명서류 또는 구비서류를 다시 요구하여서는 아니 된다.

(4) 행정기관의 장은 민원을 접수·처리할 때에 다음의 어느 하나에 해당하는 경우에는 민원인에게 관련 증명서류 또는 구비서류의 제출을 요구할 수 없으며, 그 민원을 처리하는 담당자가 직접 이를 확인·처리하여야 한다.

① 민원인이 소지한 주민등록증·여권·자동차운전면허증 등 행정기관이 발급한 증명서로 그 민원의 처리에 필요한 내용을 확인할 수 있는 경우

② 해당 행정기관의 공부(公簿) 또는 행정정보로 그 민원의 처리에 필요한 내용을 확인할 수 있는 경우

③ 행정정보의 공동이용을 통하여 그 민원의 처리에 필요한 내용을 확인할 수 있는 경우

④ 행정기관이 증명서류나 구비서류를 다른 행정기관으로부터 전자문서로 직접 발급받아 그 민원의 처리에 필요한 내용을 확인할 수 있는 경우로서 민원인이 행정기관에 미리 해당 증명서류 또는 구비서류에 대하여 관계법령 등에서 정한 수수료 등을 납부한 경우 "끝"

물음 2.

접수된 민원문서 중 해당 민원실의 주관 또는 소관이 아니거나 다른 행정기관 소관인 경우 민원문서의 이송 절차 및 방법에 관하여 설명하시오. (20점)

1. 민원실이 접수하는 경우

민원실에 접수된 민원문서 중 그 처리가 민원실의 주관에 속하지 아니하는 것에 대해서는 1근무시간 이내에 이를 처리주무부서에 이송하여야 한다. 다만, 처리주무부서가 상당히 떨어져 있는 등 특별한 사유가 있어 1근무시간 이내에 이송하기 어려운 경우에는 3근무시간 이내에 이송할 수 있다.

2. 같은 행정기관 내 다른 부서가 접수하는 경우

같은 행정기관 내에서 소관이 아닌 민원문서를 접수한 경우에는 3근무시간 이내에 민원실을 거쳐 처리주무부서에 이송하여야 한다.

3. 행정기관이 접수하는 경우

다른 행정기관 소관의 민원문서를 접수한 경우에는 8근무시간 이내에 소관 행정기관에 이송하고, 그 사실을 민원인에게 통지하여야 한다(민원인에게 인터넷 홈페이지 등에 민원문서의 이송 상황이 공개될 것임을 사전에 안내한 경우에는 통지를 생략할 수 있다). 이 경우 민원문서를 이송받은 행정기관은 민원문서를 이송한 행정기관의 요청이 있을 때에는 그 행정기관에 처리결과를 통보하여야 한다. "끝"

<table>
<tr><td>문 2.</td><td>「행정효율과 협업촉진에 관한 규정」에 명시되어 있는 '전자이미지관인', '행정정보시스템', '문서과', '서명'의 개념을 정의하시오. (20점)</td></tr>
</table>

※「행정 효율과 협업 촉진에 관한 규정」은 「행정업무의 운영 및 혁신에 관한 규정」으로 개정되었다.

1. 전자이미지관인의 개념

"전자이미지관인"이란 관인의 인영을 컴퓨터 등 정보처리능력을 가진 장치에 전자적인 이미지 형태로 입력하여 사용하는 관인을 말한다.

2. 행정정보시스템의 개념

"행정정보시스템"이란 행정기관이 행정정보를 생산·수집·가공·저장·검색·제공·송신·수신하고 활용할 수 있도록 하드웨어·소프트웨어·데이터베이스 등을 통합한 시스템을 말한다.

3. 문서과의 개념

"문서과"란 행정기관 내의 공문서를 분류·배부·보존하는 업무를 수행하거나 수신·발신하는 업무를 지원하는 등 문서에 관한 업무를 주관하는 과(課)·담당관 등을 말한다.

4. 서명의 개념

"서명"이란 기안자·검토자·협조자·결재권자(결재, 위임전결 또는 대결하는 자를 의미) 또는 발신명의인이 공문서(전자문서는 제외)에 자필로 자기의 성명을 다른 사람이 알아볼 수 있도록 한글로 표시하는 것을 말한다. "끝"

문 3. 문서작성 시 용어(글자, 숫자, 연호, 날짜, 시간 등) 표기의 기준을 제시하고, 작성된 문서가 성립되고 효력을 발생하기 위한 요건을 기술하시오. (20점)

1. 용어 표기의 기준

  (1) 숫자

    문서에 쓰는 숫자는 특별한 사유가 없으면 아라비아 숫자를 쓴다.

  (2) 날짜

    문서에 쓰는 날짜는 숫자로 표기하되, 연·월·일의 글자는 생략하고 그 자리에 온점을 찍어 표시한다.

  (3) 시간

    시·분은 24시각제에 따라 숫자로 표기하되, 시·분의 글자는 생략하고 그 사이에 쌍점을 찍어 구분한다.

  (4) 금액의 표시

    문서에 금액을 표시할 때에는 아라비아 숫자로 쓰되, 숫자 다음에 괄호를 하고 한글로 적어야 한다.

2. 문서의 성립과 효력발생 요건

  (1) 문서의 성립요건

    ① 행정기관의 적법한 권한 범위 내에서 작성되어야 한다.

② 위법·부당하거나 시행 불가능한 내용이 아니어야 한다.

③ 법령에 규정된 절차 및 형식을 갖추어야 한다.

(2) 문서의 효력발생에 대한 입법주의

① 표백주의 : 문서가 성립한 때, 즉 결재로써 문서의 작성이 끝난 때에 효력이 발생한다는 견해이다.

② 발신주의 : 성립한 문서가 상대방에게 발신된 때 효력이 발생한다는 견해이다.

③ 도달주의 : 문서가 상대방에게 도달해야 효력이 생긴다는 견해이다.

④ 요지주의 : 상대방이 문서의 내용을 안 때에 효력이 발생한다는 견해이다. "끝"

문 4. 정책실명제의 개념 및 중점관리 대상사업 선정을 위한 행정기관장의 역할을 설명하고, 주요 정책과 관련하여 기록·관리해야 할 종합적인 사항을 기술하시오. (20점)

1. 정책실명제의 개념

"정책실명제"란 행정기관에서 소관 업무와 관련되어 수립·시행되는 주요 정책의 결정 및 집행과정 등에 참여하는 관련자의 실명과 의견을 기록·관리함으로써 정책의 투명성과 책임성을 높이기 위한 제도를 말한다.

2. 행정기관장의 역할

(1) 행정기관의 장은 정책실명제 중점관리 대상사업 선정을 위하여 자체 세부

기준을 마련하고, 심의위원회를 구성하여 심의를 거친 후 대상사업을 선정

하여야 한다.

(2) 행정기관의 장은 정책실명제 중점관리 대상사업의 추진실적을 해당 기관의

인터넷 홈페이지 등을 통하여 공개하여야 한다.

3. 기록·관리해야 할 종합적인 사항

(1) 주요 정책의 결정과 집행 과정에 참여한 관련자의 소속, 직급 또는 직위, 성

명과 그 의견

(2) 주요 정책의 결정이나 집행과 관련된 각종 계획서, 보고서, 회의·공청회·

세미나 관련 자료 및 그 토의내용 "끝"

"이하여백"

사무관리론 모범답안

문 1.	물음 1.
	반복 및 중복 민원의 개념과 종결처리절차 그리고 반복 및 중복 민원인지 여부 판단 시 고려해야 할 사항들에 관하여 설명하시오. (30점)
	1. 반복 및 중복 민원의 개념과 종결처리절차
	(1) 반복 민원의 개념
	행정기관의 장은 민원인이 동일한 내용의 민원(법정민원은 제외)을 정당한 사유 없이 3회 이상 반복하여 제출한 경우에는 2회 이상 그 처리결과를 통지하고, 그 후에 접수되는 민원에 대하여는 종결처리할 수 있다.
	(2) 중복 민원의 개념
	동일한 민원인이 동일한 내용의 민원을 2개 이상의 행정기관에 제출하여 이를 다른 행정기관으로부터 이송받은 경우에도 2회 이상 그 처리결과를 통지하고 그 후에 접수되는 민원에 대해 종결처리할 수 있다.
	(3) 반복 및 중복 민원의 종결처리절차
	반복 및 중복 민원의 종결처리 시 행정기관의 장의 결재란 기관장의 결재를 받아 종결처리하되, 기관 실정 및 사안 특성에 따라 기관장의 결재가 어려운 경우 반드시 1·2차 답변의 결재자보다 차상급자 이상의 내부결재를 받아 종결처리하여야 한다.

2. 동일한 민원인, 동일한 내용, 정당한 사유

  (1) 동일한 민원인

    동일내용에 대하여 여러 사람이 계속하여 민원을 제기할 경우 반복 및 중복 민원에 해당되지 않는다.

  (2) 동일한 내용

    단순한 문구로서 판단할 사안이 아니고 민원인이 요구하는 취지나 목적이 같으면 동일내용으로 보아 처리할 수 있다. 이러한 동일내용인지 여부는 해당 민원을 처리하는 행정기관에서 판단하여야 한다.

  (3) 정당한 사유

    행정기관의 중대한 착오 또는 위법·부당성을 객관적으로 증명할 수 있는 새로운 사유가 있거나 사실 또는 법률관계에 변동이 발생하여 그 처리결과가 달라질 것으로 기대할 수 있는 경우 등 동일한 민원을 반복하는 것에 민원인의 귀책사유가 없어야 한다. 정당한 사유인지 역시 당해 행정기관이 종합적인 상황을 고려해서 판단하여야 한다. "끝"

물음 2.

「민원처리에 관한 법률」상 민원처리의 예외로서 접수된 민원을 처리하지 아니할 수 있는 민원사항 5가지만 기술하시오. (10점)

행정기관의 장은 접수된 민원(법정민원은 제외)이 다음의 어느 하나에 해당하는 경우에는 그 민원을 처리하지 아니할 수 있다.

1. 고도의 정치적 판단을 요하거나 국가기밀 또는 공무상 비밀에 관한 사항

2. 수사, 재판 및 형집행에 관한 사항 또는 감사원의 감사가 착수된 사항

3. 행정심판, 행정소송, 헌법재판소의 심판, 감사원의 심사청구, 그 밖에 다른 법률에 따라 불복구제절차가 진행 중인 사항

4. 법령에 따라 화해·알선·조정·중재 등 당사자 간의 이해 조정을 목적으로 행하는 절차가 진행 중인 사항

5. 판결·결정·재결·화해·조정·중재 등에 따라 확정된 권리 관계에 관한 사항

문 2.　「행정 효율과 협업 촉진에 관한 규정」 및 같은 규정 시행규칙상 결재받은 문서의 수정에 관하여 기술하시오. (20점)

※「행정 효율과 협업 촉진에 관한 규정」은「행정업무의 운영 및 혁신에 관한 규정」으로 개정되었다.

1. 원칙

결재를 받은 문서의 일부분을 삭제하거나 수정할 때에는 재작성하여 결재를 받아야 한다.

2. 종이문서의 경우

종이로 인쇄하여 수기로 결재를 받은 문서의 경우 명백한 오류의 정정 등 경미한 사항인 경우에는 원안의 글자를 알 수 있도록 해당 글자의 중앙에 가로로 두 선을 그어 삭제하거나 수정하고, 삭제하거나 수정한 사람이 그곳에 서명이나 날인을 하여야 한다. "끝"

문 3. 「행정 효율과 협업 촉진에 관한 규정」 및 같은 규정 시행규칙상 정책연구과제의
선정에 관하여 설명하시오. (20점)

※「행정 효율과 협업 촉진에 관한 규정」은 「행정업무의 운영 및 혁신에 관한 규정」으로 개정되었다.

1. 정책연구과제의 심의 및 선정

　(1) 정책연구심의위원회(이하 위원회) 심의를 거쳐 선정하는 경우

　　　중앙행정기관의 장은 공정하고 투명하게 정책연구가 이루어지도록 위원회

　　　의 심의를 거쳐 연구과제를 선정하여야 한다.

　(2) 위원회 심의를 거치지 않고 선정하는 경우

　　　다음의 경우 정책연구과제의 심의를 거치지 아니하고, 정책연구를 하려는

　　　부서의 장이 연구과제를 선정하여 정책연구과제 차별성 검토보고서와 정책

　　　연구과제 선정 결과보고서를 위원회에 보고하여야 한다.

　　　① 긴급하게 정책연구를 할 필요가 있어 연구과제를 선정하는 경우

　　　② 예산의 편성에 따라 특정 사업 수행의 일부로 정책연구 사업이 정해진

　　　　경우로서 그 사업을 주관하는 부서의 장이 그 사업의 내용에 따라 연구

　　　　과제를 선정하는 경우

2. 연구과제의 중복 선정 금지

　　　중앙행정기관의 장은 다른 행정기관이나 정부의 출연·보조 또는 지원을 받은

　　　연구기관에서 이미 연구가 완료되었거나 연구를 하고 있는 연구과제와 중복되

　　　는 연구과제를 선정하여서는 아니 된다. 다만, 다음의 어느 하나에 해당하는

경우에는 그러하지 아니하다.

(1) 행정기관 등에서 유사한 연구가 이미 수행된 경우로서 해당 분야의 이론

및 기술의 발전 등에 따라 새로운 연구가 필요한 경우

(2) 관련 정책의 수행을 위하여 이미 수행된 연구과제 결과와 구분되는 학문적·

이론적 체계의 구축이 필요한 경우

(3) 행정기관 등에서 연구를 진행하고 있는 경우로서 관련 사항에 대한 연구가

필요하여 행정기관 등과 공동으로 정책연구를 하려는 경우 "끝"

문 4. 영상회의의 의의를 기술하고, 「행정 효율과 협업 촉진에 관한 규정」 및 같은 규정

시행규칙상 정부영상회의실에서 개최할 수 있는 회의와 그 사용신청에 관하여 설

명하시오. (20점)

※ 「행정 효율과 협업 촉진에 관한 규정」은 「행정업무의 운영 및 혁신에 관한 규정」으로 개정되었다.

1. 영상회의의 의의

정보통신기술(ICT)을 기반으로 원거리에 있는 사람들과 일대일 또는 다자간

등 다양한 방식으로 진행하는 실시간 회의로, 참석자의 영상과 음성뿐 아니라

문서, 이미지, 동영상 등의 회의 자료 공유도 가능하다.

2. 정부영상회의실에서 개최할 수 있는 회의

(1) 국무회의 및 차관회의

(2) 장관·차관이 참석하는 회의

(3) 둘 이상의 정부청사에 위치한 기관 간에 개최하는 회의

(4) 정부청사에 위치한 기관과 지방자치단체 간에 개최하는 회의

(5) 그 밖에 원격지에 위치한 기관 간 회의

3. 정부영상회의실 사용신청

(1) 정부영상회의실을 사용하려는 기관은 회의 개최일 2일 전까지 정부청사관리소장에게 사용신청을 하여야 하며, 정부청사관리소장은 정부영상회의실의 사용가능 여부를 지체 없이 통보하여야 한다.

(2) 정부영상회의실 사용신청은 별지 제11호 서식에 따른다. 이 경우 팩스 또는 정보통신망 등을 이용하여 신청할 수 있다. "끝"

"이하여백"

사무관리론 모범답안

문 1.	물음 1.

일반민원의 종류를 설명하고, 각각의 종류에 따른 처리기간에 관하여 기술하시오.
(20점)

1. 일반민원의 종류

  (1) 법정민원

   법령·훈령·예규·고시·자치법규 등에서 정한 일정 요건에 따라 인가·허가·승인·특허·면허 등을 신청하거나 장부·대장 등에 등록·등재를 신청 또는 신고하거나 특정한 사실 또는 법률관계에 관한 확인 또는 증명을 신청하는 민원이다.

  (2) 질의민원

   법령·제도·절차 등 행정업무에 관하여 행정기관의 설명이나 해석을 요구하는 민원이다.

  (3) 건의민원

   행정제도 및 운영의 개선을 요구하는 민원이다.

  (4) 기타민원

   법정민원, 질의민원, 건의민원 및 고충민원 외에 행정기관에 단순한 행정절차 또는 형식요건 등에 대한 상담·설명을 요구하거나 일상생활에서 발생하는 불편사항에 대하여 알리는 등 행정기관에 특정한 행위를 요구하는 민원이다.

2. 일반민원의 처리기간

  (1) 법정민원

    법령에 따라 달리 정하며, 소요되는 처리기간을 법정민원의 종류별로 미리 정하여 공표하여야 한다.

  (2) 질의민원

    ① 법령에 관하여 설명이나 해석을 요구하는 질의민원: 14일 이내에 처리하여야 한다.

    ② 제도·절차 등 법령 외의 사항에 관하여 설명이나 해석을 요구하는 질의민원: 7일 이내에 처리하여야 한다.

  (3) 건의민원

    특별한 사유가 없으면 14일 이내에 처리하여야 한다.

  (4) 기타민원

    특별한 사유가 없으면 즉시 처리하여야 한다. "끝"

물음 2.

민원과 관련하여 '처리기간의 계산'을 설명하고, 부득이한 경우 처리기간을 연장하는 절차를 기술하시오. (20점)

1. 처리기간의 계산

  (1) 즉시

    정당한 사유가 있는 경우를 제외하고는 3근무시간 이내에 처리하여야 한다.

(2) 5일 이하

민원의 처리기간을 5일 이하로 정한 경우에는 민원의 접수 시각부터 "시간"

단위로 계산하되, 공휴일과 토요일은 산입하지 아니한다. 이 경우 1일은 8

시간의 근무시간을 기준으로 한다.

(3) 6일 이상

민원의 처리기간을 6일 이상으로 정한 경우에는 "일" 단위로 계산하고 첫

날을 산입하되, 공휴일과 토요일은 산입하지 아니한다.

(4) 주·월·연

민원의 처리기간을 주·월·연으로 정한 경우에는 첫날을 산입하되, 「민법」

제159조부터 제161조까지의 규정을 준용한다.

① 기간말일의 종료로 기간이 만료한다.

② 기간을 역에 의하여 계산한다.

③ 기간의 말일이 토요일 또는 공휴일에 해당한 때에는 기간은 그 익일로

만료한다.

2. 처리기간을 연장하는 절차

(1) 행정기관의 장은 부득이한 사유로 처리기간 내에 민원을 처리하기 어렵다

고 인정되는 경우에는 그 민원의 처리기간의 범위에서 그 처리기간을 한

차례 연장할 수 있다. 다만, 연장된 처리기간 내에 처리하기 어려운 경우에

는 민원인의 동의를 받아 그 민원의 처리기간의 범위에서 처리기간을 한

차례만 다시 연장할 수 있다.

(2) 처리기간을 연장하였을 때에는 처리기간의 연장사유와 처리완료 예정일을 지체 없이 민원인에게 문서로 통지하여야 한다. 다만, 민원인에게 인터넷 홈페이지 등에 민원의 처리진행상황 등이 공개될 것임을 사전에 안내한 경우에는 통지를 생략할 수 있다. "끝"

문 2. 행정협업의 지원제도로서 협업책임관, 행정협업시스템 및 행정협업조직의 개념을 기술하고, 각각의 제도와 관련하여 행정기관장의 임무를 설명하시오. (20점)

※「행정 효율과 협업 촉진에 관한 규정」이 2023. 6. 개정되면서 「행정업무의 운영 및 혁신에 관한 규정」으로 명칭이 변경되었다. 동 법령의 개정에 따라 기존의 협업책임관은 혁신책임관으로, 행정협업시스템은 행정업무 혁신시스템 등으로 각각 변경되었다. 세부적인 내용의 차이는 있지만 기본적으로 동일한 내용을 담고 있다.

1. 혁신책임관의 개념

해당 행정기관의 행정업무 혁신 과제 발굴 및 수행의 총괄, 행정정보시스템의 다른 행정기관과의 연계 및 효율적 운영에 관한 총괄 관리, 행정업무 혁신을 위한 행정업무 절차, 관련 제도 등의 정비·개선, 행정업무 혁신과 관련된 다른 행정기관과의 협의·조정, 공공기관, 기업, 단체 등과의 협업 추진에 관한 업무를 총괄하는 부서의 지정·운영 등의 업무를 수행한다.

2. 행정업무혁신시스템의 개념

행정협업과제의 발굴·수행 등 행정협업 촉진, 불필요한 절차 간소화 및 디지

털 기술을 활용한 업무처리 자동화 등 업무절차 개선 등의 업무를 원활하게 수

행할 수 있도록 하는 전자적 시스템이다.

3. 행정협업조직의 개념

다수의 행정기관이 수행하는 사무의 목적, 대상 또는 관할구역 등이 유사하거

나 연관성이 높은 경우에는 관련 기능, 업무처리 절차 및 정보시스템 등을 연계·

통합하거나 시설·인력 등을 공동으로 활용하는 등 협력하여 업무를 수행하는

조직이다.

4. 행정기관장의 임무

(1) 행정기관의 장은 소속 기획조정실장 또는 이에 준하는 직위의 공무원을 해

당 행정기관의 행정업무 혁신을 총괄하는 혁신책임관으로 임명하여야 한다.

(2) 행정기관의 장은 소관 업무 중 행정업무혁신시스템을 이용하여 업무를 수

행한 실적 등 행정업무혁신시스템 활용 실태를 평가·분석하고 그 활용을

촉진하여야 한다.

(3) 행정기관의 장은 행정협업조직을 설치·운영할 수 있다. "끝"

문 3.	국민제안의 개념을 설명하고, 제출 및 접수 절차에 관하여 기술하시오. (20점)

※"국민제안"은 「국민 제안 규정」에 따른 것으로 2017년 출제 당시 불의타 문제로 보인다.

1. 국민제안의 개념

"국민제안"이란 국민(국내에 거주하는 외국인을 포함)이 정부시책이나 행정제도 및 그 운영의 개선을 목적으로 행정청에 제출하는 창의적인 의견이나 고안을 말한다.

2. 국민제안의 제출

(1) 모든 국민은 제안 내용의 소관 행정청에 국민제안을 제출할 수 있다.

(2) 국민제안을 제출하려는 국민은 정부시책이나 행정제도 및 그 운영의 현황과 문제점, 개선방안 및 기대효과 등에 관한 사항을 작성하여 방문·우편·팩스 또는 온라인 국민참여포털 등 인터넷을 통하여 행정청에 제출하여야 한다.

(3) 2명 이상이 공동으로 국민제안을 제출하는 경우에는 국민제안에 참여한 사람 개개인의 기여도에 관한 사항을 백분율로 표시하여야 한다. 이 경우 기여도가 가장 큰 사람을 "주제안자"로, 그 밖의 참여자를 "부제안자"로 표시하되, 공동제안자가 2명인 경우로서 기여도가 동등한 경우에는 제안자 간의 합의로 주제안자를 정하여야 한다.

(4) 둘 이상의 행정청의 소관 업무와 관련된 국민제안의 경우에는 국민제안의 주된 내용의 소관 행정청에 제출해야 한다.

3. 국민제안의 접수

(1) 행정청은 제출된 국민제안을 신속히 접수해야 한다.

(2) 행정청은 접수한 국민제안이 보완할 수 있는 흠이 있는 경우 등에 해당하는 경우 그 사유를 구체적으로 밝혀 접수한 날부터 7일 이내에 적절한 기간을 정하여 제안자에게 보완을 요청할 수 있다.

(3) 행정청이 접수한 국민제안 중 내용이 같은 국민제안이 있는 경우에는 먼저 접수한 국민제안이 우선한다.

(4) 행정청은 제안자가 제안내용을 보완하지 않은 경우에는 그 사유를 구체적으로 밝혀 접수된 제안을 종결처리하거나 민원으로 접수하여 민원 처리 절차에 따라 처리할 수 있다.

(5) 행정청은 제출된 국민제안이 다른 행정청의 소관인 경우에는 이송 사유를 구체적으로 밝혀 지체 없이 소관 행정청에 이송하고, 그 사실을 제안자에게 알려야 한다.

(6) 행정청은 제안자가 동일한 내용의 제안을 정당한 사유 없이 3회 이상 반복해 제출한 경우에는 2회 이상 그 처리결과를 통지하고, 그 후에 접수되는 제안에 대해서 종결처리할 수 있다. "끝"

문 4.	서식의 제정 방법과 서식 설계의 일반원칙을 설명하시오. (20점)

1. 서식의 제정 방법

  (1) 법령서식

     다음의 사항과 관련된 서식은 법령으로 정한다.

      ① 국민의 권리·의무와 직접 관련되는 사항을 기재사항으로 정하는 서식

      ② 인가, 허가, 승인 등 민원에 관계되는 서식

      ③ 행정기관에서 공통적으로 사용하는 서식 중 중요한 서식

  (2) 일반서식

     법령서식을 제외한 서식으로, 고시·훈령·예규 등으로 정할 수 있다.

2. 서식 설계의 일반원칙

  (1) 주민등록번호란은 '생년월일'로 대체하고 등록기준지란은 설치하지 아니하는 등 민원인의 개인정보를 보호할 수 있도록 설계한다.

  (2) 글씨의 크기, 항목 간의 간격, 적어 넣을 칸의 크기 등을 균형 있게 조절하여 서식에 적을 사항을 쉽게 알 수 있도록 설계한다.

  (3) 서식에는 누구나 쉽게 이해할 수 있는 용어를 사용하여 설계하여야 하며, 불필요하거나 활용도가 낮은 항목을 넣지 않는다.

  (4) 특별한 사유가 없으면 서식 자체를 기안문 및 시행문으로 갈음할 수 있도록 생산등록번호·접수등록번호·수신자·시행일 및 접수일 등의 항목을 넣어 설계한다.

(5) 법령에서 반드시 도장을 찍도록 정하고 있지 아니하면 서명이나 날인을 선택할 수 있도록 설계한다.

(6) 서식에는 가능하면 행정기관의 로고·상징·마크·홍보문구 등을 표시하여 행정기관의 이미지를 높일 수 있도록 한다.

(7) 민원서식에는 그 민원업무의 처리흐름도, 처리기간, 전자적 처리가 가능한지 등을 표시하여 민원인의 편의를 도모하여야 하고, 음성정보나 영상정보 등을 수록하거나 연계한 바코드 등을 표기할 수 있다. "끝"

"이하여백"

문 1.	물음 1.

물음 1.

사전심사청구와 관련하여 '사전심사의 청구 등'을 설명하시오. (20점)

1. 사전심사청구의 정의

민원인은 법정민원 중 신청에 경제적으로 많은 비용이 수반되는 민원 등 대통령령으로 정하는 민원에 대하여는 행정기관의 장에게 정식으로 민원을 신청하기 전에 미리 약식의 사전심사를 청구할 수 있다.

2. 사전심사의 청구

(1) 행정기관의 장은 사전심사가 청구된 법정민원이 다른 행정기관의 장과의 협의를 거쳐야 하는 사항인 경우에는 미리 그 행정기관의 장과 협의하여야 한다.

(2) 행정기관의 장은 사전심사 결과를 민원인에게 문서로 통지하여야 하며, 가능한 것으로 통지한 민원의 내용에 대하여는 민원인이 나중에 정식으로 민원을 신청한 경우에도 동일하게 결정을 내릴 수 있도록 노력하여야 한다.

(3) 행정기관의 장은 사전심사 제도를 효율적으로 운영하기 위하여 필요한 법적·제도적 장치를 마련하여 시행하여야 한다. "끝"

물음 2.

사전심사청구와 관련하여 대상과 안내 및 처리기간을 설명하시오. (20점)

1. 사전심사청구 대상 민원

  (1) 법정민원 중 정식으로 신청할 경우 토지매입 등이 필요하여 민원인에게 경

    제적으로 많은 비용이 수반되는 민원

  (2) 행정기관의 장이 거부처분을 할 경우 민원인에게 상당한 경제적 손실이 발

    생하는 민원

2. 사전심사청구 대상 민원의 안내

  행정기관의 장은 사전심사청구 대상 민원의 종류 및 민원별 처리기간·구비서

  류 등을 미리 정하여 민원인이 이를 열람할 수 있도록 게시하고 민원편람에 수

  록하여야 한다.

3. 사전심사청구의 처리절차

  (1) 사전심사청구 대상 민원의 처리기간은 다음의 범위에서 행정기관의 장이

    정한다. 다만, 불가피한 사유로 처리기간 내에 처리하기 어려운 경우에는

    처리기간을 연장할 수 있다.

    ① 처리기간이 30일 미만인 민원: 처리기간

    ② 처리기간이 30일 이상인 민원: 30일 이내

　　(2) 구비서류의 최소화

　　　　행정기관의 장은 사전심사청구 대상 민원의 구비서류를 최소화하여야 하며, 사전심사의 청구 후 정식으로 민원이 접수되었을 때에는 이미 제출된 구비서류를 추가로 요구해서는 아니 된다.

　　(3) 처리기간의 단축

　　　　행정기관의 장은 사전심사를 거친 민원의 경우 특별한 사유가 없으면 처리기간을 단축하여 신속히 처리하여야 한다. "끝"

문 2.　행정기관 업무의 개념, 운영의 개념, 운영의 요소에 관하여 각각 설명하시오. (20점)

1. 업무의 개념

　　종래에는 '업무'의 본질을 종이를 사용한 기록·활용 및 보존이라는 '사무'의 범위 내로 좁게 인식하여, '업무'의 개념도 서류에 관한 작업으로 한정하여 파악하였다. 현대에는 정보의 가치가 중요해지면서 '업무'의 개념에 행정목적을 달성하기 위한 정보의 수집·가공·저장·활용 등 일련의 정보처리 과정을 포함시켰다. 또한 국민과의 접점에서 이루어지는 일련의 행정과정까지 포괄한다.

2. 운영의 개념

　　고전적 의미의 운영은 인간, 기계, 설비, 자금 등을 잘 활용·조정하여 설정된 목표를 능률적으로 달성할 수 있도록 계획(plan)하고 실행(do)하고 통제(see)하는 관리를 말한다. 즉 행정의 목적달성을 위한 하나의 수단이다. 현대적 의미의

운영은 조직의 자원을 활용하여 조직내부의 생산목표(output)를 관리하는 고전

적 개념에 더하여 국민의 만족도를 증가시키는 정책의 품질관리 및 성과관리를

포함하는 총체적인 관리활동을 의미한다.

3. 운영의 요소

(1) 다른 사람들을 통한 업무수행

운영은 임무성취를 위해 다른 사람 및 조직을 동원하고 이끌어간다. 즉 다

른 사람들과 더불어 일하고 다른 사람들을 통해서 일한다.

(2) 조직목표의 설정과 성취

운영의 주된 임무는 조직목표를 설정하고 이를 성취하는 것이다. 운영은 현

재의 목표성취뿐만 아니라 장래의 성취능력 확보에도 책임을 진다.

(3) 대상영역 · 활동국면

운영의 대상영역은 조직 전반에 걸친다. 조직의 성립 · 생존 · 발전에 관련

된 여러 국면들이 모두 운영의 대상이 된다.

(4) 복합적 과정

운영은 여러 가지 과정들을 내포하는 복합적인 과정이다. 이는 의사전달,

의사결정, 통제, 계획, 조정 등 다양한 과정들을 통해서 이루어진다.

(5) 개방체제적 교호작용

운영은 조직 내외의 여러 관계와 역동적 교호작용을 한다. "끝"

문 3. 「행정 효율과 협업 촉진에 관한 규정」상 행정협업의 촉진과 행정 협업과제의 등록에 관하여 설명하시오. (20점)

※ 「행정 효율과 협업 촉진에 관한 규정」이 2023. 6. 개정되면서 「행정업무의 운영 및 혁신에 관한 규정」으로 명칭이 변경되었다.

1. 행정협업의 촉진

행정기관의 장은 업무의 효율성을 높이고 행정서비스에 대한 국민의 만족도를 높이기 위하여 다른 행정기관과 공동의 목표를 설정하고 해당 행정기관 상호 간의 기능을 연계하거나 시설·장비 및 정보 등을 공동으로 활용하는 방식의 행정기관 간 협업을 촉진하고 이에 적합한 업무과제를 발굴하여야 한다. 이 경우 행정기관의 장은 발굴한 행정협업과제 수행을 위하여 노력하여야 한다.

2. 행정협업과제 대상

(1) 다수의 행정기관이 공동으로 수행할 필요가 있는 업무

(2) 다른 행정기관의 행정지원을 필요로 하는 업무

(3) 법령에 따라 다른 행정기관의 인가·승인 등을 거쳐야 하는 업무

(4) 행정기관 간 행정정보의 공유 또는 행정정보시스템의 상호 연계나 통합이 필요한 업무

(5) 그 밖에 다른 행정기관의 협의·동의 및 의견조회 등이 필요한 업무

3. 행정협업과제의 등록

  (1) 행정기관의 장은 발굴한 과제를 행정안전부장관이 정하는 바에 따라 행정협업시스템에 등록·관리하여야 한다. 이 경우 행정기관의 장은 등록하려는 행정협업과제를 공동으로 수행할 관련 행정기관의 장과 사전에 협의하여야 하며, 협의를 요청받은 행정기관의 장은 협조하여야 한다.

  (2) 행정기관의 장은 행정협업과제를 행정협업시스템에 등록하려는 경우에는 행정협업과제의 주관부서 및 과제담당자와 협업부서 및 담당자, 행정협업과제와 관련된 다른 행정기관의 단위과제, 행정협업과제의 이력, 내용 및 취지, 그 밖에 행정안전부장관이 정하는 사항을 포함하여야 한다. "끝"

문 4. 「민원 처리에 관한 법률」 및 같은 법 시행령상 민원 처리의 원칙과 정보 보호에 관하여 설명하시오. (20점)

1. 민원 처리의 원칙

  (1) 행정기관의 장은 관계법령 등에서 정한 처리기간이 남아 있다거나 그 민원과 관련 없는 공과금 등을 미납하였다는 이유로 민원 처리를 지연시켜서는 아니 된다. 다만, 다른 법령에 특별한 규정이 있는 경우에는 그에 따른다.

  (2) 행정기관의 장은 법령의 규정 또는 위임이 있는 경우를 제외하고는 민원 처리의 절차 등을 강화하여서는 아니 된다.

2. 정보 보호

　행정기관의 장은 민원 처리와 관련하여 알게 된 민원의 내용과 민원인 및 민원

의 내용에 포함되어 있는 특정인의 개인정보 등이 누설되지 아니하도록 필요한

조치를 강구하여야 하며, 수집된 정보가 민원 처리의 목적 외의 용도로 사용되

지 아니하도록 하여야 한다. "끝"

"이하여백"

사무관리론 모범답안

문 1.	민원의 신청과 접수에 관하여 논하시오. (40점)

1. 민원의 신청

(1) 민원의 신청은 문서(전자문서를 포함)로 하여야 한다. 다만, 기타민원은 구술(口述) 또는 전화로 할 수 있다.

(2) 민원인 또는 그 위임을 받은 사람이 직접 방문할 필요가 없는 민원은 팩스·인터넷 등 정보통신망 또는 우편 등으로 신청할 수 있다.

2. 민원의 접수 등

(1) 민원의 접수

① 행정기관의 장은 민원의 신청을 받았을 때에는 다른 법령에 특별한 규정이 있는 경우를 제외하고는 그 접수를 보류하거나 거부할 수 없으며, 접수된 민원문서를 부당하게 되돌려 보내서는 아니 된다.

② 민원은 민원실에서 접수한다. 다만, 민원실이 설치되어 있지 아니한 경우에는 문서의 접수·발송을 주관하는 부서 또는 민원을 처리하는 주무부서에서 민원을 접수한다.

③ 행정기관의 장은 민원을 접수하였을 때에는 구비서류의 완비 여부, 처리 기준과 절차, 예상 처리소요기간, 필요한 현장확인 또는 조사 예정시기 등을 해당 민원인에게 안내하여야 한다.

④ 행정기관의 장은 5명 이상의 민원인으로부터 동일한 취지의 민원을 접수할 때에는 이를 병합하여 접수할 수 있다.

⑤ 행정기관의 장은 전자민원창구를 통하여 민원이 신청된 경우에는 그 민원이 소관 행정기관의 전자민원창구에 도달한 때부터 8근무시간 이내에 접수해야 한다.

(2) 민원문서의 표시인

민원문서를 접수할 때에는 그 민원문서의 왼쪽 윗부분에 민원문서 표시인을 찍어야 한다. 다만, 전자문서로 접수하는 경우에는 민원문서 표시인을 전자적 형태로 나타낼 수 있다.

(3) 민원 처리부 기록·관리

민원실 등에서 민원을 접수하였을 때에는 그 순서에 따라 민원 처리부에 기록하여 관리하여야 한다. 다만, 가족관계등록·주민등록·병무·인감·세무관계 등 취급건수가 많은 민원의 접수는 해당 행정기관의 장이 정하는 서식에 따를 수 있다. 또한 민원의 접수 편의와 효율적인 자료관리 등을 위하여 필요하다고 인정할 때에는 서식을 전자적 시스템으로 작성·관리할 수 있다.

(4) 접수증의 교부

민원인에게 접수증을 발급하여야 한다. 민원실, 문서의 접수·발송을 주관하는 부서 및 민원을 처리하는 주무부서는 2명 이상의 민원인이 대표자를 정하여 신청한 민원을 접수하였을 때에는 그 대표자에게 하나의 접수증을 발급한다. 다만, 다음의 경우에는 접수증 교부를 생략할 수 있다.

① 기타민원

② 민원인이 직접 방문하지 아니하고 신청한 민원

③ 처리기간이 '즉시'인 민원

④ 접수증을 갈음하는 문서를 주는 민원

(5) 민원 접수 시 민원인의 본인확인

행정기관의 장은 민원을 접수할 때 필요하다고 인정되는 경우에는 해당 민원인 본인 또는 그 위임을 받은 사람이 맞는지 확인할 수 있다. 민원인의 위임을 받은 사람이 맞는지 확인할 때에는 그 신원을 확인할 수 있는 신분증명서와 위임장 등으로 확인하여야 한다. "끝"

문 2.　'행정업무의 효율적 운영에 관한 규정'에 의거하여 기관 간 업무협조가 필요한 경우와 그것을 실행하는 방안 및 융합행정의 개념과 그것을 실행하는 방안에 관하여 각각 설명하시오. (20점)

※「행정 효율과 협업 촉진에 관한 규정」이 2023. 6. 개정되면서 「행정업무의 운영 및 혁신에 관한 규정」으로 명칭이 변경되었다.

1. 업무협조가 필요한 경우

(1) 둘 이상의 기관이 공동으로 수행할 필요가 있는 업무

(2) 다른 기관의 행정지원을 필요로 하는 업무

(3) 다른 기관이나 상급기관의 인가·승인 등을 거쳐야 하는 업무

(4) 그 밖에 다른 기관의 협의·동의 및 의견조회 등이 필요한 업무

2. 업무협조를 실행하는 방안

　(1) 업무협조를 요청하는 경우에는 그 취지와 추진계획 및 파급효과 등 그 업무

　　협조 사안에 대한 이해를 도울 수 있는 관계 자료를 함께 송부하여야 한다.

　(2) 업무협조의 요청을 받은 기관은 업무가 효율적으로 수행되도록 적극 협조

　　하여야 한다. 또한 협조요청 문서에 흠이 있음을 발견한 때에는 보완을 요

　　구할 수 있다.

3. 융합행정의 개념

　업무의 효율성을 높이고 행정서비스에 대한 국민의 만족도를 높이기 위하여 다

른 기관과 공동의 목표를 설정하고 해당 기관 상호 간의 기능을 연계하거나 시

설·장비 및 정보 등을 공동으로 활용하는 방식으로 수행하는 행정을 말하며,

각 행정기관은 융합행정과제를 적극 발굴하여 추진하여야 한다.

4. 융합행정을 실행하는 방안

　융합행정은 추진주체를 구성하여 기관 간 역할정립은 물론 정보 및 자원의 교

류를 위한 네트워크를 구성하고 필요한 경우 실행조직(지원단, 작업반 등)을 구

성하고, 인적교류, 기술·정보 교류, 업무지침 및 실행매뉴얼 공동 제작 등으로

실행한다. 또한, 실행과정에서는 공동연구개발, 운영실태 공동점검, 공동활용시

스템 구축을 실행하며, 융합행정과제 실행을 위한 제도를 개선하고, 장비·자

원·인프라를 활용한다. "끝"

<table>
<tr><td>문 3.</td><td>

'행정업무의 효율적 운영에 관한 규정'에 의거하여 업무관리시스템의 구성 및 운영방식에 대해 설명하고, 효율적인 업무수행을 위한 업무관리시스템과 다른 행정정보시스템과의 연계에 관하여 설명하시오. (20점)

※ 「행정 효율과 협업 촉진에 관한 규정」이 2023. 6. 개정되면서 「행정업무의 운영 및 혁신에 관한 규정」으로 명칭이 변경되었다.

1. 업무관리시스템의 구성 및 운영방식

  (1) 과제관리카드

    ① 과제관리카드는 행정기관 업무의 기능별 단위 과제의 담당자·내용 및 추진실적 등을 기록·관리할 수 있도록 구성되어야 한다.

    ② 과제관리카드에는 표제, 실적관리, 계획관리, 품질관리, 홍보관리, 고객관리 부분과 그 밖에 필요한 사항이 포함되어야 한다.

  (2) 문서관리카드

    ① 문서관리카드는 문서의 작성·검토·결재·등록·공개 등 문서처리의 모든 과정을 기록·관리할 수 있도록 ㉠ 기안한 내용, ㉡ 의사결정 과정에서 제기된 의견, 수정한 내용 및 지시사항, ㉢ 의사결정 내용을 포함하여 구성하여야 한다.

    ② 문서관리카드는 문서정보, 보고경로, 시행정보, 관리정보 그 밖에 필요한 사항이 포함되어야 한다. 다만, 행정기관의 장이 특별한 사유가 있다고 인정하는 경우에는 일부 사항을 제외할 수 있다.

</td></tr>
</table>

③ 문서의 기안은 업무관리시스템의 문서관리카드로 할 수 있다. 이 경우

검토자·협조자 및 결재권자는 보고경로의 의견·지시란에 의견을 표

시할 수 있고 전결·대결 및 끝 표시를 생략할 수 있다.

3. 업무관리시스템의 연계

행정기관의 장은 효율적인 업무운영을 위하여 업무관리시스템 또는 전자문서

시스템을 기능분류시스템 등 행정정보시스템과 연계·운영하여야 한다. 다만,

업무의 성격이 연계·운영에 적합하지 아니하거나 그 밖의 특별한 사유가 있는

경우에는 그러하지 아니하다. "끝"

문 4. 관인의 등록·재등록에 관하여 설명하시오. (20점)

1. 관인의 등록(재등록) 기관

행정기관은 행정안전부령으로 정하는 바에 따라 관인의 인영을 그 행정기관의

관인대장에 등록하여야 하며, 전자이미지관인의 인영은 그 행정기관의 전자이

미지관인대장에 등록(재등록)하여야 한다. 다만, 부득이한 경우에는 그 행정기

관의 바로 위 상급기관에 등록(재등록)할 수 있다.

2. 등록(재등록) 사유

관인은 등록하지 않으면 사용할 수 없다. 관인을 등록(재등록)해야 하는 사유로

는 ① 행정기관이 신설 또는 분리된 경우, ② 기존 기관의 명칭이 변경된 경우,

③ 관인이 분실되거나 마멸된 경우, ④ 법령에 따라 권한을 위임받은 경우, ⑤ 그 밖에 관인을 다시 새길 필요가 있는 경우 등을 들 수 있다.

3. 등록(재등록) 방법

(1) 관인

① 행정기관이 직접 등록(재등록)하는 경우 : 해당 행정기관의 관인대장에 관인을 등록(재등록)하여 보존한다. 이 경우 내부결재를 받아 등록(재등록)한다.

② 바로 위 상급기관에 등록(재등록)하는 경우 : 바로 위 상급기관에 관인 등록(재등록)을 신청하여 바로 위 상급기관에서 그 상급기관의 관인대장에 등록(재등록)한다.

(2) 전자이미지관인

① 전자이미지관인은 관인의 인영을 컴퓨터 등 정보처리능력을 가진 장치에 전자적인 이미지 형태로 입력하여 사용하여야 한다.

② 전자이미지관인은 문서과에서 관리하는 전자이미지관인대장에 등록(재등록)하고, 전자이미지관인 컴퓨터 파일은 정보화 담당 부서에서 관리하여야 한다.

③ 바로 위 상급기관에 전자이미지관인을 등록(재등록)하고자 하는 때에는 규칙 별지 제9호 서식으로 신청하여야 한다.

④ 전자이미지관인을 등록하는 때에는 문서과에서 관인의 인영을 전자이미지관인대장의 해당란에 찍고, 정보화 담당 부서에서 그 찍은 인영을

전자적인 이미지 형태로 컴퓨터 파일에 입력한 후 이를 출력하여 전자

이미지관인대장의 해당란에 붙여야 한다.

⑤ 전자이미지관인을 사용하는 기관은 관인을 폐기하거나 재등록한 경우

즉시 사용 중인 전자이미지관인을 삭제하고, 재등록한 관인의 인영을

전자이미지관인으로 재등록하여 사용한다. 또한, 사용 중인 전자이미지

관인의 인영의 원형이 제대로 표시되지 아니하는 경우에도 전자이미지

관인을 재등록하여 사용하여야 한다. "끝"

"이하여백"

문 1.	민원 거부처분에 대한 이의신청과 그 방법 및 처리절차 등에 관하여 논술하시오.

(40점)

1. 거부처분에 대한 이의신청제도의 도입배경

이의신청제도는 행정기관의 거부처분에 대해 행정심판 또는 행정소송과 별개로 행정기관에게 자신이 행한 처분의 적정성을 다시 검토하여 스스로 잘못을 시정할 기회를 부여함으로써, 불필요한 소송을 예방하고 민원인의 시간적·경제적 부담을 줄이기 위한 제도이다.

2. 거부처분에 대한 이의신청 방법

(1) 법정민원에 대한 행정기관의 장의 거부처분에 불복하는 민원인은 그 거부처분을 받은 날부터 60일 이내에 그 행정기관의 장에게 문서로 이의신청을 할 수 있다. 이의신청은 다음의 사항을 적은 문서로 하여야 한다.

① 신청인의 성명 및 주소(법인 또는 단체의 경우에는 그 명칭, 사무소 또는 사업소의 소재지와 대표자의 성명)와 연락처

② 이의신청의 대상이 되는 민원

③ 이의신청의 취지 및 이유

④ 거부처분을 받은 날 및 거부처분의 내용

(2) 민원인은 이의신청 여부와 관계없이 행정심판 또는 행정소송을 제기할 수 있다.

3. 이의신청의 처리절차

(1) 행정기관의 장은 이의신청을 받은 날부터 10일 이내에 그 이의신청에 대하여 인용 여부를 결정하고 그 결과를 민원인에게 지체 없이 문서로 통지하여야 한다. 이의신청에 대한 결과를 통지할 때에는 결정 이유, 원래의 거부처분에 대한 불복방법 및 불복절차를 구체적으로 분명하게 밝혀야 한다.

(2) 다만, 부득이한 사유로 정하여진 기간 이내에 인용 여부를 결정할 수 없을 때에는 그 기간의 만료일 다음 날부터 기산하여 10일 이내의 범위에서 연장할 수 있으며, 연장사유를 민원인에게 통지하여야 한다. 이의신청 결정기간의 연장을 통지할 때에는 통지서에 연장사유 및 기간 등을 구체적으로 적어야 한다.

(3) 행정기관의 장은 이의신청에 대한 처리상황을 이의신청처리대장에 기록·유지하여야 한다. "끝"

문 2. 서식의 승인과 승인 신청에 관하여 약술하시오. (20점)

1. 승인기관

(1) 행정안전부장관

중앙행정기관이 법령으로 제정하는 서식은 행정안전부장관의 승인을 받아야 한다.

(2) 중앙행정기관의 장

중앙행정기관이 법령으로 개정하는 서식, 중앙행정기관 및 그 소속기관이

훈령·고시·예규 등으로 제정 또는 개정하는 서식은 중앙행정기관의 장의

승인을 받아야 한다.

(3) 지방자치단체 또는 지방교육행정기관의 장

지방자치단체의 조례·규칙, 훈령·고시·예규 등으로 제정 또는 개정하는

서식은 지방자치단체 또는 지방교육행정기관의 장이 정한다.

2. 승인의 신청

(1) 승인신청서 제출

서식의 제정 또는 개정 승인을 받고자 하는 행정기관의 장은 입법예고와

동시에 서식 목록과 서식 초안을 첨부하여 문서로 승인을 신청하여야 한다.

이 경우 서식 초안은 컴퓨터 등 정보처리능력을 가진 장치로 작성한다.

(2) 관계기관 간 사전 협의

둘 이상 기관의 업무에 관계되는 서식은 관계기관 간의 사전협의를 거쳐

승인을 신청하여야 한다.

(3) 신설민원 사전영향평가제 운영

중앙행정기관은 법령 제·개정으로 민원사무 신설 시 '사전영향평가 매뉴

얼'에 수록된 5개 진단항목을 토대로 자체 진단하고 그 결과를 서식 심사의

뢰 시 행정안전부에 제출하여야 한다. "끝"

문 3.	문서의 성립요건과 성립시기 및 문서의 효력발생 시기에 관하여 약술하시오. (20점)

1. 문서의 성립요건

(1) 행정기관의 적법한 권한 범위 내에서 작성되어야 한다.

(2) 위법·부당하거나 시행 불가능한 내용이 아니어야 한다.

(3) 법령에 규정된 절차 및 형식을 갖추어야 한다.

2. 문서의 성립시기

문서는 결재권자가 해당 문서에 서명(전자이미지서명, 전자문자서명 및 행정전

자서명을 포함)의 방식으로 결재함으로써 성립한다.

3. 문서의 효력발생 시기

(1) 일반원칙

「행정업무의 운영 및 혁신에 관한 규정」 제6조 제2항에 따라 문서가 수신자

에게 도달됨으로써 그 효력을 발생한다.

(2) 공고문서의 효력발생

고시, 공고 등 공고문서는 그 문서상에 효력발생 시기를 명시하고 있지 않으

면 그 고시 또는 공고가 있은 날부터 5일이 경과한 때에 효력이 발생한다.

(3) 행정절차법에 따른 효력발생

「행정절차법」 제14조 제4항에 따르면 송달이 불가능한 경우에 관보, 공보,

게시판, 일간신문 중 하나 이상에 공고하고 인터넷에도 공고하여야 한다.

다른 법령 등에 특별한 규정이 없으면 공고일부터 14일이 경과한 때에 그

효력이 발생한다. "끝"

문 4. 정책의 실명관리의 목적과 정책 자료, 정책결정 회의, 보도 자료의 실명관리에 관

하여 약술하시오. (20점)

1. 정책의 실명관리의 목적

정책의 실명관리는 행정기관에서 소관 업무와 관련되어 수립·시행되는 주요

정책의 결정 및 집행과정 등에 참여하는 관련자의 실명과 의견을 기록·관리함

으로써 정책의 투명성과 책임성을 높이기 위한 것이다.

2. 정책 자료

행정기관의 장은 주요 정책의 결정·집행과 관련되는 사항을 종합적으로 기

록·보존하여야 한다.

3. 정책결정 회의

행정기관의 장은 주요 정책의 결정을 위하여 회의·공청회·세미나 등을 개최

하는 경우 처리과의 직원으로 하여금 관련사항을 기록하게 하여야 한다.

4. 보도자료의 실명관리

　　행정기관이 언론기관에 보도자료를 제공하는 경우에는 그 보도자료에 담당부서, 담당자 성명, 연락처 등을 함께 적어야 한다. "끝"

"이하여백"

사무관리론 모범답안

문 1.	기안문의 검토와 결재에 관하여 서술하시오. (40점)

1. 기안문의 검토

(1) 검토의 개념

"검토"란 보조기관 또는 보좌기관이 그 소속 공무원이 기안한 내용을 분석하고 점검하여 동의 여부를 결정하는 것을 말하며, 직제상 수직적 합의를 의미한다.

(2) 검토 절차

기안자는 기안문의 형식·내용을 최종적으로 확인한 후 기안자란에 서명하고, 결재권자의 결재를 받기 전에 하위 보조(보좌)기관에서 상위 보조(보좌)기관의 순으로 검토를 받는다.

① 업무분담자가 기안한 경우

　㉠ 총괄책임자의 검토를 거친 후 보조(보좌)기관의 검토·결재를 받는다.

　㉡ 업무분담자는 기안자란에, 총괄책임자는 검토자란에 서명한다.

② 총괄책임자가 기안하는 경우 : 총괄책임자는 업무분담자의 의견을 들은 후 보조(보좌)기관의 검토·결재를 받는다. 총괄책임자는 기안자란에, 업무분담자는 협조자란에 각각 서명한다.

③ 검토를 할 수 없는 경우 : 보조기관 또는 보좌기관이 출장 등의 사유로 검토할 수 없는 등 부득이한 경우에는 검토를 생략할 수 있으며, 이 경

우 검토자의 서명란에 출장 등의 사유를 적어야 한다.

(3) 검토자의 검토 사항

① 형식적 측면: '소관사항임에 틀림이 없는가?', '업무 절차는 잘못이 없는가?', '법령의 형식 요건을 구비하고 있는가?' 등을 검토한다.

② 내용적 측면

㉠ 법률적 측면: '허가·인가·승인 등인 경우 그 법정 요건을 충족하고 있는가?', '의결기관의 의결사항은 아닌지 또는 의결을 거쳤는가?' 등을 검토한다.

㉡ 행정적 측면: '공공복지와의 관계는 어떤가?', '재량의 범위는 적합한가?' 등을 검토한다.

㉢ 경제적 측면: '예산상의 조치가 필요한 것이 아닌가?', '과다한 경비 투입을 요하는 사항이 아닌가?' 등을 검토한다.

2. 결재

(1) 결재의 개념

"결재"란 해당 사안에 대하여 행정기관의 의사를 결정할 권한이 있는 자가 그 의사를 결정하는 행위를 말한다.

(2) 결재의 종류

① 결재: 법령에 따라 소관사항에 대한 행정기관의 의사를 결정할 권한을 가진 자(주로 행정기관의 장)가 직접 그 의사를 결정하는 행위를 말한다.

② 전결 : 행정기관의 장으로부터 업무의 내용에 따라 결재권을 위임받은

자(보조기관·보좌기관·업무담당 공무원)가 행하는 결재를 말한다.

③ 대결 : 결재권자가 휴가, 출장, 그 밖의 사유로 결재할 수 없을 때에 그

직무를 대리하는 자가 행하는 결재를 말한다.

(3) 결재의 효과

문서는 결재권자가 해당 문서에 서명(전자이미지서명, 전자문자서명 및 행

정전자서명 포함)의 방식으로 결재함으로써 성립한다.

(4) 결재를 받은 문서의 수정

① 원칙 : 결재를 받은 문서의 일부분을 삭제하거나 수정할 때에는 재작성

하여 결재를 받아야 한다.

② 종이문서의 경우 : 종이로 인쇄하여 수기로 결재를 받은 문서의 경우 명

백한 오류의 정정 등 경미한 사항인 경우에는 원안의 글자를 알 수 있도

록 해당 글자의 중앙에 가로로 두 선을 그어 삭제하거나 수정하고, 삭제

하거나 수정한 사람이 그곳에 서명이나 날인을 하여야 한다. "끝"

문 2. 관인의 종류와 폐기에 관하여 약술하시오. (20점)

1. 관인

(1) 청인과 직인

관인은 행정기관의 명의로 발신하거나 교부하는 문서에 사용하는 청인과

행정기관의 장이나 보조기관의 명의로 발신하거나 교부하는 문서에 사용하

는 직인으로 구분한다.

(2) 관인의 구분

① 합의제기관은 청인을 가진다. 다만, 행정기관의 소관 사무에 관한 자문에 응하기 위하여 설립된 합의제기관은 필요한 경우에만 청인을 가진다.

② 합의제기관을 제외한 기관은 그 기관장의 직인을 가진다.

③ 보조기관이 위임받은 사무를 행정기관으로서 처리하는 경우에는 그 사무 처리를 위하여 직인을 가진다.

④ 합의제기관의 장이 법령에 따라 합의제기관의 장으로서 사무를 처리하는 경우에는 그 사무 처리를 위하여 직인을 가질 수 있다.

2. 전자이미지관인

"전자이미지관인"이란 관인의 인영을 컴퓨터 등 정보처리능력을 가진 장치에 전자적인 이미지 형태로 입력하여 사용하는 관인을 말한다.

3. 관인의 폐기

(1) 폐기 사유

관인 등록기관은 ① 행정기관이 폐지된 경우, ② 기관 명칭이 변경된 경우, ③ 관인이 분실 또는 마멸된 경우, ④ 그 밖에 관인을 폐기할 필요가 있는 경우에는 해당 관인을 폐기하여야 한다.

(2) 폐기 방법

① 관인 등록기관이 관인대장에 관인 폐기일과 폐기사유 등의 내역을 기재

한 후 그 관인의 인영을 등록하여 보존하고, 그 관인은 관인폐기 공고문

과 함께 영구기록물관리기관에 이관하여야 한다.

② 바로 위 상급기관에 등록된 하급기관의 관인을 폐기하고자 하는 경우에

는 폐기 대상 관인을 첨부하여 관인 등록기관(바로 위 상급기관)에 신고

하여야 한다. "끝"

문 3. 협업시스템과 통합전자민원창구('민원24')의 개념을 정의하고, 협업시스템의 서비

스 내용과 통합전자민원창구의 부가서비스 내용에 관하여 약술하시오. (20점)

※「행정 효율과 협업 촉진에 관한 규정」이 2023. 6. 개정되면서「행정업무의 운영 및 혁신에 관한 규정」으로

명칭이 변경되었다. 동 법령의 개정에 따라 기존의 행정협업시스템은 행정업무혁신시스템으로 변경되었다.

또한 '민원24'는 '정부24'로 명칭이 변경되었다.

1. 행정업무혁신시스템

(1) 개념

행정협업과제의 발굴·수행 등 행정협업 촉진, 불필요한 절차 간소화 및 디

지털 기술을 활용한 업무처리 자동화 등 업무절차개선 등의 업무를 원활하

게 수행할 수 있도록 하는 전자적 시스템이다.

(2) 서비스 내용

① 업무방: 과제 관련 전자문서 및 메모보고의 작성과 일괄 조회, 업무협

조 상세보기 등의 기능을 제공한다.

② 소통방: 영상회의를 통해 문서의 공유·수정 및 회의 내용의 녹화, 회

의 종료 후 결과 등록 등의 기능을 제공한다.

③ 과제방: 나의 과제를 비롯하여 전체 과제의 상세정보 조회, 과제별 통

합·관리를 가능하게 한다.

④ 게시방: 공지사항, 토론 안건, 자료 등을 편리하게 공유하게 한다.

2. 통합전자민원창구(정부24)

(1) 개념

정부의 민원서비스, 정부혜택(보조금24), 정책정보/기관정보 등을 한 곳에

서 한눈에 찾을 수 있고 각 기관의 주요서비스를 신청·조회·발급할 수

있는 대한민국 정부 대표 포털이다.

(2) 부가서비스 내용

① 중앙행정기관, 공공기관, 지방자치단체의 서비스에 대한 안내와 연계된

기관의 민원을 신청·조회·발급할 수 있다.

② 중앙행정기관, 공공기관, 지방자치단체에서 현금, 현물, 바우처 등 수혜

서비스 안내와 신청을 제공한다.

③ 정부 기관들의 분야별 정책 정보를 제공한다. "끝"

문 4.	다수 기관과 연관된 민원사무에 대하여 효율적 업무처리를 위해 행정기관이 적용

하는 민원처리 방식들에 관하여 약술하시오. (20점)

1. 복합민원의 정의

"복합민원"이란 하나의 민원 목적을 실현하기 위하여 관계법령 등에 따라 여러 관계기관(민원과 관련된 단체·협회 등을 포함) 또는 관계 부서의 인가·허가·승인·추천·협의 또는 확인 등을 거쳐 처리되는 법정민원을 말한다.

2. 복합민원의 처리유형

(1) 의제처리

어떠한 인·허가를 받기 위하여 근거법령이 서로 다른 인·허가를 함께 받아야 할 경우에 그 관련 인·허가가 주된 인·허가와 중복되거나 유사하다면 주된 인·허가만 받으면 관련 인·허가도 함께 받은 것으로 간주하여 처리한다.

(2) 창구일원화

주된 인·허가와 관련되어 있는 인·허가의 접수를 모두 받도록 하되, 민원인이 일일이 담당부서별로 직접 찾아다니지 아니하고 주된 인·허가를 제출하면 주된 민원 처리부서에서 책임을 지고 관련 부서와 협의를 거쳐 처리해 주는 제도이다.

3. 복합민원의 처리방법

(1) 처리주무부서의 지정

행정기관의 장은 복합민원을 처리할 주무부서를 지정하고 그 부서로 하여 금 관계기관·부서 간의 협조를 통하여 민원을 한꺼번에 처리하게 할 수 있다.

(2) 민원서류의 일괄제출

행정기관의 장은 복합민원과 관련된 모든 민원문서를 지정된 주무부서에 한꺼번에 제출하게 할 수 있다. "끝"

"이하여백"

ME
MO

2026 박문각 행정사 2차
김재준 사무관리론 기본서

초판인쇄 | 2025. 10. 27.　**초판발행** | 2025. 11. 3.　**편저자** | 김재준

발행인 | 박 용　**발행처** | (주)박문각출판　**등록** | 2015년 4월 29일 제2019-000137호

주소 | 06654 서울시 서초구 효령로 283 서경 B/D 4층　**팩스** | (02)584-2927

전화 | 교재 문의 (02)6466-7202

저자와의
협의하에
인지생략

정가 23,000원

ISBN 979-11-7519-250-8